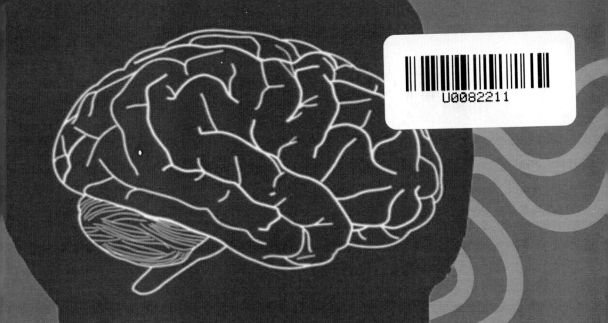

科學心理學
Scientific Psychology

動機與行為×認知與創造×生存與價值
透過與馬斯洛對話，探索人類存在的本質與意義

[美]馬斯洛 (Abraham Harold Maslow) 著　　垢文濤，馬良誠 譯

崧燁文化

目 錄

前言

導論

第一章　動機與行為的控制

無動機和無目的的反應 …………………………………………… 20

相對無動機反應的例子 …………………………………………… 24

理智和衝動的合作方式 …………………………………………… 30

表現性行為的典型特徵 …………………………………………… 31

決定行為的應對與表現的因素 …………………………………… 32

應對性行為對環境的影響 ………………………………………… 38

解釋釋放行為的途徑 ……………………………………………… 39

如何看待行為重複現象 …………………………………………… 40

解除力不從心的應對方式 ………………………………………… 42

災難性行為崩潰的原因 …………………………………………… 44

自由聯想為所欲為的法則 ………………………………………… 45

塑造高度人性的模式 ……………………………………………… 48

培養完美人類行為的圖式 ………………………………………… 56

目錄

第二章　認知與創造的整合

減輕焦慮的認知方式 …………………………………………… 62

認知中的焦慮緩解機制 ………………………………………… 65

戰勝認知病態的有效工具 ……………………………………… 68

避免焦慮和控制焦慮的方法 …………………………………… 70

改善認知者的自知因素 ………………………………………… 72

知識的可行性和水準性 ………………………………………… 75

依據經驗態度的認知 …………………………………………… 77

了解人是科學家的任務 ………………………………………… 79

了解人的最佳途徑 ……………………………………………… 81

整體分析認知的效用 …………………………………………… 83

探討高級問題的益處 …………………………………………… 84

認知與畏懼的辯證關係 ………………………………………… 87

了解人是為了預測和控制人嗎 ………………………………… 88

突破經驗世界的防禦 …………………………………………… 91

優秀認知者的認知途徑 ………………………………………… 93

經驗的某些性質和特徵 ………………………………………… 95

清除人性哲學弊端的做法 ……………………………………… 96

來自辛那儂的啟迪 ……………………………………………… 100

使人失明的經驗先天性 ………………………………………… 104

優先於抽象知識的經驗「證明」 ……………………………… 106

抽象認知和理論認知的整合 …………………………………… 106

如何科學地體驗存在事物 ……………………………………… 111

經驗主義和程序化的認知 ……………………………………… 113

原樣意義和抽象意義的認知 …………………………………… 115

積極理解和解釋的方法 ……………………………………118

生活的原樣意義的認知 ……………………………………121

合法解釋和原樣理解的認知 ………………………………122

感知對結構的承受 …………………………………………124

沉思事物存在的方式 ………………………………………125

作為科學範式的人際知識 …………………………………127

調動工作熱情的力量 ………………………………………130

人際關係中真理的形成 ……………………………………132

放任的客觀與關切的客觀 …………………………………134

趨向自我實現的創造態度 …………………………………137

創造性達到最佳整合的途徑 ………………………………151

克服創造中的情緒障礙 ……………………………………160

第三章　科學與心理的研究

科學家的心理動機 …………………………………………176

科學的心理概述 ……………………………………………177

破除科學一元論的途徑 ……………………………………178

研究科學心理學的意義 ……………………………………179

科學人性化的驅動力 ………………………………………185

建立研究科學的新模式 ……………………………………189

功能自主的科學防禦方法 …………………………………190

如何防禦抗拒病態恐懼 ……………………………………192

衡量知識最後階段的標準 …………………………………195

新型科學家對事物的旁觀認知 ……………………………196

理解現實世界的方式 ………………………………………199

目錄

如何超越科學世界的混亂 ……………………………… 203

了解事物本性的途徑 …………………………………… 204

科學中的問題中心與方法中心 ………………………… 207

方法中心與科學上的正統 ……………………………… 211

阻礙新技術發展的絆腳石 ……………………………… 211

科學的去聖化和再聖化 ………………………………… 214

好心情的科學家 ………………………………………… 220

心理學的原始資料 ……………………………………… 225

整體分析的方法論 ……………………………………… 226

整體動力學的觀點 ……………………………………… 229

人體心理症狀合理解釋 ………………………………… 233

症候群概念的界定 ……………………………………… 236

人格症候群的特點 ……………………………………… 241

人格症候群的組織結構 ………………………………… 250

各種症候群之間的關係 ………………………………… 257

人格症候群及行為 ……………………………………… 258

症候群資料的邏輯表達和數學表達 …………………… 261

第四章　生存與價值的轉向

使價值具有生命力的模式 ……………………………… 268

人的價值科學的可能性 ………………………………… 280

建立科學的價值觀念 …………………………………… 286

超脫價值的科學 ………………………………………… 297

科學中的價值服務體系 ………………………………… 299

塑造實現價值科學的文化 ……………………………… 303

價值經驗的文化因素 ……………………………………… 304

穩定價值科學不平衡性的方法 ………………………… 314

創造性無私之愛的力量 ………………………………… 336

人類生存的客觀有效價值 ……………………………… 343

創設適合生存的價值觀念 ……………………………… 356

人本主義的生存價值方法 ……………………………… 365

目錄 ────────────────────────────────

前言

馬斯洛說：「我們時代的根本疾患是價值的淪喪……這種危險狀態比歷史上任何時候都嚴重。」

他認為，生活的富足和社會的繁榮，科學技術的進步和文化教育的普及，民主政治的形成和真誠美好的願望，都沒有帶給人民真正的和平、友誼、寧靜和幸福，這主要是因為物質財富的追求越來越成為社會主流，而對精神價值的渴望卻一直未能獲得滿足。人們普遍認為：這個社會值得信仰和為之終身奉獻的東西太少了，人人都為物質財富的目標而奮鬥，一旦得到了，他們很快就會發現這種追求的虛幻性，進而陷入精神崩潰的絕望。馬斯洛指出許多「成功人士」患有「成功精神症」，驚呼在我們的時代，「文明已經發展到了一個真正瀕臨災難的階段了」。

馬斯洛在探討人性能夠達到多高境界的新問題時，他深深意識到傳統科學否認人的價值的極其危險性和全部科學非道德技術化的嚴重後果。他發現傳統科學具有太多的懷疑論、太冷酷、非人性。他認為傳統科學一直宣稱它只關注事實的認知，而不是「一種意識形態，一種倫理或一種價值體系」，它無法幫助人們在善惡之間做出選擇。當涉及到人性對事實的認知時，科學常常表現出一種對潛能、對理想可能性的盲目性。馬斯洛要求科學不能排斥價值，要從人性事實的研究中提供給人們生命的意義和理想。

馬斯洛認為一般科學模式都是承啟於事物、物體、動物以及局部過程的非人格科學，因此我們認知和理解整體與單一的人物和文化時，它是有限的、不充足的。非人格模式的科學無法解決個人、單一和整體的問題。他認為科學是一種人的事業。作為一種社會事業，它應具有目標、目的、倫理、道德、意圖等因素，認為科學本身就是一部倫理學法規、一種價值系統。主張將價值如事實般得到科學的研究，將價值研究作為一種科學研究，將價值

9

前言

研究轉向人性內部，使價值研究深深植根於人性現實的土壤。

馬斯洛認為傳統科學具有很大的局限性，它無法一般地解決個人的問題，以及價值、個性、意識、美、超越和倫理的問題。從原則上來說，科學應產生出各種規範的心理學，諸如心理治療心理學、個人發展心理學、烏托邦社會心理學，以及宗教、工作、娛樂、閒暇、美學、經濟學、政治學等方面的心理學。這種科學是採取心理分析，使其潛力充分發揮。馬斯洛的真正意圖是在擴展科學研究的範圍，主要是將科學與價值結合起來進行科學研究。

馬斯洛致力於人性的相關科學事實，試圖使價值論的研究立足於科學的基礎之上進而成為「價值科學」，以使他的人本主義心理學根本有別於古典的人道主義。

馬斯洛科學與價值的理論大多以筆記、談話、試驗、演講等方式闡述，整個思想顯得比較分散，時間跨度較大，缺少集中歸納總結，而且引用了很多晦澀的內容，致使我們一般讀者難以全面掌握馬斯洛的深刻思想，這不能不說是一大遺憾。

為了全面系統地介紹馬斯洛的科學與價值理論，本人在馬斯洛著作《科學心理學》和《存在心理學探索》的基礎上，根據一般閱讀習慣，結合現代成功勵志思想，進行條分縷析和歸納總結，採用通俗易懂的表達方式，既突出了馬斯洛的科學價值的思想，又便於讀者閱讀掌握和運用。當然，馬斯洛的整個思想非常博大精深，本書在此只是拋磚引玉，如有不正之處，敬請讀者批評指正。

相信本書能啟迪讀者，並能充分地指引自己的動機與行為，指引自己的認知與創造，指引自己的科學與心理，指引自己樹立科學的世界觀和價值觀。

導論

　　亞 伯 拉 罕 · 哈 羅 德 · 馬 斯 洛（Abraham Harold Maslow, 1918 至 1971 年），出生於美國一個猶太移民家庭，美國著名社會心理學家、人格理論家和比較心理學家。1967 年至 1968 年擔任美國人格與社會心理學會主席和美國心理學會主席。

　　馬斯洛是人本主義心理學的主要創始人，被稱為「人本主義心理學之父」。他主張「以人為中心」的心理學研究，研究人的本性、自由、潛能、動機、經驗、價值、創造力、生命意義、自我實現等對個人和社會富有意義的問題。他從人性論出發，強調一種新人形象，強調人性的積極向善，強調社會、環境應該允許人性潛能的實現。主張心理學研究中應給予主觀研究方法一定的地位，並應突出整體動力論的重要。

　　馬斯洛反對佛洛伊德精神分析的生物還原論和華生行為主義的機械決定論。馬斯洛把人的本性和價值提到心理學研究的首位，具有重要的理論意義，對於組織管理、教育改革、心理諮詢和心理治療具有重要的實用價值。需求層次論在他的心理學體系中占據基礎性地位，自我實現論則為他心理學體系的核心。

　　馬斯洛以人性為特徵的心理學形成了心理學史上的「第三思潮」，猛烈地衝擊著西方的心理學體系。《紐約時報》發表評論說：「第三思潮」是人類了解自身過程中的又一塊里程碑。

　　1933 年，馬斯洛在威斯康辛大學獲得博士學位後，主要從事教學和研究工作。1943 年，馬斯洛發表了〈動機理論引言〉和〈人類動機理論〉（*A Theory of Human Motivation*）兩篇論文，第一次把現代心理學各個流派，包括佛洛伊德主義、華生行為主義、格式塔心理學和有機體理論等綜合起來，提出了心理需求層次理論基本框架，即生理需求、安全需求、歸屬和愛的需

導論

求、尊重的需求、自我實現的需求、認知的需求、對美的需求、發展的需求，在學術界令人耳目一新。馬斯洛在研究人類動機時，始終強調整體動力論的貫徹，並將研究重點放在全人類共有的、作為似本能天性的基本需求研究之上。這為他的自我實現心理學發展奠定了基礎，也是人本主義心理學思想的萌芽。

馬斯洛隨後在自我實現理論的基礎上，又提出了要以最優秀的人作為研究對象，而不能像佛洛伊德那樣以心理變態者、精神病患者作為研究對象，也不能像華生行為主義學派那樣以小白鼠為研究對象，他選定了兩組人作為研究對象，概括了自我實現者的 13 個特徵。他指出自我實現的人並非十全十美，但他們卻是一種價值觀的楷模。

馬斯洛還提出「價值失調」理論，提出當時社會存在的許多常見精神疾病現象的治療，主要包括權力狂、固執偏見、心浮氣躁、缺乏興趣，特別是沒有生活目的和生活意義等現象。

總之，到 1951 年，馬斯洛的需求層次理論和自我實現理論已經逐漸成熟。同年，馬斯洛出版了《動機與人格》（*Motivation and Personality*）一書，這本書使馬斯洛成為了著名人士，被公認為 50 年代心理學領域最重要的一部學術著作，這也是馬斯洛的經典力作。

馬斯洛接著研究「高峰經驗」（peak experience）。他從自我實現者那裡發現他們往往頻繁地感受到極度的喜悅，體驗到心醉神迷的美妙感受。這些美妙體驗有的來自大自然，有的來自音樂，有的來自兩性生活。馬斯洛認為這不是一種迷信，而是自我實現者的一種成功享受。高峰經驗使個人的認知能力發生了根本性的轉化，由匱乏性認知發展到存在性認知，達到了對存在價值的領悟和認知。自我的特性達到了相對完善的狀態，在這一狀態中，人們共享了自身最高程度的同一性。因此，高峰經驗是自我實現的短暫過程，是自我實現的重要途徑。他相信每個人的這種潛力都存在，認為這種現象是

可以用科學來解釋清楚的，這才應該是心理學研究的主要任務。

1957 年，關於人類價值觀新知識的第一屆科學會議在麻省理工學院召開。馬斯洛在會上提出了他對價值觀的看法，強調價值觀是可以科學地進行研究的。他認為人們生存的基本需求得不到滿足，就會嚴重傷害到他們作為人的感情，他們就會形成不健康的價值觀，因為這是由人的本性決定的。

1961 年，馬斯洛提出了「優心態群體」理論，他提出由 1,000 個自我實現者和他們的家庭組成「優心態群體」，這就是一個理想的社會。在這個理想社會環境下，人類天生的本能就可以得到越來越多的表現，就會實現他的思想。

1961 年，馬斯洛在佛羅里達大學發表了「關於心理健康的一些新問題」的著名演講，他認為幽默與自嘲對心理具有重要作用，幽默能夠釋放人的潛能。他隨後出版了《存在心理學》，諸如「高峰經驗」、「自我實現」、「需求層次論」、「匱乏需求」、「存在需求」等概念非常流行，成了美國 60 年代的主要時代精神。

1962 年，馬斯洛為了學術研究，他親自到安德魯‧凱依（Andrew Keay）的非線性管理系統工廠進行調查。他把自己在工廠的調查研究寫成了《夏天的筆記》，最早以《人本管理》為名印刷出版，在學術界和企業界流傳。在書中他闡述了有關管理學方面的嶄新思想，提出了許多很有價值的人性觀念，如開明管理、領導心理、綜效原則、人力資本、員工動機、開拓創新、革新會計、企業評判等觀點。這些管理思想幾乎成了現代管理與組織的基本原則，成了現代管理理論的基礎和重要組成部分。

1964 年，馬斯洛發表了《宗教信仰、價值觀和高峰經驗》（*Religions, Values, and Peak Experiences*）一書，在書中他認為高峰經驗是有組織的宗教的精華，闡述了他對宗教信仰的看法。

1966 年，馬斯洛當選為美國心理學會主席，這表明他的心理學理論受到

了廣泛的重視。他又出版了《科學的心理學：一種探索》（*The Psychology of Science*），對當時主流科學及其基礎進行了批判。接著又出版了《關於超越性動機的理論 —— 人類價值的生物學基礎》，對人類天生的創造性、勇於接受挑戰等高層次需求作了進一步分析，提出了存在價值（B —— 價值）理論。

馬斯洛涉及非常廣泛，在許多領域都進行過探索和研究。他主要著作有 1954 年出版的《動機與人格》、1962 年出版的《存在心理學探索》、1964 年出版的《宗教、價值與高峰經驗》、1956 年出版的《人本管理》、1966 年出版的《科學心理學》、1971 年出版的《人性能達的境界》等，這些著作顯示了他成熟的超個人的人本主義心理學思想。

馬斯洛廣泛的研究從自我實現心理學原理出發，大大超過了心理學研究的範圍，涉及到管理學、經濟學、社會學、倫理學、教育學、宗教、哲學、美學等領域，提出了對於社會、教育、管理、宗教等進行變革的構想，進而形成了內在教育論、心理治療論、社會變革論和優美心靈管理論等理論學說。馬斯洛的需求層次和作為最高動機力量的自我實現等概念非常有名，是他的主要貢獻。

1971 年 6 月，馬斯洛於加利福尼亞門洛公園市（Menlo Park）逝世，享年 60 歲。

馬斯洛的心理學被稱為「第三思潮」，是相對於在他之前兩大思潮而言的。以佛洛伊德為代表的精神分析學「第一思潮」和以華生為代表的行為主義「第二思潮」。馬斯洛的「第三思潮」無論在思想內容、研究方法和研究對象上，還是在心理治療方法上，都是對佛洛伊德學說和行為主義理論的突破和揚棄，他打破了佛洛伊德的心理學和華生的行為主義心理學，提出了一套更為進步的人類理論。

佛洛伊德心理學體系最基本的特徵，就是來源於佛洛伊德本人的醫學臨

床實驗。研究的對象主要是精神病患者和心理變態者。馬斯洛曾說：「如果一個只潛心研究精神錯亂者、精神病患者、心理變態者、罪犯、越軌者和精神脆弱者，那麼他對人類的信心將越來越小，他會變得越來越『現實』，眼光會越來越低，對人的期望也會越來越小……因此，對畸形的、發育不全的、不成熟的和不健康的人進行研究，就只能產生畸形的心理學和哲學。這一點已經是日益明顯了。一個更普遍的心理科學應該建立在對自我實現人的研究上。」

華生的行為主義心理學體系最基本的特徵，就是認為人是由低等動物偶然進化而來的。其研究的對象是白鼠、猴子和鴿子等動物。馬斯洛對此指出：「行為主義者關於人只有遺傳的生理衝動的結論，最根本的原因就是大多數研究都是在老鼠身上進行的，而老鼠除了生理動機之外顯然很少有別的什麼動機了。人畢竟不是更大一些的白鼠、猴子和鴿子，既然動物有其獨特的天性，人類也應有自己的特點。」

對於佛洛伊德的精神分析和華生的行為主義，馬斯洛並沒有採取排斥，他說：「研究精神病患者是有價值的，但是是不夠的；研究動物是有價值的，但也是不夠的。」可見馬斯洛學說的包容性。

馬斯洛為了研究人的特點和人的潛力，他比喻說：「如果你想知道一個人跑一英里最快能用多少時間，你不會去研究一般的跑步者，你研究的是更出色的跑步者，因為只有這樣的人才能使你知道人在更快地跑完一英里上所具有的潛力。」馬斯洛對於人的潛力研究，就是「不斷發展的那一部分」。

馬斯洛首次把「自我實現的人」和「人類潛力」的理論引入心理學研究的範疇。自我實現的人是人類中的最好典範，是「不斷發展的一小部分」。他們心理健全，能充分開拓並運用自己的天賦、能力、潛力。他們也有最基本的需求，但他們在充分享受這些需求達到滿足的同時，並沒有成為這些需求的俘虜。馬斯洛在對他所認為是優秀個人的思想、行為和精神狀態進行大

量研究之後，提出了人類具有精神健康的共同特點。

馬斯洛「第三思潮」理論的獨到之處在於一反當時科學時尚，堅決指出人類具有共同價值觀和道德標準，而且他認為這些準則具有科學的根據，可以透過對人類中的優秀代表進行研究找到。

馬斯洛一生都堅持一種人道主義哲學，以便能夠幫助人們認知和啟動對於熱情、創造力、倫理、愛、精神和其他只屬於人類特性的追求能力。他的心理學不僅具有重要的理論價值，而且具有重要的實用功能。他的學說被廣泛地運用到教育、醫療、防止犯罪和吸毒行為以及企業管理等領域，產生了良好的效益。

馬斯洛學說具有超前性，他曾說：「有時候我有一種感覺，好像我的研究是在跟我曾孫的曾孫對話，當然，前一個曾孫都還沒有出世呢！那是對於他們愛的一種表達，留給他們的不是金錢，而是一些事實上關愛的話語，一些零零碎碎的建議，是我的一些教訓，對他們可能有一些用處。」

美國學術界認為，21 世紀，馬斯洛將取代佛洛伊德和華生，成為心理學界最有影響的先驅人物。

安松尼‧蘇迪奇說：「亞伯拉罕‧馬斯洛是自佛洛伊德以來最偉大的心理學家。毫無疑問，21 世紀屬於他。」

柯林‧威爾遜說：「自馬斯洛去世以後 25 年當中，他的名聲沒有一點下降跡象，而與此同時，佛洛伊德和榮格的聲名卻遍體鱗傷，布布滿彈痕，我認為這是非常重要的一點。我相信，這是因為，在馬斯洛的思想當中，最有意義的東西，在他自己那個時代都還沒有顯露出來。它的重要性是在未來，在 21 世紀一定會顯露出來」。

德波拉‧C‧斯迪芬森說：「我們發現，在馬斯洛的整個思想中，有許多研究、認知及思想在當時都是遠遠超前的。幾十年過去了，我們今天聽起來仍然感到非常新鮮，就好像現在一些工作和思想反倒都過時了一樣。馬斯洛

有關要求自我實現的員工、培養客戶忠誠、樹立領導風範和把不確定性作為一種創造力源泉的主張，描繪出了我們今天的數位化時代的圖景，顯得非常深刻。」

馬斯洛研究的就是我們今天生活的這個世界，就是我們這個數位化時代。在這個充滿激烈競爭的世界裡，人的潛力成為了各行各業、各個組織、各個機構競爭的主要力量。

對於這個充滿競爭的時代和社會，我們每一個人都希望調動自身的一切積極因素，健全自我人格，發揮自我潛能、實現自我價值，享受人生幸福、追求人生的真正成功。這不能不說馬斯洛的學說也適應了我們每一個追求人生成功者的需求。

這就是全面介紹出版馬斯洛著作的根本原因。

導論

第一章・動機與行為的控制

人類自我實現性的創造產生了科學，人們在科學創造中尋求各種不同的需求和滿足，科學的回報正是對人們的需求和滿足。顯然，人類的動機需求是促進科學發展的主要動力，科學的目標也是人類的目標，是人類高峰經驗的一種美好境界。

—— 馬斯洛

無動機和無目的的反應

　　我們將探討奮鬥（工作、競爭、成功、嘗試，以及目的性）和存在形成（存在、表現、自我實現）之間在科學上便於使用的區別。當然，這一區別在東方文化和宗教中是常見的，例如在道家中就是這樣。在我們的文化裡，一些哲學家、神學家、美學家、神祕主義研究者也這樣認為。然而，我覺得很遺憾，因為我了解到，考慮過「存在」（或某些類似的東西）這一重要甚至是基本範疇的僅有的幾個心理學家，是 M·韋特墨（Max Wertheimer）、K·阿爾德斯坦、H·A·默里，以及像 G·奧爾波特、W·沃爾夫、G·墨菲等等這樣的人格研究者。

　　一般來說，西方文化是以猶太教和基督宗教為基礎的，特別是在美國，主要由清教徒和實用主義精神所支配。這種精神強調工作、鬥爭、奮鬥、嚴肅、認真，尤其是目的明確。像任何其他社會機構一樣，從廣義的科學到具體的心理學，也難免受文化趨勢以及氣氛的影響。由於受美國文化的影響，美國心理學過分實用、過分清教徒化、過分講究目的，不僅明確地展現於美國心理學的影響和公開宣稱的目的中，而且在它未能探討的空白和所忽略的問題上也有明確的展現。在教科書裡，沒有論及嬉戲的歡樂、閒暇和沉思、閒逛和遊蕩，以及無目標、無用處、無目的的活動的章節。這就是說，美國心理學僅僅忙於從事生活的一半的研究，卻忽視生活的另一半領域 —— 也許是更重要的一半的領域？

　　或許有人說這是只注重方法價值卻忽略目的價值。這種哲學，幾乎包含在整個美國心理學中（包括正統的和修正的精神分析）。美國心理學一貫根本忽視能動性以及終極體驗（這種體驗是無為的），而關心那些能完成某些現實的競爭、改變、有效、有目的的活動。在 J·杜威的《評價的理論》（*Theory of Valuation*）中，這種哲學表現得非常明確，甚至達到了巔峰狀態。

在那裡，目的的可能性實際上被否定了。目的本身只是其他方法的方法，而後者又是其他方法的方法。

在臨床的水準上，我們以下列方式討論過這一區別的各個方面：

我們可以發現，整體論的重要性過於強調因果推論，特別是原子多樣化的連續性很有必要，而且對於強調共處和相互依靠也很有必要。在連鎖因果關係中，正如在杜威的推論中一樣，甲導致乙的發生，乙又誘發了丙，而丙又是丁發生的原因，如此環環相扣。這是一類理論的自然產物，這種理論主張任何事情單就其本身來講沒有多大意義。因果關係理論對於追求成功和技術成就的生活來說是一件適應甚至必要的工具，但對於強調內在的完善、美感經驗、享樂、鑑賞能力和自我實現的生活來說毫無用處。

我們了解到，有動機和有決定因素並不是同義的。例如，體質變化，像皮膚曬黑或肉體活動，逐漸成熟的變化，情景的決定因素，還有心理變化，如倒攝抑制（retroactive inhibition）、前攝抑制（proactive inhibition）或者潛在學習（latent learning），它們都只有決定因素而沒有動機。

雖然是佛洛伊德首先混淆了這兩個概念，然而精神分析學家們卻一直執著地追隨這個錯誤，以致他們不管發生了什麼變化都機械地為其尋找動機，例如像濕疹、胃潰瘍、筆誤、遺忘等等。佛洛伊德的死亡本能理論的主要（如果不是全部）基礎是相信動機無處不在。受傷者接連重複的噩夢看上去並沒有目的或價值，並不能滿足任何需求，但這個明顯的事實動搖不了佛洛伊德對於動機和決定因素的同一性的堅定信念，他假定這些夢滿足了一個新的死亡動機。打破這個同一性，接受純粹非應對性表現的可能性，那麼這個死亡本能的假設就站不住腳了。

許多心理現象是需求的滿足所產生的無動機的結果和副現象，而不是有目的、有動機和經過學習而產生的變化。根據我們列舉的現象，可以輕易看出後者絕非小錯。我們主張，這些現象完全或部分地是滿足的作用，例如，

21

第一章　動機與行為的控制

心理治療、態度、興趣、趣味、價值觀、幸福、良好的個人品行、對自我的看法、許多性格特點，以及許多其他心理作用。需求的滿足使相對無動機的行為的出現成為可能，例如，在滿足後，有機體立即允許自己放棄壓力、緊張、緊急和必須，轉而變得閒蕩、懶散、被動，享受陽光、裝飾、美化、擦洗（而不是使用）瓶瓶罐罐、消遣、嬉戲、悠閒地注意並不重要的事情，行動散漫，沒有目的。1937 年關於熟悉、通曉結果的試驗證明，簡單的、不求報償的、重複的接觸往往最終導致對於熟悉的事物或話語或行動的偏愛，甚至儘管它們最初是令人厭惡的。既然這個結果構成了一個關於透過未得到報償的接觸而學習的純粹的實例，至少那些主張報償、減輕緊張、頑固的理論家們必須將它考慮為無動機的改變。

從心理學的各個領域證明了形式固定或者標籤化的認知與對於具體事物、具有特質的事物和獨一無二的事物的新鮮的、謙遜的、被動的道家式的認知，以及不帶偏見和假想的認知，沒有願望、希望、恐懼或焦慮的認知之間的重要區別。似乎大多數認知行為都屬於停滯性地、漫不經心地認出陳規舊套或者將它們歸類。這種被動地根據預先存在的成規進行分類與用充分的集中注意力來真實地、具體地了解獨有現象的多面性之間有著深刻的區別。對於任何體驗的全面的鑑賞和品嘗只能來自這樣的認知。如果我們說標籤化就是由於該人對未知事物的恐懼而過早地下固定的結論，它的動機就是希望減少和迴避焦慮，因此，以積極心態接納未知事物的人，或者能夠容忍意義不明確的事物的人，在感知過程中動機就不如前者那樣明確。

墨菲、布魯納、安斯貝徹、默里、桑福德、麥克利蘭（David McClelland）、克萊恩（Melanie Klein）以及其他許多人發現的動機與感覺之間的密切關聯最好被視為心理病理學現象，而不是健康的現象。坦率地說，這種關聯說明有機體相對有病。在自我實現者身上，它減小到最低限度，在精神疾病和精神病人那裡，它達到最高限度，如妄想和幻覺。可以這樣來描述這個

區別，健康人的認知相對無動機，而病人的認知相對有動機。人類的潛在學習就是無動機認知的一個例子，可以檢驗這個臨床發現。

以某種方法來區分自我實現者的動機生活與普通人的動機生活是我們對於自我實現者的研究的明確要求。他們顯然過著一種自我實現、自我完善的生活，而不是尋求普通人缺少的基本需求的滿足，前者是成長性動機，後者是匱乏性動機。因此，他們正處於正常狀態，正在發展、成長、成熟，過著某種意義上的隱居生活（例如，與追求社會地位相對），他們並不在一般意義上為改變現狀而作努力。

匱乏性動機與成長性動機的差別表明，自我實現本身不是有動機的變化，除非在全新的意義上理解動機。自我實現，達到充分發展，有機體的潛力成為現實的境界，這一切更類似於成長和成熟而不是透過報償而形成習慣或者關聯的過程，亦即，它不是以外界獲得的，而是在內部展開在一種微妙的意義上說早已存在的東西。自我實現水準上的自發性 —— 健康和自然 —— 是無動機的，它的確與動機相矛盾。

透過討論行為與體驗的表現性決定因素，能夠發現它對於心理病理學和心身病理學的含義。特別強調，必須把表現性看作相對無動機的，與應對性相比較，後者既是有動機又是有目的的。要取消這種對立，只有在動機的詞彙範圍內來一場徹底的語義和概念上的革命。

還能夠證明憂鬱，戈德斯坦（Kurt Goldstein）的災難性精神崩潰、麥爾的挫折引起的行為以及一般的宣洩和釋放的現象同樣是表現性的，也就是說，是相對無動機的。

除幾個具特殊意義的例子外，行為都是方法而非目的，它能夠完成某件事情。將作為心理學研究的一個合法的研究對象的主觀狀態排除出去，是否使解決我們正在討論的疑難變得更難，這是一個問題。我理解的目的幾乎總是滿足的主觀經驗。大多數工具性行為之所以具有人的價值，只是因為它

們造成了這些主觀狀態，拋開這個事實，行為本身往往變得在科學上毫無價值。

如果將行為主義看成是我們曾提到過一般的清教徒式的奮鬥和成功的世界觀的一種文化表現，這樣也許會使我們對它本身的理解更充分。這意味著，在它的許多缺陷中，還必須加上種族歧視。

相對無動機反應的例子

我們列舉的幾種可多少被視為無動機的現象是依靠現存的無動機一詞的定義。除此以外，還有其他許多這類現象，我們對此要進行簡略的討論。應該注意到，這些現象都屬於心理學中相對被忽視的領域；對於科學的研究者來說，它們極佳地說明了一個狹隘的生活觀將最終創造一個狹隘的世界。在木匠眼中，世界是由木頭構成的。

藝術

當藝術尋求交流，力圖激起感情、表現和影響他人時，藝術創造就是相對有動機的；藝術還可以是相對無動機的，這時，它是表現性的而不是交流性的，是個人內部的而不是人與人之間的。表達可以有意想不到的人際效果這一點（即附帶的收穫）在這裡是一個例外。

然而，關鍵的問題是：「有一種對於表達的需求嗎？」如果有，那麼藝術表現以及宣洩和釋放現象就如尋求食物或愛情一樣是有動機的。我在許多不同場合暗示過，我認為證據將迫使我們承認這樣一種需求：在生活中表達有機體內已經被喚起的任何衝動。但是下面的事實很清楚地告訴我們這一點恰恰可以推出一種反論：任何需求或者任何能力都是一種衝動，因而都會尋求表現。那麼，應該將它看作是一個獨立的需求或衝動呢？還是應相反，把

它視為所有衝動的一個普遍的特點呢？

我們沒有必要在選擇其中的一點上做那麼大努力，因為現在要說明的只是它們全都被忽視了。無論哪一個結果都證明是最富有成效的，它都將迫使人們承認：無動機範疇，或者對於整個動機理論的巨大改造。

對於高級的複雜的人，美感經驗也是一個同樣重要的問題。許多人的美感經驗非常豐富，非常有價值，因此，他們會蔑視或者嘲笑任何一種否認或者忽視美感經驗的心理學理論，無論這種忽視可能具有什麼科學根據。科學必須解釋所有現實，而不僅只是現實所觀察到的部分。審美反應的無實用性和無目標性，我們對它的動機一無所知的現狀（假如在一般意義上說它真具有什麼動機的話），這些事實只應該向我們指明我們的正統心理學的貧乏。

依照認知的觀點來考慮，美感經驗即使相對於普遍認知而言，也可以說是無動機的。成規化的感知在最好程度上也有片面性，它不能算是對於一個對象的全部屬性的細察，就像我們只根據那些典型，於我們有用的，與我們的利益有關，或是能滿足需求或者是會威脅需求的屬性來為一個對象分類一樣。被動地、無偏見地感知一個現象的多面性是審美感知的一個特點。

我注意到，當思考存在這個問題時，最好以分析等待這一概念來作為真起點。一隻曬太陽的貓並不比一棵矗立的樹虛度更多光陰。等待意味著對於有機體毫無意義，無用和不受珍視的時間，它是絕對注重方法的生活態度的副產品。等待在大多數情況下是一種愚蠢、無能或浪費性的反應，因為從功效的角度來看，不耐煩也是沒有任何益處的，甚至方法體驗和方法行為本身也可以為人享受、品嘗和欣賞，可以說，此舉無需任何額外花費。一段時間既可以被人當作終極體驗而享受，也可以被完全浪費掉，旅行就是一個極好的例證。其他例證還包括教育和一般的人際關係。

對於浪費時間這一概念可以分類理解。對於注意用途、目的，壓低需求這種類型的人來說，沒有完成任何事情，不能服務於任何目的的時間都是被

浪費的時間。這種說法完全合理，但是我們可以提出一個同樣合理的說法：或許可以認為沒有帶來終極體驗，即，沒有被最大限度地享受的時間，就是被浪費的時間。「你喜歡浪費的時間就是被浪費的時間。」

釣魚、狩獵、打高爾夫球等運動，可以極佳地說明對於我們的文化能充分享受它的終極體驗這個事實。大體上，這些活動受到稱讚是因為它們使人們進入露天，接近大自然，接受日光，身臨美麗的景色。實質上，這些觀點將應該屬於無動機的終極活動和終極體驗的東西擲入一個目的性、完成性，實用主義的模式，以便能適應人的心靈。

欣賞、享受、驚異、鑑賞，終極體驗

當然不僅是美感經驗，有機體還要被動接受和享受許多其他體驗，幾乎不能說這種享受本身是有動機的。若要解釋它，它只是有動機活動的終極目標，是需求的滿足所產生的附屬現象。

神祕、敬畏、愉快、驚異、讚賞等體驗也都屬於這一類被動的主觀上豐富的美感經驗，這些體驗湧向有機體，像音樂的效果一樣，使有機體沉浸其中。它們是終極體驗，達到了極限，而不是方法性的；它們對於外部世界沒有絲毫改變。如果我們對悠閒安逸解釋得當，那麼同樣也可以利用這一點。

有兩種這類的極限快樂或許恰如其分：布勒（Karl Bühler）的機能快樂生活本身的快樂（生命快樂）。當身體器官良好地熟練地運動所產生的固有的快樂使一個孩子一遍一遍地重複某一最近精通的技能時，尤其展現了上面兩種快樂。跳舞或許也是一個好例子。至於基本生活的快樂，任何身有病痛的人都可以證實這種最根本的生物快樂的實際存在 —— 健康地活著本身帶來的並非尋求的結果，而是無動機的副產品。

風格和趣味

與行為的作用和目的相對照，行為的風格被列為表現性的一個例子。在

其他人的著作中，還有奧爾波特（Gordon Allport）、沃納（Heinz Werner）和韋特墨。

我想用一些資料來補充說明和支持這個論點，它們是 1939 年發表的。在這個研究中，我曾試圖發現強控制型女性（堅強、自信、逞強好勝型）與弱控制型女性（順從、羞怯、退卻型）之間的各種差異。我發現了很多的區別，以致最後僅僅透過對她們的走路、談話等進行觀察就能夠較輕易地做出判斷（並且由此得到證實）。

性格結構在趣味、衣著，社交場合的行為，以及明顯的方法性、目的性、有動機的行為等方面自然地表現出來。只需幾個例子就足以證明這一點。性格較強硬者的力量在對食物的選擇上就可以展現出來。她們喜歡更鹹、更酸、更苦、更辣以及味道更刺激的食物，例如，味道強烈而不是味道溫和的乾酪；喜歡味美的食物，甚至可以不顧其外觀上的不雅觀，例如，水生貝類動物；喜歡新奇、古怪的食物，如烤松鼠、蝸牛等。她們不拘小節，噁心、嘔吐的機會很少，對於匆忙準備的不雅觀的飯食也很少感覺驚慌。但是她們比低控制性女性更沉迷口腹之樂，胃口更好，也更饞於美味佳餚。

根據一種觀相術的心物同型論可以發現，這些特點在其他方面也有所展現，例如：她們的語言更激烈、強硬、堅決，她們所選擇的男性也更堅定、強硬、結實，她們對剝削者、寄生蟲以及企圖利用她們的人的反應同樣是激烈、強硬、堅決的。

另外，伊森伯格（N. Eisenberg）的研究，非常有力地支持了這些結論。例如，在社會性格類型（用於衡量控制情感或者自尊的測驗）中獲得高分的人更容易在與試驗者的約會中遲到，更易表現出不恭敬，更不拘禮節，更魯莽，對人更容易盛氣凌人，更少緊張、焦慮、焦急、更易接受恭奉的香菸，極易作不請自來的不速之客。

另外還有研究顯示，在性的反應上，兩種類型的人具有更加明顯的差

異。獲高分的女性在性生活的所有方面更像個異教徒，寬容、認可性要強得多。她更有可能失貞、手淫，與不止一個男人發生性關係，更容易嘗試這樣的試驗：同性戀，舐陰以及肛門性交行為。換言之，這裡仍可以說她更唐突、更強硬、更激烈、更堅決、更少受限制。

卡彭特做了一個沒有公布的實驗，研究了獲高分和獲低分的女性在音樂的趣味方面的差異。試驗得出一個可為人預料的結論：獲高分的人更易接受古怪、瘋狂、陌生的音樂，更易接受缺乏旋律和有不和諧音的音樂，更易接受強而有力的而非甜蜜舒緩的音樂。

米多證明，受到壓力時，獲低分的人智力降低的程度大於獲高分的人，這就是說，她們不夠堅強。麥克利蘭和合作者對成就需求的研究中對此曾有論述。

這些例子對於我們的論點的價值在於這樣一個非常明顯的事實：它們都是無動機的選擇，都表達了某種性格結構，就像莫札特的音樂無論如何都擺脫不了莫札特的風格，雷諾瓦臨摹戴拉克魯克的一幅畫更能突出雷諾瓦的風格一樣。以上事實是表現性的，正如寫作風格、主題理解測驗中的描述、羅夏測驗的紀錄或者小孩子玩玩具，這些都是表現性的一樣。

遊戲

遊戲可以是應對性的，也可以是表現性的，或者兩者兼而有之。有關遊戲療法和遊戲診斷的文獻很清楚地說明了這一點。這個一般性的結論很可能將取代過去提出的關於遊戲的各種機能性、目的性、動機性的理論。既然沒有任何東西反對我們對於動物使用應對的表現兩分法，我們也很有理由期待對於動物遊戲的更明顯實際的解釋。

為了開闢這一研究的新領域，我們所要做的就是承認，遊戲可能是無用和無動機的，可能是存在而非奮鬥的現象，是目的而非方法。大笑、歡鬧、

娛樂、嬉戲、歡快等或許也是如此。

思想意識，哲學，神學，認知

這個領域也是利用正統的心理學無法解釋的。我認為，情況之所以這樣，部分是由於自從達爾文和杜威以來，一般的思維按慣例一直被看成是解決問題的，即，是機能性和有動機的。

我們用來反駁這個假設的少得可憐的資料大部分來自對於更龐大的思想產物的分析——哲學體系、政治和經濟意識形態、神學體系，它們與個人性格結構的相互關係是很容易證實的。

叔本華（Arthur Schopenhauer）這樣的悲觀主義者會產生一種悲觀主義哲學這一點似乎非常容易理解。我們已經從主題理解測驗的描述和兒童的藝術作品中學得了很多東西，若再將上面的事實說成純粹是文飾、防禦或者安全方法無疑是天真幼稚的。再舉一個類似表現性作品為例，想必不能說巴哈的音樂或者魯本斯（Peter Rubens）的油畫是防禦性的或者有種文飾作用吧？

記憶在所有人身上都有或高或低程度的展現，但它同樣是相對無動機的，潛在學習的現象就能充分說明這一點。研究者們就這個問題而強烈的爭論實在是離題太遠，因為老鼠是否能表現出潛在學習與我們毫不相干。但這一點對於人則是毋庸置疑的。

安斯巴赫發現，不安全的人具有不安全的早期記憶的傾向很強烈。我個人發現，不安全的人強烈地趨向於做不安全的夢，這些同樣是很好的例證。它們似乎明確地表達了對於世界的看法。我不能設想，假如不是勉強拉扯過去的話，它們怎能被解釋為滿足需求、報償性或者加強性的呢？

不管怎麼說，人們往往能夠輕易發現那些真理和正確的答案，而並非需要艱苦卓絕的努力來追求。在大多數實驗中，解決問題前都必須具有某種動機。這一事實很可能是問題的普遍性或專斷性的作用而不是「所有思維都必

須有目的」的證明。在健康人的健全生活中，思維如同感知一樣，可以是自發的和被動的接受或者生產，它們是有機體的存在和性質的無動機，不費力的表現，是讓事情自然發生而不是人為地使它們發生，就如同花香或者樹上的蘋果那麼自然存在一樣。

理智和衝動的合作方式

我們可以清楚地看到，把理性和動物性對立起來的二分法已經失去了立足之地。理性和進食一樣，完全是動物性的，至少是人類的動物性。衝動並不一定與智力判斷相對，因為智力本身就是一種衝動。尤其是在健康人身上，理性和衝動的合作性展現得更加清晰，而且強烈地傾向於殊途同歸，而不是分道揚鑣。非理性不一定是反理性的，而常常是親理性的。意動和認知之間的長期分裂和對抗，通常就是社會病態或個人病態的產物。

人對愛或尊重的需求和對真理的需求完全一樣，是「神聖的」。「純」科學的價值同「人本主義」科學的價值幾乎是平等的。人性同時支配著兩者，甚至沒有必要把它們分開。科學可以帶給人樂趣，同時又能帶給人益處。希臘人對於理性的尊崇並非有錯，而只是過分排斥。亞里斯多德沒有意識到，愛和理性完全一樣，都是人性的。

認知和情感所需要的滿足之間存在著暫時的矛盾，它向我們提出的是整合、協調以及並行的問題，而不是衝突以及對立的問題。純理論科學家的純粹、客觀、不偏不倚的非人本主義的好奇心，可能會對其他人類動機的滿足造成威脅，例如對於安全。我在此所指的不只是明顯的原子彈例子，還包括科學本身暗含的價值系統，這是個極其普遍的事實。

總之，「純」科學家最終所能達到的境界不是愛因斯坦型或牛頓型，而是進行集中營試驗的納粹「科學家」和好萊塢的「瘋」科學家。一種關於科

學和真理的更完美的、更人道和更具超越性的定義是可以找到的。為科學而科學正如為藝術而藝術一樣，都是病態的。

表現性行為的典型特徵

在奧爾波特、沃納、安海姆（Rudolf Arnheim）和沃爾夫的著作中，已明確闡述行為的表現性部分（非工具性）和應對性部分（工具性、適應性、機能性、目的性）之間的區別。但是，這種區別一直沒有被當作價值心理學的根據而加以適當的利用，我們必須避免非此即彼的截然劃分。許多行為舉止既有表現性也有應對性成分，例如走路既有風格也有目的。但我們並不希望像奧爾波特和弗農那樣排除在理論上有幾乎是純粹的表現性行為的可能性，例如，不是走路而是閒逛；臉紅；動作優雅；舉止難看；吹口哨；兒童的歡笑；私下的、不以交流為目的的藝術活動；純粹的自我實現等等。

由於太注重實用，傳統的心理學忽略了許多對它原本意義重大的方面。眾所周知，由於傳統心理學家專注於實用效果、技術和方法，而對於美、藝術、娛樂、嬉戲、驚異、敬畏、欣喜、愛、愉快，以及其他「無用的」反應和終極體驗知之甚少，因而，對於藝術家、音樂家、詩人、小說家、人道主義者、鑑賞家、價值論者、或其他追求樂趣或終極目的的人也絕少有用甚至一點用都沒有。這等於指責心理學對現代貢獻甚少，現代最缺少一個自然主義或人本主義的目的或價值體系。

透過探索和應用表現性和應對性的區別 ── 這同時也是「無用行為」和「有用行為」的區別 ── 我們可以幫助心理學朝著這些適應時代的方向擴大涉及範圍。這也是一個重要任務的必要開端：公開置疑所有行為都具有動機這一公認的觀點。我們不妨專門討論表現性和應對性的區別，然後將它們應用於一些心理病理學問題。

根據定義，應對是有目的、有動機的，而表現則常常是沒有動機的。

應對性是由環境和文化的可變因素決定的，表現則主要取決於有機體的狀態。由此可以推出，表現和深層性格結構的關係很密切。所謂投射試驗可以更確切地稱為「表現性」試驗。

應對多半是後天學習的結果，表現幾乎總是先天的釋放性的或不受抑制的。

應對更容易被控制，更容易被壓抑、被約束、被阻止，受文化移入的影響，表現則往往是難以控制的。

應對的目的通常在於引起環境的變化並且屢試不爽，表現則沒有任何目的，假如它引起了環境變化，那也只是副作用。應對特別表現為方法行為，其目的是滿足需求或消除威脅，表現則往往就是目的本身。典型的應對行為是有意識的（雖然有時也表現為無意識的），表現則更經常地表現為無意識的。

應對需求做出努力，表現在大多數情況下則是隨意而為。藝術表現當然是一個特殊的、處於兩者之間的例子，因為人們只有透過學習才能做到自然流暢，富於表現。要想娛樂則只要嘗試一下就可以了。

決定行為的應對與表現的因素

衝動、需求、目標、目的或職責都可以包括在行為的決定因素之中。這種行為的出現是要完成某件事情，例如，走向某個目的地、採購食物、寄信、做書架，或者為薪水而工作。應對這個詞本身就意味著努力去解決或至少應付一個問題。因此，它表達了與某種超越它自身的東西的關聯；它不是獨立的，它或與直接需求有關聯，或與基本需求有關聯，它既與方法相關，也與目的相關聯，既與挫折引發的行為相關聯，也與追求目標的行為相關聯。

心理學家所討論的是那些一般有起因卻無動機的表現性行為，即雖然表

現性行為有許多決定因素，但需求的滿足不必是其中之一。表現性行為只不過表現、反映，或者表達了有機體的某種狀態。其實，它本身就是那種狀態的一部分，例如，低能者的愚笨、健康者的笑容和輕快的步態；和善深情者的儀表、美女的姣柔、頹喪者絕望的表情、委靡的姿態，肌肉的鬆弛，以及書法、步行、舉止、跳舞、笑的風格等等，這些都不是有目的的，它們沒有目標。它們不是為滿足需求而做出來的，而只是表面現象的一部分。

這種說法不受動機理論的任何具體措詞的影響。例如，它也適用於單純的享樂主義；於是，我們也可以換一種說法：應對性行為對表揚和批評、獎勵和懲罰有所反應；表現性行為通常有反應，至少只要它仍是表現性的，就不會有所反應。

雖然以上所說都是事實，但有一個似乎有些自我矛盾的概念被引發出了，即有動機的自我表現概念。比較複雜的人能夠設法做得誠實、優雅、仁慈、甚至天真質樸。做過精神分析和處於最高級動機水準的人了解這種情況的來龍去脈。

這也確實是他們唯一要做的根本問題。自承和自發性屬於最容易獲得的成就，如在健康的孩子那裡就是如此。自承和自發性也屬於最難獲得的成就，這表現在自省型、自我改進型的成年人中，特別是表現在曾經是或仍舊是神經過敏的人身上。但是，對於某些類型的精神疾病患者來說，這是不可能達到的目的。這類患者就像個演員，根本沒有一般意義上的自我，只有一堆可以挑選的角色。

我們可以舉兩個例子來揭示有動機、有目的的自發性這個概念所包含的（表面的）矛盾，如同說道家的無為而治、放任自流一樣。至少對於業餘愛好者來說，最適宜的舞蹈方式莫過於自然、流暢、自動地合著音樂的節拍，應和著舞伴無意識的願望。優秀的舞蹈者能夠恣意忘情地跳舞，變成任音樂擺布、任音樂彈奏的被動的樂器。他不必有願望、批評、指導，甚至完全忘

記了自我。從非常真實有用的意義上說，甚至他在旋轉、滑行、跳得精疲力盡的過程中，可以一直很被動。

這種被動的自發性（或者說由衷的盡興）能夠產生一些生活中最大的快樂，就像在岸邊任浪花拍打自己的身體，就像任人細心溫柔地照料自己，讓自己承受愛的撫慰，或者像一位母親，任孩子吸奶、嬉戲，在自己身上爬來爬去。

但是，能夠這樣跳舞的人是極少的。大多數人會做出努力，會受到指導，會自我控制地、有目的地去跳；他們會仔細地聽著音樂的節奏，經過有意識的選擇，然後合上拍子。一句話，無論從旁觀者的角度看，還是從主觀角度來看，他們都是蹩腳的舞蹈者，因為他們永遠不會把跳舞當作一種忘我的和有意拋棄控制的深切體驗來享受。

能夠不受訓練就能跳得很好的是優秀的舞蹈者。不過教育在這裡也能有所幫助，但那必須是一種不同類型的教育，內容是自發性和熱切的縱情，是道家風格的自然、無意、不挑剔以及被動，努力不做任何努力。舞蹈者必須為此學會拋棄禁錮、自我意識、文化適應和尊嚴。他一旦摒棄一切欲念，對外表不以為念，那他就會在不知不覺之中逍遙飄遊。

更為棘手的問題來自於對自我實現的本質的檢驗。處於這個動機發展水準的人的行為和創造可以說具有高度的自發性和開放性，無所掩飾，不加修飾，暴露自我，因而也具有很高程度的表現性（我們可以像阿斯銳納那樣，將其稱為「自如狀態」）。並且，它們的動機在品質上發生了如此大的變化，與安全、愛或自尊的一般需求如此不同，我們甚至不應該同樣用需求來稱呼這些動機。我建議用「超越性動機」或「後動機」來描述自我實現者的動機。

我們是否不該再把自我實現的內驅力稱為需求，而是換一個名字，因為我們早已把對愛的渴望稱為需求，而它們之間卻有本質的區別。其中與我們目前的討論最為貼切的一個主要區別就是，愛和尊重等可以看成是有機體因

缺乏而需要的外在的特性，自我實現並非這個意義上的缺乏或缺陷。它不是有機體為自身健康而需要的外界的某些東西。例如，就像樹需要水一樣。

自我實現是有機體內已經存在的一種內在的成長，或者更確切地說，就是有機體本身的成長。正如樹向外界環境索取養料、陽光和水，人也向社會環境索取安全、愛和地位。但無論是對樹還是對人，個性的發展才是正的發展。樹都需要陽光，人都需要愛，然而一旦這些基本要素得到滿足，每一棵樹，每一個人就開始按自己獨一無二的風格發展了。這些普遍的要素為自己的目的服務，一句話，此時發展是從內部而不是從外部進行的。不太準確地說，最高級的動機就是達到非動機，即純粹的表現性行為。換句話說，自我實現的動機是成長性促動，而不是匱乏性促動。它是「第二次天真」、聰明的單純、「適意的狀態」。

一個人可以透過解決次級的優先的、動機問題努力向自我實現接近，這樣他就是在有意識、有目的地尋求自發性。因此，在人發展的最高水準上，像其他許多心理學上的二歧式一樣，應對性與表現性的二歧被解決了、超越了，努力變成了通向非努力的道路。

相對而言，外在的決定因素對性行為的影響要比對表現性行為多一些。它幾乎總是對於緊急情況、問題或需求的機能反應，這些問題和需求的解決與滿足來自物質世界或者文化世界。總而言之，它是以外界的滿足物來補償內在匱乏的一種努力。

而性格學的因素對表現性行為的影響則要大於應對性行為。可以說，應對性行為本質上是性格與外界的相互作用。它們靠共同努力相互適應，表現性實質上是性格本質的附帶現象。因此，可以發現物質世界和內在性格兩者的規律同時發揮作用，而且，人們主要發現的是心理學或性格學的規律。表現派和非表現派藝術的對比可以說明這一點。

下面是一些推論：如果人希望了解性格結構，可供研究的最好行為肯定

是表現性行為，而不是應對性行為。目前對於表現性測驗的廣泛經驗證實了這一點。說到什麼是心理學以及什麼是心理測驗的最好方法的長期爭論，很明顯，適應性的、有目的的、有動機的應對性行為並不是存在的唯一一種行為，對於它的研究也不是最富有成效的。我們的這種區分也許與心理學及其他科學的連續性或間斷性這一問題有關係。原則上，研究自然世界應該有助於我們理解應對性行為，但是，對表現性行為卻可能並非如此。後者似乎屬於更為純粹的心理學範疇，它可能有自己的法則和規律，因此，最好直接研究，而不借助自然科學的中間作用。

理想的應對性行為與表現行為相對比，只是後天的學習與先天的表現之間的區別。感到絕望、氣色好、愚笨或者發怒是不必經過學習的，但是做書架、騎車、穿衣則一般必須經過學習。在對成就測驗和對羅夏測驗的決定因素中我們可能清楚地看到這種對比反應。另外，如果沒有獎勵，應對性行為就會趨向於消失，但表現性行為的延續不一定需要獎勵來維持。前者為滿足所驅使，後者則不然。

在有意識或無意識的控制（禁止、壓抑、抑制）中，往往以不同的敏感性表現出內在和外在決定因素的不同的決定因素。對於自發的表現很難駕馭、改變、隱藏、控制，或者以任何方式加以影響。

行為控制的可能性

在有意識或無意識的控制（禁止、壓抑、抑制）中，往往以不同的敏感性表現出內在和外在決定因素的不同的決定因素。對於自發的表現很難駕馭、改變、隱藏、控制，或者以任何方式加以影響。實際上，控制和表現原本就是兩個對立的概念。這種情況甚至包括上面討論的有動機的自我表現。因為那正是學習怎樣不受控制的一系列努力的最終結果。

最多只能在短時期內維持對書法、跳舞、唱歌、講話、情感反應和風格

的控制。對一個人的反應的監督和批評不可能持續不斷地進行。由於疲勞、精神渙散、分心或者注意等等不辭而別，這種控制或早或遲會由更深層、意識性更弱、更自動和更性格化的決定因素取而代之。表現與應對的區別還展現為前者不需要費力，而後者在原則上需要做出努力，例如藝術家。

在這個問題上，很容易犯的一個錯誤是以為自發性和表現性總是有益的，無論什麼樣的控制也總是有害的和不可取的。但實際上並非如此。當然，在大部分時間裡，表現性與自我控制相比，給人的感覺更好，更有意思，更為自然，無需任何努力等等。因此，從這個意義上來說，無論是對本人還是在與他人的關係上都是可取的，正如喬哈德所證明的那樣。然而，自我控制或者抑制有好幾種意義，其中有的非常健康、非常理想，即使拋開同外部世界打交道所必需的因素也是這樣。控制並不一定意味著阻撓或放棄對基本需求的滿足。

有一種控制被我稱為「協調化的控制」，它從根本上支持需求的滿足；它可以透過各種方法使人們享受到更大而不是更小的滿足，例如，透過適當的延遲如在兩性關係上；動作的優雅，例如跳舞和游泳時；審美的趣味，如對待食物、飲料；獨特的風格，如在作詞賦詩中；透過儀式化、神聖感和莊嚴感，透過辦事辦得完美無瑕而不是應付公事。

可以重申一遍，一個健康的人想進行表現時就可以表現，而並非僅生活在表現中，他必須能夠使自己無拘無束。當他認為必要時，必須有能力拋開一切控制、抑制和防禦，但他同樣也必須有控制自己的能力，有延緩享樂、彬彬有禮、緘默不語的能力，有駕馭自己的衝動，避免傷害別人的能力。他必須既有能力表現出酒神的狂歡，也有能力表現出日神的莊重；既能耐得住斯多葛式的禁慾，又能沉溺於伊比鳩魯式的享樂；既能表現，又能應對；既能克制，又能放任；既能自我暴露，又能自我隱瞞；既能尋歡作樂，又能放棄歡樂；既能考慮現在，又能考慮未來。

健康的或自我實現的人在本質上是多才多藝的；他所喪失的人類聰明才智比常人少得多。對於達到了極限的完備人性，他能夠做出更多的反應，採取更多的步驟。也就是說，他具備人類所有的聰明才智。

應對性行為對環境的影響

作為改變世界的一種努力而出現的應對性行為，常能取得各方面成功。相反，表現性行為對環境卻沒有影響。如果它確實產生了某種影響，那並不是預謀的、主觀促成的或有目的的，而是無意的。

舉一個正在進行談話的人為例，這個談話是有目的的。例如，一個推銷員正在試圖爭取一份訂單，談話就是為此而進行的，大家彼此都很清楚。但是，推銷員講話的風格也許無意識地表現出敵意、勢利或傲慢，他可能因此而失去這個訂貨機會。這樣，他的行為的表現性方面就可能具有環境效果了。然而，應該注意的是，講話者並不希望有這些效果，他並非有意識地表現出傲慢、敵意，他甚至沒有意識到他所給予的這種印象，就算真的出現了這種表現性的環境效果，也是非動機性的，無目的的，屬於副產品的現象。

應對性行為本質上是工具性的，始終是達到一個明確目的的方法。反之，任何方法 —— 目的的行為（上面討論的有意拋棄應對的例子除外）一定是應對性行為。

另一方面，各種形式的表現性行為，例如書法的風格，或者與方法或目的全無關係，或者接近成為目的本身的行為；例如歌唱、閒逛、繪畫、鋼琴即興演奏等等。在我們過分實用主義的文化中，工具性態度甚至壓倒終極體驗：

· **愛情**：「那是一般都要做的事情」。
· **運動**：「有助於消化」。
· **教育**：「提高薪資」。

- **歌唱**：「有利於胸腔發展」。
- **癖好**：「鬆弛可促進睡眠。」
- **好天氣**：「於事務有利」。
- **閱讀**：「我的確必須與外界保持聯絡」。
- **感情**：「你要使孩子得精神病嗎」。
- **仁慈**：「行善……」。
- **科學**：「國家防禦」。
- **藝術**：「無疑改進了美國的廣告業」。
- **友善**：「否則他們會偷錢」。

　　最單純的表現是無意識的，或至少是缺乏意識的。我們通常意識不到自己走路、站立、微笑或者大笑的形態。雖然，電影、唱片、漫畫或者模仿可以使我們意識到它們，但是，這往往只是特例，或者居間的例子，如選擇衣服、家具、髮型等。但是，應對可以是明確而具體的，其特點就是充分有意識的。一旦它成為無意識的，也會被當成例外或者被看作是一種異常的情況。

解釋釋放行為的途徑

　　雖然有一種特殊類型的行為，在本質上屬於表現，然而它對有機體卻有些帶有目的性的益處，有時甚至是很明顯的益處。所謂的釋放行為就是一例。以暗地裡咒罵或者類似的宣洩憤怒的表達方式為例，也因而更能說明問題。反映有機體狀態的咒罵當然是表現性的，它不是一般意義上的應對性行為 —— 做了這種舉動以滿足某種基本需求，儘管它可能在其他意義上有滿足作用，反之，它似乎也會引起有機體本身的狀態的某種變化，但這種變化只是副產品。

　　我們一般也可以將所有這類釋放行為解釋為透過以下途徑來保持有機體

舒適，降低緊張水準；允許完成被抑制了的沒有完成的行為；透過完成性的本能的表達來排泄積蓄的敵意、焦慮、興奮、高興、狂喜、愛或者其創立產生緊張的情緒；或者不求回報地准許自我進行任何健康有機體所沉迷的簡單行為。自我暴露和保密好像也是這樣。

或許像布魯爾和佛洛伊德早已指出的宣洩，實質上是釋放行為的一種更複雜的變體。這也是像所有似乎迫切需要表達的受阻行為一樣的未完成行為的自由的表達。在某種意義上也是滿足性的，坦率的懺悔和泄露祕密似乎也屬於此類情況。假如我們能夠充分了解心理分析的傾向，並進而能夠解剖它，我們也許會發現，它也符合我們那一系列的釋放或完成現象。

最好將那些屬於對威脅的應對性反應的固執行為與那些不受情感干擾、純粹屬於完成一個或一系列尚未完成的心理傾向的行為區分開。前者與危及和滿足基本的、部分的或者精神病的需求有關。因此，它們可能屬於動機理論的範疇。後者很可能是觀念運動的現象，因而與血糖標準、腎上腺素分泌、自主喚起和反射傾向這類神經和生理的可變因素有密切關係。

因此，當我們試圖理解一個跳上跳下尋求（愉快的）刺激的小男孩時，最好引用生理狀態的原動表達的原理，而不是用他的動機生活來解釋。當然，裝模作樣、隱藏自己的本性，肯定會造成一個間諜所必須忍受的那種令人疲憊不堪。誠實、坦率、放鬆也是如此。

如何看待行為重複現象

創傷性精神病人的糾纏不斷的噩夢，兒童的更加紛繁複雜的噩夢，兒童對於他最深恐懼的事物的長期迷戀、慣性內驅動力、宗教儀式，以及其他象徵行動、分裂行動，還有著名的精神官能症無意識行為表現，這些都是需要特別解釋的反覆現象中的例子。

　　我們在此只局限於象徵性行為，一般象徵性的問題儘管引人入勝並跟我們有關，但我們還是抗拒誘惑，絕不涉及。關於夢的問題，除了這裡提到的類型之外，顯然還有主要是應對性的夢（例如單純的願望滿足）和主要是表現性的夢（例如有不安全感的夢和投射的夢）。後一種夢在理論上應該可以做為一種投射或表現實驗來對性格結構進行診斷。

　　由於這些現象，佛洛伊德感到有必要徹底檢查他的一些最基本理論，由此可見這些現象的重要性。一些作家已經暗示了這個問題可能的答案，他們將這些行為看成是解決一個幾乎不能解決的問題的反覆努力，這種努力有時會成功，但更多的是失敗。這很像一個無望地處於劣勢但孤注一擲的鬥士的情形，他一次又一次地從地上爬起來，但卻一次又一次地被擊倒。

　　概括來說，如同是有機體克服一個困難時所做的希望渺茫但卻是不懈的努力。因此，用我們的術語來說就是，必須將它們考慮為應對性行為，或者至少是應對的嘗試。依照這種說法來看，這些行為不同於簡單的持續動作、宣洩或釋放，因為那只是在完成未完成的行動，解決未解決的問題。

　　一個被屢次重複的、關於凶殘的狼的故事所制服的兒童，往往在不同場合會反覆提及這個問題，比如，這個問題可以出現在他玩耍、談話的過程中，也可以出現在他所提的問題、編造的故事以及他的圖畫裡。可以說，這個兒童是在消除這個問題的遺害或者減少它的刺激性。因為，重複就會逐漸熟悉、釋放、宣洩，也意味著克服困難、停止做出緊急反應，逐漸地建立起心理防禦系統，試驗各種控制方式並將成果付諸實施等等。

　　隨著使這種強迫行動出現的決定性因素的消失，這種重複也必將消失。但是，我們怎樣來看待不消失的重複呢？似乎在這種情況下，控制的努力失敗了。

　　顯而易見，不安全的人的有機體是不能夠坦誠地服輸的。他必然要繼續再三嘗試，儘管這種嘗試毫無意義。這裡我們可引證德沃賽厄基納和蔡加

尼克（Bluma Zeigarnik）關於不斷重複未完成的任務，即未解決的問題的試驗。一些研究工作表明，只有涉及到危及人格核心時，即當失敗意味著喪失安全、自尊、聲望等諸如此類的東西時，這種傾向才會出現。

這些試驗為我們的論點加上一個類似的條件是合理的：當人格的某一基本需求受到威脅而有機體沒有成功地解決這個問題時，我們可以期待永久的重複，即不成功的應對。

很容易在具有一定表現性的持續行為之間發現一種區別，它不但存在於一種單類型的行為中，並且將更大範圍的分支別類隨之區分出來。我們已經看到，在「表現性持續行為」或「簡單的行為完成」這一大類別之中，不僅包括了釋放和宣洩，而且可能還包括運動肌的持續動作，激動的表現（既可能是愉快的也可能是不愉快的），以及一般觀念的運動傾向。

要把下列現象包括在「重複性應對」這一大類中也是同樣可能，甚至是富有成效的：懸而未決的屈辱感或受到侮辱的感覺，無意識的忌妒或羨慕，對自卑感的持續不斷的補償，潛在的同性戀者不由自主、持續不斷亂交，以及其他想解除威脅的徒勞努力。我們甚至可以提出，如果對概念進行適當的修正，那麼對精神疾病本身，也可以進行這樣的描述。

我們當然也要注意到，鑑別診斷的工作還仍然存在，也就是說，要問一下：某一個特定的人所做的特定重複性的夢是表現性的，還是應對性的？還是兩者兼而有之？

解除力不從心的應對方式

人們普遍認為，典型的精神疾病都是典型的應對性行為，不管是總體而言還是就一種單獨的精神疾病症狀。佛洛伊德證明，這些症狀有功能，有宗旨，有目的，產生了各式各樣的效果（直接的益處）；這是佛洛伊德最偉大的貢獻之一。

　　然而，許多症狀雖然名義上叫精神疾病，但又的確不是道地的應對性、功能性或有目的的行為，實際反而卻是表現性的行為。僅僅將那些主要是功能性或應對性的行為稱為精神疾病行為，似乎會收到更好的效果，引起更少的混亂；至於主要是表現性的行為則不應該稱為精神疾病行為，而應當另加稱呼。

　　理論上有一個非常簡單的實驗，可以區分兩類不同的症狀，即是功能性的、有目的的或是應對性的症狀，還是主要具有表現性的症狀。如果假設沒有一種症狀能使精神病人有所好轉，那麼這種症狀則必然對病人造成了功能性的作用。如果有可能使病人的真正精神病症狀消失的話，那麼，從理論上講，他自我感覺是受傷害的。也就是說，他會以另外的方式陷入極度的焦灼狀態，感到極度的心神不定。這可以形象地描述為將房屋下面的基石抽掉。如果房屋的確建立在這塊基石之上，那麼即使這塊基石已破舊不堪，遠遠不如其他石頭完整，將它抽掉也仍然是十分危險的。

　　但在另一方面，如果這種症狀並非真是功能性的，如果它並未發揮某種關鍵的作用，那麼將它抽掉非但不會有什麼害處，還能對於患者有益。對於症狀治療的一種常見的質疑正是基於這一點之上的，即：假設一種在旁觀者看來是毫無用處的症狀，實際上卻在病人的心理機制當中發揮重要的作用，那麼，在治療者了解到它到底發揮什麼作用之前，絕不應該盲目處理。

　　上述觀點實際上包含著這樣的意思：雖然症狀治療對真正的精神疾病症狀顯然是十分危險的，但對只具有表現性的症狀卻沒有絲毫的危險。表現性症狀如果被解除，不會有任何嚴重後果，而只會於病人有益，這意味著症狀治療的作用比精神分析學家所提倡的要大得多。一些催眠治療專家和行為治療專家都強烈地感到，症狀治療的危險往往被人誇大了。

　　在此提醒一下大家，平常最好不要把精神疾病想像得那麼嚴重。在任何一個精神疾病患者身上，都可以同時發現表現性的和應對性的兩種症狀。在它們之間進行區分就像區別先後一樣重要。

一位精神疾病患者有一種力不從心的感覺，這種感覺通常會導致各式各樣的反應，患者正是試圖借助於這些反應來克服，或者至少是忍受這種力不從心的感覺。這些反應是道地的功能性反應，但力不從心的感覺本身卻主要是表現性的；它對患者危害很大，患者也不希望事情會發展成這樣。這對他來說是一個原始的或者既定的事實，他除了做出反應之外別無選擇。

災難性行為崩潰的原因

　　偶爾也會出現有機體的所有防禦系統全部崩潰的情況。原因不外有兩種：或是外界的威脅過於強大，或是有機體的防禦能力過於弱小。

　　戈德斯坦對大腦受傷的病人作了深刻的分析，第一次證明了應對性反應（無論多麼微弱）和非應對或應對無效時所產生的災難性崩潰之間存在著很大的區別。

　　由此而誘發的病症行為可以在病態的恐懼症（phobia）患者身上看到。這種人不是陷進了害怕的境況，就是要對極其嚴重的創傷性經歷做出反應等等。也許這在所謂患精神疾病的老鼠所表現出來的瘋狂、混亂的行為中看得更為清楚。當然，從嚴格的定義上講，這些動物根本就沒有精神疾病，精神疾病是一種複雜的反應，牠們的行為則毫無結構可言。

　　此外，災難性崩潰的另一顯著特點是沒有功能和目的；或者說，它是表現性的，而不是應對性的。因此，不應該把它叫做精神疾病行為，而最好是用一些特殊的名稱來描述它，災難性崩潰、行為紊亂、誘導性行為失調等等。

　　可以用另一例證來說明這種必須用神經性應對反應區別開的表現。這就是人類和猿類在經受了一連串的失望、剝奪、創傷之後，有時所表現出來的嚴重的無能為力和氣餒沮喪。這種人可能會達到每況愈下的地步，主要是因為他們似乎看不到還有什麼希望。例如有這樣一種可能性：就單是患思覺失

調症（schizophrenia）的人來說，他們的冷漠可以被解釋為無能為力或氣餒沮喪的表現，也就是說，被解釋為放棄應對，而不是任何特殊形式的應對。

冷漠作為一種症狀當然可以與焦慮症（anxiety disorders）患者的暴烈行為以及妄想型思覺失調症患者的幻覺區分開來。這些症狀似乎是真正的應對性反應，因此似乎代表緊張症患者和妄想型思覺失調症患者仍在爭鬥，尚存希望。這樣，無論是在理論上還是在臨床上，我們都應預期他們會有較好的療效，有較大的康復可能。

與此類似的另一種區分例證可以在久病不起、試圖自殺的人身上和對輕微疾病做出反應的人身上看出。這裡，應對性努力的放棄再一次明顯地影響了療效。

自由聯想為所欲為的法則

可以進一步用同一種區別來澄清自由聯想的過程。如果我們清楚地意識到，自由聯想是一種表現性現象，而不是應對性現象，我們就可以更好地理解自由聯想之所以能為所欲為。

我們不妨設想一下，精神分析理論以及所有來自精神分析學的理論和實踐，幾乎完全是以自由聯想這種臨床方法作為基礎的，那麼，這種臨床方法至今受到嚴格檢驗，這簡直是難以想像的；而且這方面的研究文獻少得可憐。如果自由聯想確實能導致宣洩和頓悟，那我們也只能說，我們還並不了解原因是什麼。

我們可以回過頭來檢驗一下羅夏之類的投射實驗，因為這樣，我們就可以輕易發現和檢驗那些人們都早就熟悉的表現的例子。在這個實驗中，病人所講述的感受主要是他自己觀察世界的方式所採取的各種表現形式，而不是旨在解決難題的有目的、有功能的嘗試。

第一章　動機與行為的控制

　　由於這裡主要是一種無結構的狀況，這些表現形式使我們就潛在的（或放射型的）性格結構做出推斷。也就是說，病人所報告的感覺幾乎完全是由性格結構所決定的，而幾乎根本不是由外界現實對解決具體問題的要求所決定的。它們所展現的是表現，而不是應對。

　　我的觀點是這樣的：要說自由聯想（free association）意義重大，頗有用處，那麼也可以說羅夏試驗意義重大，頗有用處。此外，自由聯想也同羅夏試驗一樣，在無結構狀態中進行得最為順利。如果我們將自由聯想理解為主要是對於外部表現有目的的要求進行迴避，這種現實要求有機體屈從於處境的需求，在生活中不是遵循心靈的法則而是遵循肉體的法則；那麼，我們就會明白適應問題為什麼會要求一種擔負重任的態度。至關緊要的是什麼有助於擔負起重任。任務所提出的各種要求被用來作為組織原則，根據這一原則，有機體的各種能力都按一定的順序進行排列，以便以最高的效率來解決外界提出的問題。

　　這就是我們所說的有結構狀態的含義。在這種狀態中，狀態本身的邏輯要求有所反應並明確地表明了各種反應。無結構狀態就大不一樣了，它並不明確地要求提出是這些，而不是那些答案，從這個意義上來講，外部世界是被故意地忽略了。

　　因此，從另外一個意義上來講，我們也可以說羅夏板是沒有結構的。當然，在這個意義上，它們剛好是幾個問題的對立存在。在幾何題目中，結構極為嚴謹，不管人們怎樣思索、有什麼感覺和希望，也只可能有一個答案。

　　其實，所謂羅夏板根本就不存在，除了對擔負重任和應對的迴避之外，沒有規定什麼重大的任務；因此，它不光與羅夏實驗有著相似之處，甚至還有過之而無不及。如果患者終於學會了怎樣正確地進行聯想，如果他能夠遵循醫囑，不加抑制、不按現實邏輯地報告他的意識中所發生的事情，那麼這種自由聯想最終必然會表現患者的性格結構；隨著現實的決定作用越來越小，

對適應的要求越來越易於忽略，對患者性格結構的表現也就會越來越明顯。病人的反應於是成了一種由內向外的輻射，而不再是對外部刺激物的反應。

患者在自由聯想時所描述的，幾乎完全決定了構成性格結構的各種需求挫折、態度等。夢的情況也是一樣，我們必須將夢看作是性格結構的表現，因為在夢中，現實和結構作為決定因素比在羅夏試驗中還小。痙攣，神經質的習慣，無意之中流露真情的過失，甚至遺忘都帶有很大的功能性，但卻又並非完全是功能性的；它們也有所表現。

這些表現的另一個作用是使我們可以越來越直接地看到性格結構擔負重任的態度、對難題的解決、應對、有目的尋求，這一切都屬於人格具有適應性的外表。性格結構則更為遠離現實，更受自身法則而不是物理和邏輯法則的支配，更為直接地與現實打交道，因此為了成功而必須遵循現實法則的，是人格的外表，佛洛伊德式的自我。

按照理論，盡最大努力排除掉現實和邏輯的決定力量，才是把握性格結構的方法。安靜的房間，進行精神分析用的躺椅，充滿自由的氣氛，精神分析專家和病人都對作為各自文化代表的責任背景，這一切要求都正是為了達到上述目的，當患者學會表達，而不是應答時，自由聯想的效果就會逐漸表現出來。

當然，我們還要面對一個特殊的理論難題。我們已經知道，故意的、自覺的表現性行為會對性格結構本身發生一種反饋。例如，我常常發現，在經過適當選擇的人中，要他們盡量自我感覺很勇敢、很慈愛、很憤怒，最終會使他們真的勇敢、慈愛、憤怒起來。在這種治療實驗中，應該選擇你覺得本身具備一定的勇敢、慈愛、憤怒，但卻受到了壓抑的人。這樣，有意志的表現就會使整個人都變了樣。

藝術最大的優越性在於它是獨特人格的表現形式；最後，也許應該這樣說：任何的科學事實或理論都可以由別人提出，但只有塞尚才能畫出塞尚的

畫。只有藝術家才是無法替代的。在這個意義上，相對於一件有獨創性的藝術品來說所有科學實驗都更受外界的制約。

塑造高度人性的模式

　　人是動物的種，不過，它具有獨特的和史無前例的屬性，試圖以人是動物這種假設為基礎來尋求解決人類社會和政治問題的答案，這種嘗試使人類自身一再陷入荒謬的境地。有關人類之謎的這種錯誤理論究竟有何等危險，可以透過這些失誤當中的一個典型 —— 種族理論得到說明。我們已經看到，這種理論曾為希特勒空前規模的大屠殺作辯護，而且，正是這種理論為從南非到美國阿肯色州的部分人類帶來不幸。

　　人類本性是由與貫穿於大部分生命世界裡基本一致的進化力所形成的。人肯定沒有完全從其動物軀體賦予他的所有鐐銬中解脫出來，不過，在人那裡，進化力所塑造的模式是這樣獨特，以至於人類能夠遨遊太空，並且獲得對於任何別的有機生命來說都是難以想像的力量。人類的力量包括了足以摧毀他自身的力量，如果他願意做此選擇的話。不過，其中也包括著知識，它使得人能夠依據他將選擇的道路引導其人性進化的方向。

　　我們必須避免將生物學上的人視為整體人的庸俗錯誤，然而，除非將人性視為人的歷史發展的產物，否則，人性就頗難得到充分的理解。當然，人的歷史發展部分也是生物發展。

　　此處的目的不在於詳細羅列人類生物本性及人類進化的種種獨特性質，我只能概略地嘗試指出那些影響人類的進化力量，尤其是在形成他的道德心方面發揮作用的力量。

　　在有關人類本性起源的任何討論中，都能記住進化過程的兩個普遍特性。首先，進化總是富有功利性的；其次，它又表現為一連串的機會。進化之所以是功利性的，是因為進化的主導力量是自然選擇，自然選擇行為通常傾向於維持或加強生命對於環境的適應性，而進化之所以是機會，則是因為自然選擇缺少對未來的預見。生命和人的進化不是前定的，它是自然界的創

第一章　動機與行為的控制

造過程，既包括自由的因素也包括可能的失敗。

人的生物本性，正如同其他現存物種的生物本性一樣，它們所以在長期進化中形成，乃因為這些屬性使人類能夠持續生存下去，並擴展至地球上的各個角落。然而，除非進化受到有意識的控制，否則，它就會出現驚人的短視。在任何特定時期內，進化都傾向於創造出能支配該時代的那些成功適應於環境的物種，而根本不顧及未來的需求。因此，這就產生了明顯的謬誤：活的物種幾乎總在朝著更大的適應性方向變化，而其中的大多數都會趨向於滅絕的結局。

根據任何生物發展的合理標準來看，人都是有機物進化的最輝煌的產物。人類不僅在數量上急遽增加，而且其足跡擴展至地球上的各個角落。人不僅透過使自身的生物性適應於他的環境，而且透過強使環境適應於他的本性來使自己順應於環境。他已經或者將要控制所有其餘的有機體，可以想像，這些有機體能與之對抗，而且常常攫取他的生命，不過，人類作為物種的滅絕可能性幾乎是微乎其微的，除非是由於他自己的愚蠢。

人在生物學意義上的成功絕對不意味著他的生物本性就沒有缺陷或瑕疵，情況遠非如此。人是一個充滿著內在矛盾的可疑動物。一方面，他稟賦著理性和同情心，儘管我們現在不再持有啟蒙時代的樂觀斷言，認為只要透過某種政治和教育改革，人們就能夠自然而然地過上富有德行的生活，但我們大多數人仍然相信，民主是為多數人實現某種程度的幸福生活的有效途徑。然而在另一方面，我們常常目睹，甚至那些相當有教養的和過著優裕生活的人仍以一種醜陋的方式在行事。

佛洛伊德及其追隨者試圖勸我們相信，我們是伴隨著一大堆混亂願望而出生的，這使得我們只有在克服最大困難的前提下，才能與任何人類社會中的生活需求相融洽並且在大多數場合下，我們只能透過壓抑或昇華的方法才能達到這一點。看上去，大多數信奉原罪和地獄的人對於人類本性所持的看

法，比起某些佛洛伊德門徒所持見解，要更使人感到滿足。

　　另外的考慮更為實際。在生物進化問題上所存在的機會論導致相應的缺陷和不足，但是，由進化所賦予人的種種缺點因其他品格的優越性而得到補償。儘管人就其體質而言，既不更加強壯和靈活，也不能更為適應嚴酷的氣候，然而人種在生物進化上的成就畢竟是一種事實。人在所有種族中之所以是勝利者，乃因為他大腦的力量，而不是由於他的體質。

　　自然選擇不可能在離開其他品格的基礎上改進人的力量、忍耐力以及智力。人是作為完整的存在物倖存或死亡、養育家庭或不生子女。適應性強的理智或許補償了相對來說較為鬆弛的體質上的衰退。因此，自然選擇強化了人的持續生存能力，而未增強作為物種的人在生物機能方面的全面完善化。

　　使人在生物世界中占據支配地位的人的獨特品格，是他能借助符號和抽象的思維，這種借助符號和語言的能力導致人類獨特交往方式的發展。這種語言現象在動物那裡只有微弱的徵兆。透過語言，以後是透過書寫文字的交往，使人得以發展出構成文化本身的獨特學習傳統和技巧。生物特性遺傳的效果要遠遠低於文化的傳遞。前者只有經過兩性細胞中不同基因在父母至子女以及其他直系親屬之間的遺傳關係才得以完成，而後者則是透過學習和訓練，並且在原則上任何普通人都樂意於接受它，況且，隨著書面語言和印刷術的發明，這種文化傳遞方式便有可能潛在地脫離空間和時間上的距離而獨立進行。

　　獲得性身體特性不是經由遺傳獲得的，而獲得性文化品格則可以與傳統本身一起傳下來，因而日益豐富了文化遺產。人類遺傳特性賦予人以吸收基本價值的能力，亦即透過在一代與一代之間獲得和傳遞知識與技能來支配環境。每一代後來人經過自身選擇都可以站在前代人的肩膀之上，追求著更大的成就。這種遺傳方式的出現真是進化的絕妙作品，它使人達到了生命世界的頂峰。

第一章　動機與行為的控制

人們曾作過種種有趣嘗試來理解作為我們這個物種遺傳特質之一的人類價值的起源問題，朱利安‧赫胥黎（Julian Sorell Huxley）近來是這種觀點最積極的倡導者。確實，可以頗為合理地假定，某些與價值世界相關聯的機制是由遺傳所決定的。

人類是哺乳類動物的一種，而哺乳類動物的一個獨特適應方式在於，其後代的成長是在父母照料下進行的。這種父母之愛根源於深層人性之中。既然人是一種社會動物，所以，他總是更多地獲益於人之間的友好情誼，而不是獲益於那種好鬥的傾向和行為，自然選擇必定是根植於我們那些適於有組織生活的傾向中。不過，若僅僅根據這一基礎，的確很難解釋存在於人類社會之中的價值體系，許多視為道德的或值得讚許的行為方式既未能提高生存的機會，亦未能增加以此種方式行動的人再生產的成就。然而，一種遺傳特質的選擇價值卻可以經由其生物載體給後代所帶來的好處予以衡量。

關於人類價值起源於自然選擇的看法，是一種過於簡單化的難以證實的假說。人類價值是我們文化遺產的一部分，它們是文化進化之火鍛造的結果，而不是生物進化過程的產物，它們對於人性中生物基礎的依賴性是真實的，然而卻是間接的。

人們同樣考慮到了啟蒙時代的樂觀信條。人類精神完全是由經驗和教育形成的，然而，若據盧梭的看法，正是出生時這種完全相同的白板，才使得每個人都是善的 ——「人生來就是善的，只是由於制度，他才變成惡的」。這種自然人是一種高貴的未開化人，他們尚未為文明的邪惡所玷汙。如今，這種對於高貴的蒙昧人的信念已經毫無認知價值了，然而這種有關人天生即善的看法卻仍由阿什利‧蒙塔古（Ashley Montagu）頗為聰明地作了辯護，「不是由邪惡的嬰兒才長成邪惡的人類，相反，倒是邪惡的社會才使得善良的嬰兒變為不正常的成人，並且這一切都是在不良社會制度下形成的。嬰兒生來即善，並且渴望繼續為善」。

可以將這種白板說（theory of tabula rasa）頗為容易地與相反的信念關聯起來，那就是，人生來就是惡的，這方面的古典例證是霍布斯（Thomas Hobbes）的觀點。在他看來，人在自然狀態下表現為一切人對人對一切人的持久戰爭。這聽起來就像達爾文所說的為了生存所展開的鬥爭。

所謂社會達爾文主義，這種達爾文本人很可能會厭惡地予以摒棄的學說，不過是霍布斯、馬爾薩斯（Thomas Malthus）以及生物種族主義的一種狡黠的、矯揉造作的大雜燴。與白板說相反，它認為，個性是由我們的基因所決定的，我們每一個人都伴隨著不同於別的所有人的基因而出世，然而，從戈比恩到達林頓的種族主義者都聲稱，某些人生來就是善的或超人一等的，而另外一些人則由其遺傳上的惡和劣等性，或者這兩者同時所預告決定了環境和教育對於改變這種由基因所決定的品格是無能為力的。不過，或許是由於一種奇妙的巧合，種族主義者本人幾乎總是自以為屬於那些遺傳上最優等的人群之列。

關於人類文化進化係由種的遺傳稟賦所決定的這種看法，有其足夠的根據。一個人只有透過學習，以及從嬰兒期開始的社會化過程才能獲得其獨特的文化品格。不過，具備正常的人類基因對於接受人類社會環境的社會化影響也是必不可少的。比如，畸型小頭白痴的基因會使人完全不可能從事學習。一隻類人猿、猴子、鸚鵡或者一條狗儘管能夠學會許多不同的東西，然而，卻不可能學會一個人類幼兒輕易就能學會的許多行為。文化只有在它的某些基礎上已在生物進化中形成時，才是可能的，不過，文化又會反過來影響著生物上的特性，人類在生物發展上的主要趨向曾經給予文化發展以充分的活動餘地。

文化進化的自主性並非意味著，在我們的文化與我們的基因中間，存在著一條不可踰越的鴻溝。文化的自主性只是表明，基因雖然使文化的發展成為可能，然而卻不能決定其內容。同樣，人類基因決定了言語能力，但卻不

能決定人將說些什麼，這種自主性的證據來自於激進的文化變革時期。

在這裡，在沒有明顯的基因變化情況下，許多人類社會卻經歷了翻天覆地的變化。生活於 100 年以前或更近些時候的我們的祖先，還是粗魯的未開化人，他們仰仗歐洲森林地帶有限的自然貢物竭力維持險境叢生的生活。然而，僅僅用了幾代人的時間，工業革命就已經改變了數億人的居住條件及生活方式。很有可能，在所有人類居民那裡，都發生著遺傳變異，不過，還沒有理由相信，存在於我們的文化狀態與兩代人。

人們曾一再努力，試圖證明存在著導致人類社會盛衰交替的遺傳變化。羅馬的衰亡曾被歸結為傳說中晚期羅馬人劣生習俗的盛行，而我們自己文明的蛻化則被歸為在經濟上遭受不幸的那些階級過高的出生率。對這方面的情況作細節上的討論在這裡顯然是不可能的，不過，上述各種嘗試迄今為止並未產生使人完全信服的結論並不為過。人類居民的遺傳品格狀態確實應予以密切關注，尤其是當許多狂人試圖透過投放更多原子彈來確保他們自身安全時，更是如此。同時，由於人類居住環境的改善，可以預期，人類命運也會發生巨大的改觀。

人在沒有相應的遺傳變異情況下所具有的文化適應能力，以及改變他的居住條件、生活方式、甚至信念、希望和願望的能力，是生物發展史上最奇妙的現象。人以外的其他有機體往往選擇一種或幾種生活方式的同時而發展了專門的機能；在這裡，對新環境的適應只有在發生了種的遺傳品格進化變異的條件下，都是可能的。

然而，人卻可以透過改變其文化來適應新的環境，或者乾脆透過他的文化方法來改變環境，這是人類生物本性最為基本的特性之一。那種白板說似乎是來自於日常生活的觀察，因為，至少與動物相較而言，人們多多少少更易於根據新的條件和新的使命來調整他們自身。

上述觀察無疑是對的，而由之引出的結論卻是錯誤的。關鍵的事實在

於，人類社會和文化環境具有其獨特的不規則性，無論是由個人的生活，抑或根據家庭、氏族和種族的命運任何一方面來看，都是如此。生物遺傳一般都是依照極為嚴格的方式進行的，而生物進化又是如此緩慢，以至於難以成為適應不斷變化的人類環境的機制。

　　然而，正如以上所述，文化的遺傳卻具有更大的靈活性，並更易於進行廣泛的傳播。這本身就充分說明了促進文化遺傳改變的基因是由人類進化過程中的自然選擇建立起來的。它們產生了具有無限潛力的人類適應機制，後者可以借助人類所具有的生物條件而有效地發展作用。眾所周知，有機體在不改變其通常機能運動條件下，針對其外部環境所做出的補償能力，被稱為體內平衡，而人類經由其經驗、學習和教育而獲得福利的能力，則是一種獨特而有效的自動平衡機制。

　　白板說的原理對於那些相信凡人皆為平等機會所創造的人來說，或許是有所幫助的。不過，平等是一個倫理學上而不是生物學上的概念，這是文化進步的結果，而不是生物進化的結果。平等並非建立於生物同一性基礎之上，事實上，除了孿生子之外，世界上沒有任何兩個人攜帶完全一樣的基因，這並不意味著，人是「自由的和不平等的」，人的個性發展顯然是因為存在著文化環境上的差異。白板說的追隨者們以此作為證據，他們斷言，人都是相像的。不過，恰恰是相反的結論才是有根據的。人類發展模式的可塑性是造成人們相互之間差異的原因，它是根據人們生活條件的不同進行適時調整的方法。人是形形色色而又彼此平等。

　　人精於控制其周圍的物理環境，由於技術的進步，如今生活於不同地域人類的物質生活條件只有較少的區別，不過，如果整個人類仍然滯留於原始文化狀態，這種區別將會大得無法比擬。相反，文明一次次召喚人們做出新的嚮往，提供了在諸如職業、角色方面日益增加的廣大範圍。

　　那麼，進化過程究竟是以何種方式為適應這種本質上無限的功能變化做

第一章　動機與行為的控制

準備的呢？從生物學上講，只有兩種方式是可能的。首先是遺傳特化。這一點可以與狗、馬、或其他馴養動物的飼養作一類比而得到說明，人們已經馴化出獵狗、看門狗以及為退休老處女所迷戀的各式各樣的狗。第二種方式是體內平衡和發展生物適應性。

人根據其社會文化環境所作的調整涉及到這兩種方式，然而，這些方式並非像通常所設想的那樣可以任意加以選擇，相反，它們是互補的。依據經驗和訓練的修正總是伴隨著遺傳上的多樣化。的確，大體上講，發展適應性是這兩種方式中更為重要的方式，正如我們所指出的那樣，由這種適應性帶來的細節上的逐漸改進，曾適應了人類進化過程中那些最有意義的特徵。

社會對於個體所提出的要求是形形色色的，更為重要的是，它要求個體迅速隨時代而變化，以便使得遺傳本身足以確保種的持久延續性，至少在文明階段上是如此。不過，遺傳多樣化倒是促進了人類適應潛能的不斷成長。

人種的遺傳品格並不能規定所有人本質上的善或無可救藥的惡，不能規定人是有德行的還是邪惡的，聰穎的還是呆滯的，愉快的還是乖僻的。寧可說，它們只是提供人們以可能性的範圍，但這種潛在可能只有根據環境才能得到實現。然而，並不存在對所有人都完全一樣的遺傳特性，甚至也不存在對所有「正常」人來說共同的遺傳品格。

遺傳品格是極其多樣性的，這種多樣性幾乎是與活著的、曾經活著的，乃至將要出生的人的生命數量一樣多樣化地同時並存。每一個人都是一種史無前例的、非再生性基因模式的載體，人類的本性是複雜多樣的，這就如同他們的人生觀一樣。

人們用不同的方式理解世界，主要的差別就表現在，某些人是較為抽象地在思考，因此，他們很自然地首先會想到統一性，想到整體、無限性和其他諸如此類的概念；而另外一些人們的精神則是具體的，他們往往考慮著健康的疾病、利潤和虧損，他們創造了圈套和悲劇，除了那些他們業已具備，

可以應用於實際問題的知識之外，幾乎從不對別的知識發生興趣，他們總是試圖去勞作、付酬、治癒和教授。第一類人可以被稱之為夢想家；第二類人通常被認為實際的和有用的。

歷史表明，這種實際上的事務人往往缺乏遠見卓識，同時也說明「懶惰的」夢想家的正確。不過，歷史也表明，夢想家們往往出錯。

可惜，我們無法獲知，在多大程度上「夢想家」與「實踐家」之間的上述區別是由其基因上和他們所處環境的不同所產生的，這兩者很可能都在某種程度上被捲入過程中。無論如何，一個由夢想家和實踐家組成的社會肯定要比一個僅由夢想家或僅由實踐家組成的共同體好得多。

人類社會，尤其是文明社會，其繁榮都仰賴於多樣性，至於這種多樣性究竟是由環境還是由基因引起，都沒有兩樣，這是由於人類社會本身就是由許許多多有待運轉的不同機構所組成的。的確，人的進化在一方面業已為可教育性和職業上的多樣性提供了生物基礎；另一方面，也為基因的多樣性提供了生物基礎。

在這裡，最有趣的謎題是，如何最大限度地利用人們同等權利背後所存在的這一多樣性，以便確保人類最大限量的最大幸福。有誰敢鬥膽聲稱，他已經完全解答了這一謎題呢？

培養完美人類行為的圖式

有機體的進步和人的進步之間存在著相仿的基礎，即還原論假設。這種假設是：生物學最終可以還原為物理學和化學，同樣，行為科學和社會學亦可以還原為生物學。或者說，一個生命有機體是一種複雜的物理化學系統，所以人們設想，人的行為是那些低於人類的物種所表現出來的各種行為方式和行為因素的特別錯綜複雜的綜合產物。

第一章　動機與行為的控制

　　我認為，事情並不如此。簡明扼要地說，我確信科學領域是由這樣三個層次組成的 —— 物質自然、有機體和人的行為即個體行為和社會行為。

　　讓我再澄清一下我所表達的含意。我並不是說在這三個層次之間彼此毫無連續性。作為一個對物理學下了很大功夫的生物學家來說，顯然，我認為物理學和化學是生物學的必不可少的基礎研究。同樣，生物學又是人的行為科學的必不可少的基礎研究。我要強調的是，突現觀點是基本正確的 —— 每一更高層次上會呈現出較低層次上所不具備的新的特徵。

　　讓我們把這個圖式運用到人的行為研究當中。人的行為的獨一無二的特徵是什麼？我認為答案簡單而明確。人的所有特點是在語言、思維以及其他所有的行為方式中創造了一個符號世界。

　　人在自然中的獨特地位是以其生活中的符號優勢為基礎的。除了那些生物學需求的即時滿足，人主要不是生活在一個物的世界裡，而是生活在一個符號的世界裡，這裡符號取代了物。例如，一個硬幣是一種工作量或作用價值的符號；一份文件是某種成就的符號；一個詞或一個概念是一件事或一種關係的符號。一本書或一種科學理論是積聚起來的符號的奇妙的構建；凡此種種不勝枚舉。

　　這些都表明，人的生物學價值和其作為人的價值是不相同的。與那些根據對個體和種類的生存「有用」或「有害」而進行的生物學劃分不同，我們所談的人的價值主要是指在歷史中發展起來的符號世界。你可以發現這個定義涵蓋了人類行為的一切領域，如科學、技術、藝術、道德或宗教。當技術使人可以控制自然時，這些符號系統就可能具有生物學意義上的適應性和功利性。

　　這些符號系統可能是中性的，如希臘雕塑和文藝復興時期的繪畫，很難說它們對更好地適應和生存有什麼貢獻。這些符號系統也可能是至關重要的，如果個人的小符號世界崩潰了，就會導致戰爭和大規模的毀滅。

　　我的觀點引出了許多可以思考的問題，這裡我只能討論其中的一部分，

即神經學和進化論問題。人取得特殊成就顯然源於其大腦的進化。用一種過於簡單粗糙的話來說，正是由於神經學家的功勞，才使我們能夠區分具有原始功能、本能和衝動的舊腦或原腦與具有人格、意識知覺、情感、意志行為，特別是人的符號功能特徵的大腦皮層或新腦。讓我們觀察一下從低等脊椎動物到人的大腦，可以發現它們的特點是大腦皮層的發展，即前腦的腦量及其複雜性增加了。

我們所說的人的發展指由於前腦腦量的大量增加所造成智力方面的發展結果。由此，人類才得以建立起言語和思維的符號世界，並在 5,000 年有文字記載的文明史當中獲利科學和技術的某些發展。

然而，由於對此缺乏解剖學基礎的證明，在人的本能方面幾乎看不出有什麼發展。這裡的結論既適用於行為的積極方面，又適用於行為的消極方面。盧梭所塑造的是質樸的完善的自然人，只是被文明所腐蝕了，而佛洛伊德所塑造的是被潛意識壓抑力不可靠地束縛著的天生的侵略者、弒父者和通姦者。這兩類人同樣都是浪漫的不現實的人。

儘管這種本能行為可能是傳統道德規範的基礎，但它並不是人所獨有的。幾乎在所有動物身上都存在這種父母兒女的特性，其中有些表現得更加充分。我們取得了發展，從原始的神話到量子論用了 5,000 年，從蒸汽機到氫彈用了大約 150 年。然而，自從老子、釋迦牟尼或基督至今的一般道德水準的發展卻並不樂觀。解剖學的解釋非常簡單，即人的大腦皮層為智力成就提供了大約 100 億個神經細胞，但是並未為情感和本能方面的發展提供基礎。

從文化人類學和歷史學的角度也可以得到同樣的結論。人為的符號系統是基於分類之上的，這種分類部分是人類共有的，部分是在某種特定文明歷史中發展起來的。第一個事實可以解釋所有高級宗教共同遵循的關於行為的黃金律特徵。第二個事實可以解釋某些道德規範的特殊性。道德價值確實是有差別的。

第一章　動機與行為的控制

　　這種差異之大，以至在某種文化傳統中正常的行為方式會被在其他文化中的人看成是思覺失調症。這完全是由不同文化的符號結構所決定的，甚至是由一種文化中不同的參照系所決定的。在和平生活中將受到懲罰的謀殺行為，在戰爭的參照系中卻被看成是一種英雄主義。

第二章　認知與創造的整合

　　我們對人類心理規律和非人類自然規律的認知，應該根據實在本身怎樣的角度去認知，而不是根據我們喜歡它怎樣的角度去認知，即使如此，我們也不可能完全了解非人類的實在，但我們多少能一定程度地了解它卻是可能的，這就說明了認知和創造的無限性，以及需求和自我實現的層次性。

—— 馬斯洛

減輕焦慮的認知方式

如果我們的任務是獲取關於人的知識，那麼，傳統科學的概念和方法有哪些是適用的，哪些是不適用的？這些不適宜造成的後果是什麼？有什麼應該改善的？我們能提供什麼值得考慮並能經受檢驗的反建議？一般科學能從人的科學中得到什麼啟發？

科學起源於認知和理解（或解釋）的需求 —— 認知需求。我曾列出各個方面的證據說明我為什麼會覺得這些需求是類似本能的，因而能說明人性（不僅是人性）和種性特徵。在那裡，我試圖把出於焦慮的認知活動和那些沒有畏懼或正在克服畏懼因而可以稱為「健康的」認知活動區分開。換句話說，這些認知衝動似乎不是在畏懼條件下就是在勇氣條件下發揮作用的。但在不同條件下，這些衝動會有不同的特徵。

當好奇、探索、運籌出於畏懼或焦慮的唆使時，主要目的可以看作是為了減輕焦慮。從行為上看，似乎是對研究對象或探索領域的性質有興趣。事實上，很可能是生物有機體試圖使自己安靜下來和降低緊張、警惕和恐懼的一種努力。此時此刻，未知的對象首先是一種引起焦慮的東西，而審察和探索行為則主要是為了解除「毒素」 —— 使對象成為不可怕的東西。

有些生物有機體，一旦恢復了信心，可能接著進入對於對象本身的審察活動，而且完全出於一種對外界獨立存在的現實的好奇。另一些生物有機體，在對象一旦解毒成為熟悉的東西而不再可怕時，當然也有可能完全喪失對它的興趣。那就是說，熟悉能導致不再注意和厭倦。

從現象學角度來考慮，這兩種好奇是彼此不同的。在臨床上和人格學上它們也是不同的。最後，在行為上它們的表現也不同，在幾種似人動物中以及人類中也是如此，如許多精巧的實驗所證明的。

就人的情況而言，這些論據迫使我們不得不提出另一個高於純好奇的概

念。不同的學者曾談論過許多不同的需求 —— 理解需求、意義需求、價值需求、對哲學或理論的需求，或對某種宗教或宇宙學的需求，或對某種解釋系統或法則系統的需求。這些向高級概念的初步的接近，一般涉及的是對秩序、結構、組織、抽象或簡化雜亂事實的需求。經過對照比較可知，「好奇」一詞在多數場合可以解釋為對單一事實、單一對象，或充其量也只是對有限的一組對象或情境或過程的集中注意，而不是對整個世界或它的巨大部分的注意。

這種理解需求，像它的先行的、強而有力的認知需求一樣，也可以看作是這種需求自身的釋出和對行為的組織活動，目的在於減輕焦慮或滿足認知現實的非焦慮興趣。在這兩種情況下，臨床的和人格學的經驗都表明，焦慮和畏懼一般都比認知現實性質的非人格興趣更強而有力。在這樣的場合，「勇氣」既可以看作是畏懼的消失，也可以看作是克服畏懼的能力和雖有畏懼仍能積極活動的能力。

任何認知活動，不論是制度化，還是個人化，前者如科學工作和哲學探討，後者如在心理治療中對真知灼見的追求，兩者都能對照這一背景得到較好的理解。有多少焦慮和多少無焦慮的興趣包含在認知活動中？鑑於多數人類活動都是兩者的混合，我們必須問一下，焦慮與勇氣的比率如何？行為（包括科學家的行為）在最簡化的圖式中可以看作是這兩股力量相互作用的合成物，也就是作為焦慮緩解設計（防禦的）和以問題為中心的設計（爭勝的）的一種混合。

對這一基本的辯證法，我曾在不同場合以幾種不同的方式進行說明。這些說明對於不同的意圖各有不同的作用。首先，我把我所謂的「爭勝的機制」和佛洛伊德的「防禦的機制」區分開。前者是指在沒有焦慮或不顧焦慮的情況下，爭取對生活問題的積極、勇敢和勝利的解決；後者是為了在繼續尋求滿足時減輕焦慮。

第二章 認知與創造的整合

　　另一種有益的區分是在成長性動機和匱乏性動機之間做出的。認知既可以更傾向前者也可以更傾向後者。在認知主要是由匱乏激發時,它更傾向需求緩解、體內平衡和感受到的匱乏的減輕。當認知行為是由成長激發時,它不傾向需求緩解而更趨向自我實現、豐滿人性、更趨向表現、更無我、更以真實為中心。這有點像是在說:「一旦我們個人的問題得到解決,我們就能真正為世界而對世界感興趣。」

　　成長被看作是一系列日復一日的無盡抉擇,每次抉擇不是退向安全便是趨向成長。在這過程中,必須一次一次地選擇成長,必須一次一次地克服畏懼。

　　換句話說,科學家可以看作是相對防禦的,由匱乏性動機和安全需求激發的,主要是被焦慮推動的,以能減輕焦慮的方式行事。也可以說,科學家可以看作是已經制服了他的焦慮,能積極地對付問題,爭取解決問題的勝利,是由成長激發趨向人格完成和豐滿人性,因而是自由轉為外向,趨向一種本質上吸引人的真實性,全心全意地關注它,而不是關心它對個人感情困難的關係,即他可以是以問題為中心而不是以自我為中心。

　　事實上,有許多方法對付這樣的焦慮,其中有些是認知方面的。對這樣的人,那些生疏的、模糊不清的、神祕的、隱匿的、意外的事物往往是有威脅的。有一種方法可以使這些事物變成熟悉的、可預見的、可駕馭的、可控制的,即不可怕的、無害的,也就是說,認知並理解這些事物。因此,知識可能不僅有促進成長的作用,而且有減輕焦慮的功能,有保護、維持體內平衡的功能。

　　外在表現的行為可能是非常相似的,但動機可能極其不同。因而主體的後果也不同。一方面我們有慰藉的嘆息,高度緊張的下降感,就像受驚擾的管家夜半持搶探查樓下神祕而可怕的響聲那樣。這和一個青年學生第一次用顯微鏡觀察一個細胞的精密結構,或忽然理解一首難解古詩或政治理論的韻

律或意義時的啟蒙、興奮甚至狂喜完全不同。在後一類事例中，你會覺得自己變得更高大、更聰明、更強而有力、更豐滿、更勝任和更敏銳了。

這一動機的辯證法可以在最廣大的人類畫布上看到，在偉大的哲學中，在宗教結構中、在政治和法律系統中，在各種科學中，甚至在整個文化中也可以看到。極簡略地說，這些畫面都能同時以不同的比例代表理解需求和安全需求的結果。安全需求有時能完全克服認知需求以達到焦慮緩解的目的。擺脫焦慮的人能更大膽、更勇敢，能為求知本身進行探索和推理。我們當然有理由設想，後者更有可能接近真知，接近事物的真實性質。安全哲學或宗教或科學比成長哲學或宗教或科學更容易成為盲目的。

認知中的焦慮緩解機制

事實上，認知的病態這一動機在多數病態事例中的作用已毫無疑問地證明：尋求知識有助於焦慮緩解。

首先，讓我們看一看戈德斯坦從中取得那麼多知識的腦傷士兵吧。他們在能力上的真正損傷和真正喪失，不僅使他們覺得自己缺少能力了，而且使外部世界看起來更不可抗拒了。在面對那些他們無法應付而只能期待失敗的問題時，他們很多行為可以理解為一種保持自尊和避免焦慮的嘗試。為了達到這樣的目的，他們首先盡力縮小自己的活動範圍，以求迴避他們無力處理的問題，並使自己僅僅處理他們有能力對付的問題。

在這樣狹小的世界中，大膽的嘗試縮減了，企望和目標變得「適度」了，這些腦傷士兵更能順心如意了。然後，他們謹慎地安排和構築這些狹小的世界；他們使每一件東西都有自己的位置並各就其位；他們竭力使他們的狹小王國變得幾何圖形化，變得能夠預測、控制和安全；最後，他們傾向於凍結它們，使它們成為靜止的和不會改變的形式，並避免再變動和流動。就

這樣，他們使個人的世界變得更可預測、更可控制，並且不那麼引起焦慮了。

對於那些能力有限而又不信賴自己的人，對於那些覺得外部世界遠遠超過自己能力而不能接受這種事態的人，這些行為是合理的、合乎邏輯的、可以理解的，它們是發揮作用的。依靠這些辦法，這些士兵的焦慮和痛苦的確減輕了。對於偶而來參觀的人，這些病人看起來與正常人毫無差別。

從實用的觀點看，這些能給人以安全感的機理是健全的，而不是瘋癲的、離奇的和神祕的。只要我們以新盲者作為切近的類比，這一點就能很容易地看清楚。這些盲者由於能力較前減少，也必然要把外部世界看得更危險、更不可抗拒，並立即精心構築各種安全機制保護自己免受實際傷害。為了達到這一目的，他們會縮小自己的活動範圍，甚至是閉門不出，除非他們能使外部世界「受到控制」。

每一件家具都必須有固定的位置；每一件東西都必須保留在原來的地方；不能讓任何無法預料或意外的事情發生，那是十分危險的。世界必須依然如故，變動意味著危險。從一個地方到另一地方的路線必須默記無誤，一切必要的東西都必須停留在原處。

在強迫性精神官能症患者身上也能見到類似的情形。這裡有一個基本的問題似乎是有一種對人自身內部的衝動和情緒的畏懼，也許這個說法太過於簡單化。他有一種無意識的擔憂，怕這些衝動和情緒會失去控制，會發生可怕的事情──也許足以造成謀殺。因此，他一方面嚴密控制自己，另一方面他又把這種內心的戲劇性情緒和衝動投射到外部世界並力求控制它。

他在自身內抵制的東西──情緒、衝動、自發性、表現性，他在外部也拒絕，儘管是以一種矛盾心情拒絕。因為他拒絕他的內在呼聲和信號，因而喪失對他的自發的願望和類似本能的衝動的信賴，所以他只好仰仗外部信號告訴他如何行動以及何時行動，如仰仗日曆、鐘錶、日程表、時刻表、資格、幾何圖形化、定律以及各式各樣的規則。由於他愛變化、流動和意外襲

擊而使他不能自動自發，因此，他必須攤開未來，計劃未來，使未來嚴格就範，使未來變得可以預測。最終，他的行為也會逐漸「組織」到可重複的程式中。

在這裡我們也意識到有同樣的安全機制。強迫症患者縮小他的世界，迴避令人不愉快的人、問題、衝動和情緒，換句話說，他的生活圈子很狹窄，會逐漸變成一個拘束的人。為了便於控制自己的世界，他壓縮外部世界；為了避免他的畏懼，他安排、規範，甚至凍結他的世界，使它變得可以預測並因而可以控制。他傾向於「靠數字」生活，靠規範手冊生活，依賴外部暗示而不是內部暗示生活，依賴邏輯和事實而不是衝動、直覺和情緒生活。例如，一位強迫症患者有一次曾問道，他如何才能證實自己是在戀愛。

極端的歇斯底里症（Hysteria）患者，常常用來和強迫症進行對比。對於我們來說，這個問題是沒有多少意義的，因為他的大量壓抑和否認都是迴避令人痛苦的知識。很難想像這樣的人能成為什麼科學家，更不要說成為工程師或技術專家了。

在某些多疑的和妄想狂的人那裡，我們還能了解到下面一些事實：這些人不由自主地需要知道一切正在發生的事情；他們害怕不知情；他們必須了解閉鎖的門的背後進行的一切；那邊的奇怪聲響必須得到解釋；聽不清的話語必須聽清楚。危險在於不知情，只要真相不明就存在著危險。這種求知的行為主要是防禦性的，它是強迫性的、呆板的，它是引起焦慮並產生焦慮的。從表面上看，它僅僅是求知的，因為一旦現實被認為是無危險的就不再引起興趣。那就是說，現實本身沒有什麼要緊。

戰勝認知病態的有效工具

在臨床上，我們可以觀察到的某些其他病態的有關認知需求的表現，可列清單如下：

不論是在科學家身上，還是在常人身上，主要引起焦慮的有：對確定性的強迫性需求，而不是對確定性的喜歡和欣賞；常常作為迫切需求確定性的一種後果而出現的不成熟的總結；由於不能忍耐等待狀態，因此不能長久不知道如何決定；由於同樣的理由而不顧一切地頑固地堅持某一結論，儘管新的資料和它矛盾；否認無知（因為懼怕顯得愚蠢、軟弱、可笑），不敢說「我不知道」或「我錯了」；否認懷疑、混亂、困惑；需要顯得堅決，肯定確信、自信；不能虛懷若谷。

反畏縮機制是一種反對畏懼的防禦，也就是說，在自己確實懼怕時否認自己懼怕。懼怕顯得軟弱、溫柔或感傷，最終可能成為一種反對女性化（誤解的）的防禦機制。在科學家中，那種想變成講求實際的、意志堅強的或嚴格精確的合理願望可能病態化為「僅僅講求實際」，或唯意志的，或變得不可能不嚴格。最後，有可能形成一種傾向，不能變得溫柔些，不能讓步，不能沒有控制，不能忍耐、承受，甚至當環境分明需求這樣作為更好理解的先決條件時也不能做到，如在心理治療中。

在這裡指出另幾種認知病態。認知者中的多樣性的喪失，換句話說，只有能力成為主動的、統治的、專橫的、控制的、「當權的」、「陽性的」，而不能同時成為非控制的、非干預的、承受的。精神分析型的文飾，例如，我不喜歡那人，我要找出一個好的解釋理由。對含糊不清不能容忍，不能和含糊的、神祕的、尚未充分認知的東西安然相處。

符合的需求，贏得稱讚、成為集體一員的需求 —— 不能有異議，不能不受歡迎，不能孤立。這和認知的關係可以在阿施、克拉茨費爾德和其他人的

實驗中看到。

在深入的心理治療中，誇張、妄自尊大、傲慢、自我中心、妄想狂傾向，常常證明是一種針對深層潛伏的軟弱和無價值感的防禦方法。無論如何，這種類型的「我」是有礙於對現實的明晰觀察的。

針對個人自己驕傲、偉大、神化傾向的防禦方法，抱負水準的下降。逃避個人自身的成長。不能相信人能發現某種重要的事情，因而形成對妄想、誇張和狂妄的畏懼的盲目狀態，不信服，不能突入並探索這樣的發現，並且自身安於瑣碎問題。

對權威的過分尊崇，對偉大人物過分崇拜，需要保有他的愛。僅僅變成一個門徒，一個忠實的追隨者，最後成為一個幫腔的醜角，不能獨立自主，不能肯定自己。請具有如此認知病態的人牢記：不要成為一個佛洛伊德的追隨者，要成為另一個佛洛伊德；不要亦步亦趨地跟隨大師，要追求他們的目標；輕視權威，需要向權威挑戰。不能向長者或老師學習死東西，要靈活應用。

經常而且只有講道理、講實用、合邏輯、進行分析、要求精確和明智的需求。不能也成為非理性的、豪放的、著迷的、直覺的等等，儘管當時的情況更需要這樣。

理智化 —— 把感情的東西也轉化為理智的，只看到複雜情境的理智面，滿足於正確的定名稱而不是體驗等等。這是專業知識分子的通常缺點，他們往往在生活的感情和熱情方面比在認知方面更盲目。

利用聰明才智作為支配人、勝人一籌的方法，或往往以犧牲部分真理為代價給人留下深刻印象。

病態的範疇化 —— 墨守成規知識和真理，由於種種原因可能引起畏懼，因而出現迴避或歪曲真相的傾向。

也就是說，成為一種逃避實際體驗和認知的傾向。

強迫性的二歧化；兩種評價傾向；非此即彼；不是黑的就是白的。

對新奇的需求，貶低熟悉事物的價值。假如一件事情重複了 100 次就不會再被視為奇蹟。貶低已知的事物，例如，視之為陳詞濫調，平淡無奇等等。

當然，還可以幾乎無止境地羅列下去。例如，除有種種影響之外，一切佛洛伊德式的防禦機制都會導致認知的無效。除了其他方面的病態，精神官能症和精神病患者一般也都可以看作是認知性病態，對於性格紊亂，存在性「紊亂」，「價值病態」，人的能力的衰竭萎縮、發育不全或喪失也可以這樣說。甚至很多文化和意識形態也能用這種觀點進行分析，例如，可以認為是鼓勵愚蠢的，不鼓勵好奇心的等等。

通向完善真理的道路是布滿荊棘的，充分的認知是困難的，不僅對於一般人而言如此，對於科學家也是如此。科學家與一般人的主要不同在於：科學家是經過深思熟慮才決心追求真理的，能自覺自願地這樣做，而且竭盡所能地從事有關技術的學習和道義觀念的培養。事實的確如此，科學一般可以被認為是一種技術，容易犯錯誤的人能用它戰勝他們自己懼怕真理、迴避真理和歪曲真理的傾向。

鑑於上述論述，因此，對於認知病態方面的系統研究，似乎是科學研究的一個明顯的和正常的部分。顯而易見，知識的這一分支應能幫助科學家變成一個更好的認知者，一個更有效的工具。

避免焦慮和控制焦慮的方法

似乎當所有這些「美好的」科學詞彙 —— 預見、控制、嚴格、確定、確切、精確、簡潔、秩序、合法則、數量化、證明、解釋、有效、可靠、合理、結構等被推向極端時，都能變成一種病態。它們全都可以被迫為安全需求服務。換句話說，它們可能變成避免焦慮和控制焦慮的方法；它們可能成

為混亂而恐怖的世界的解毒劑，正如也可能成為熱愛並理解可愛而美妙的世界的工具一樣，為確定性或確切性或可預測性等等而工作；既可以是健康的，也可以是不健康的；既可以受防禦動機驅策，也可以受成長動機鼓勵；既可以導致焦慮的緩解，也可以得到發現和理解的歡樂。科學可以成為一種防禦方法，也可以成為通向自我實現的道路的拓路機。

　　為了不致引起對一個重要論點的誤解，我們必須也注意到那種勇敢的、以成長為動力的、心理健康的科學家。為了估出鮮明的分辯和對比，這裡再一次取其極端的類型。所有這些同樣的機制和目標也都能在以成長為動力的科學家身上發現。不同之處在於，它們不是精神官能症的；它們不是強迫性的、僵化的、不可控制的、得不到及時回報時也不會引起焦慮；它們既不是急迫必需的，也不是絕對必需的。

　　對於健康的科學家，有可能不僅欣賞精確之美，而且也欣賞鬆散、偶然和模糊之美。他們能欣賞理性和邏輯，也能愉快地著迷、粗放或情緒激動；他們不害怕第六感、直覺或不現實的想法；他們認為成為明智是一種樂趣，偶而忽略常識也是一種樂趣。發現規律是很有意味的事，解決某一課題的一套精巧的實驗確實也能引起高峰經驗，但困惑、猜測和進行幻夢般以及嬉戲般的推斷也是科學競賽、獵奇樂事的一部分。思索雅緻的論述或數學證明能產生巨大的美感和崇高的體驗，而思索深奧莫測的原理也有如此體驗。

　　在偉大科學家的多才多藝中所有這些都展現得淋漓盡致，在有創造力的、有勇氣的和膽識過人的科學家的多方面活動中展現出來。這種既能受控制又能不受控制、既能嚴謹又能寬鬆、既明智又著迷、既清醒又沉醉的現象，不僅是心理健康創造的特徵，而且也是科學創造的特徵。

　　總體來看，我確信，在培育年輕科學家時，我們將不得不既強調審慎又要求大膽。僅僅強調審慎和清醒，只能造就技術專家，他們發現或發明新的真理或新的理論的機會非常渺茫。雖然審慎、耐心、和保守是科學家不可缺

少的必要條件，但如果要想追求創新，最好添加上膽識和敢作敢為。它們毋須互相排斥，它們可以結合起來，融合在一起，它們能構成靈活性、適應性、多樣性。或者，像精神分析家常說的，最傑出的精神分析家（或科學家或一般人），也就是能夠把歇斯底里症患者和強迫症患者雙方優點結合起來，而把兩者的缺點排除掉的專家。

　　從知識論的觀點考慮，如果我們承認在認知者和認知對象之間存在著彼此同型的和類似的關係，那麼，我們就能滿懷信心地期待「高大的」、更有膽識的、奧林帕斯型的認知者能認知更高的真理。迴避一切能引起焦慮的事物，那麼他實際上是半盲目的。他能認知到的世界小於堅強的人所能認知的世界。

改善認知者的自知因素

　　改善的自知能造就更好的認知者，這種說法從來沒有在「證明」一詞的通常意義上被證明過，那麼我為什麼敢公開宣稱這種觀點呢？

　　我舉例來說明我的依據。數以千計的臨床經驗，每一個患者和每一個醫師之間的交談，以及醫師個人的報告，對大多數有常識的人，這種經驗就是一種知識，儘管它只有比較低的可靠程度。毫無疑問，我們對這一「真理」的信念一定會強固得多，如果有一個仔細計劃和設計的實驗能在統計上說明那些健康的科學家比那些不很健康的科學家更優越，或說明那些曾受過精神分析訓練的科學家顯然更優越等等。與「臨床經驗」相比，這樣的論據更可靠一些。但在缺乏這樣的實驗時，假如我們完全意識到我們的論據所能保證的信念強度，又假如我們能彼此指明這一點，我們就不是現實的和科學的嗎？

　　知識是永無止境的，也只能說用掌握知識的程度來評價。知識的增進或

可靠性的增強總比什麼也沒有要好些。一個案例比無案例強，兩例比一例強。不論一般的知識或特殊的可靠性問題，都不是全或無的問題。在知識的大陸和非知識的汪洋中，絕不會存在明顯的「分水嶺」。

一些人認為堅持「科學的」知識必須是清楚的、明白的、不模稜兩可的、無差錯的、可證明的、可重複的、可傳達的、合邏輯的、合理的、可語言化的、能被意識到的。如果它不是這樣，它便不是「科學的」，而是別的什麼。但關於科學的初期階段，我們又能說些什麼呢？關於上述最後形態的前驅，我們每一個人都能在自身內部很容易體驗到知識的開端，我們又如何說呢？

事實上，最先感覺到的是不安 —— 心神不定、不愉快，覺得有什麼不對頭。這種不安感能在找到它的解釋之前到來。我們的感覺假如用語言表達是這樣的：「我覺得不安，但我不知道為什麼，有什麼不對頭，但我知道那是什麼。」甚至更使我們感到困惑的是，這種感覺可以成為全然無意識的，或僅僅半意識的，它只有在以後某一時刻回顧時才能意識到。

這樣的開端，帶給我們的只有預感、猜測、直覺、夢、幻想以及模糊的、尚未語言化的「預想」。我們被偶然的聯想沿著某一方向或另一方向送到遠方。我們可能突然從睡夢中醒來得到一個答案，然後進行驗證，結果可能是對也可能是錯。在我們身內的或我們和他人之間的思想交流往往是模糊的、不連貫的、自相矛盾的、不合邏輯的，甚至不合理的。它可能躲藏在形象化比喻中、隱喻中、類比中等等。我們可能意識到有點門路而開始探究，並像一個詩人那樣談論它，而不是像科學家據認為應該那樣的去談論。於是，我們可能更像一個醫師或一個冒險者或一個教師那樣行動，而不大像是傳統的科學家。

對於那些精神分析的詞句、物理學的類推和比擬，使抽象概念形象化，擬人化的說明，和半神話的存在。我們能很容易地從已完成的和精微的科

第二章 認知與創造的整合

學的觀點批判這一切。不過,我對於這個問題的主要看法是,這些說法是傳達直覺的、臨床的感受的摸索活動,那是還不能用任何其他方式表達的。它們是現階段知識發展所能做到的最佳表達。最優秀的邏輯學家、數學家、物理學家、化學家和生物學家,如果面對的任務是描述移情或壓抑或焦慮等現象,也不會做得更好。這些現象確實存在,並曾由成千上萬的患者體驗到並以某種形式報告過,它們也曾以某種變式為成千上萬的心理醫師所目睹。但現在還沒有可能做出明確描述,甚至在描述的用語上也不能得出一致的看法。

實驗室的科學家對這一切提出最終批評就是一種譴責,因為知識的終極形態還沒有達到。這就是為什麼初步的知識很容易拖泥帶水和模糊不清的原因。這是知識必須透過的一個階段,沒有什麼已知的可供選擇的辦法;要做事情就沒有別的道路可走。

生物學會越弄越枯竭,除非它變得更能接受出乎意料的現象,在已知事實基礎上尚無法預測的現象。科學不是僅僅靠歸納、分析知識前進的,富有想像的思辯智慧是首先到來的。證實和分析的突破是以後的事。想像依賴於感情和理智的自由馳騁,這能使我們的智慧接受來自這個世界的種種印象,把世界作為一個使人迷惑的、強大的但豐富多彩的整體來接受。我們須力求再一次體驗科學青年時代的承受力,那時讚美奇蹟在社會上是可以接受的。

波特萊爾(Charles Pierre Baudelaire)對於藝術所說的話也同樣適用於科學:「天才是青春的再現。」說得更平淡些,我覺得,多數的情況是創造性的科學活動先於確立理論的操作,兩者在一起造成科學。

科學各個領域中都有許多傑出的實驗家曾說明他們的想法在很大程度上是由非分析的、幻想的領悟決定的,同樣的歷史也表明,多數專門的科學理論都是逐漸地從粗糙的直覺的草圖中湧現並發展形成的。這樣看,承認草圖或發展新概念的最初幾步更接近的是藝術的覺知而不是通常所說的「科學方法」。

假如這一事實得到充分理解，我們很容易就可以觀察到那些批評家，帶著激動的心情甚至很快就能做出有關批評家的精神分析解釋，而不是以邏輯的論證回答他。因為在這一點上我們意識到，這些批評家往往需求簡潔、準確或嚴密，無法容忍這些特徵的缺乏，他們只挑選那些已能滿足這種標準的課題作為研究對象，因而實際上他們的批評可能發展到拒絕研究問題的本身。他們批評的對象可能並不是你的方法論，而是你這個人，因為你提出了那個特殊的問題。

需求簡潔和簡單的科學家通常會很清醒地避免談論人本主義的和個人的人性問題。這樣的選擇可能表明偏愛簡潔而不是尋求關於人性的新知識，這是成為迴避難解問題的一種方式。

知識的可行性和水準性

知識兩極化即傾向於把知識分為真或偽，有意義或無意義，可靠或不可靠。知識的可靠性只是一個程度問題，真和偽也是如此，有意義和恰當或切題當然也是如此。

哪怕我們只知道一件事實，如一個錢幣第一次擲出曾是頭朝上，那麼再次擲出頭朝上的機率便大於二分之一，而任何聰明人一定會按照這樣的推斷下注，之所以如此是因為錢幣稍有偏傾的可能性已由那一丁點知識擴大。鄧拉普在很久以前證明，當要求人們猜測兩個稍有不同的重量何者較重時，他們猜對的次數會多於機率，即使他們對自己的判斷毫無自信的意識。他們明明意識到他們是在做純粹的猜想。另一些研究已將這一類發現推廣於團體猜測研究。10 個無主觀自信的人猜測的中數往往比 5 個人盲目猜測的中數更接近真正的中數。

從藥物學的歷史上看，重視原始部落人的信念是有益而無害的，例如，

他們相信某種草藥或樹皮的治療效用，即使他們的解釋是巫術的或被證明是虛妄的。然而，真理的一種混亂閃現可能從僅僅模糊理解的習得經驗中發生。因此，我們討論的問題中也和其他問題一樣，我們對於熟悉的意見，對於有經驗的臨床專家的看法，對於受過教育的猜測，也都給予某些信任，即使只有一丁點信任。當我們沒有可靠的事實可信賴時，我們願受可能得到的最佳嚮導的指引。

就像我們與外科醫生、精神病學專家、律師等等交往時習慣做的那樣。尤其是當我們不得不在缺乏令人滿意的知識做決定時更是如此。但波蘭尼（Polányi Károly）、諾斯羅普、孔恩（ThomasKuhn），和其他一些學者曾指出，在科學家自己的策略和策略中也有這一類的事。有創造性的人常常報告他們在創造過程的早期階段對預感、夢、直覺、盲目猜測和冒險的依賴。

事實的確如此，我們幾乎可以給有創造性的科學家下這樣的定義——有創造性的數學家已經被認為是如此，即，認為他是莫名其妙而到達真理的人。他只是「覺得」有個什麼想法是正確的，然後才繼續以審慎的研究核對他的感覺。待檢驗的假說已選定，選定這個而不是那個問題作為自己的研究對象，只有在事後才能證明為正確或不正確。我們可能因為他所收集到的事實而斷定他的說法是錯誤的，但他自己提出假說之初並沒有以這些事實作為他的信念的依據。實際上，這些事實是他那「無根據的」自信的結果而不是它的原因。

我們稱一位科學家「有才華」正是因此，儘管他往往是正確的證據不足。外行人認為科學家是一位沒有充分事實便緘口不言的人，這是全然不對的，至少不適用於有才華的、「敢犯禁」的科學家。波蘭尼很有見識地談到冒險中的信念、行家氣魄、勇敢、自信、膽量，認為這是開通的理論家或研究工作者的本性所不可缺少的，是規定性的特徵，而不是偶然的，意外的或可有可無的東西。

　　我們用或然的概念完全可以說明這一問題。有膽識和創造力的科學家必須安於較低的或然性；他必須認真對待每一種或然性，把它們看作是一種線索，引導他怎樣做，告訴他行進的方向；他必須很敏感，由它們引路。至少他必須認為它們在科學上是「真實的」，因而值得科學家的注意。

　　一般地說，如果「原始知識」的正確機率大於機遇，那麼把一切「原始知識」都列入知識定義，範圍之內是既有益又正確的。這一看法表示有一種關於知識的階段或水準或程度的層次系統，在可靠性的程度上向下排列包括行家猜測、預感和直覺，以不充分的案例或粗糙的方法為基礎的初步推論等等。於是，知識即使被看作是較可靠的或低可靠的，但仍然是知識，只要它的機率人於機遇。

　　「實證的」一詞於是得到了一種用法，就像醫師的理解那樣，即，描述由千百條經驗構成的未完成的幻覺群，這些經驗是在他自己身上以及病人身上試用藥劑或療法得來的，是試行常識療法，是根據判斷顯露價值等等得來的。所有這些就是有經驗的醫師所累積起來並得到默認的知識，而且他所知道的一切幾乎都未經充分證明。

依據經驗態度的認知

　　由於科學是在科學最高境界和頂尖技術下定義的，致使科學和科學精神不能被大多數人理解。強調科學的技術並誇耀它最深奧的抽象價值使它顯得比原來的狀況難解得多。它開始被認為是專家的事，只能由受過高級訓練的專業人員去做，任何別的人都不能插手。實際上，這樣的科學把世界區分為科學家和非科學家，並嚴正地告知非科學家：「這不是你們的事！請遠離這裡！把它交給我們這些專家吧，請信任我們！」的確如此，我們必須承認非人格的科學，也是我們最古老的科學，已經達到很高的抽象水準，它們的技

第二章　認知與創造的整合

術也確實是訓練有素的專家的事。我不說「大多數先進的」科學，因為這意味著所有科學都能列入同一個等級，那是不對的。但同樣真實的是，心理科學、社會科學，甚至生命科學，還遠遠沒有達到複雜、抽象或技術化的高度。這裡還有生手充分活動的餘地，還有許多簡單問題要討論，許多角落有待第一次的探察。在開始階段，科學是很容易的。

但我要更進一步闡述我的論點，假如我們依據科學的開端及其最簡單的水準給科學下定義，而不是依據最高和最複雜的水準給科學下定義，那麼科學就不過是你自己對事的觀察而不是信賴任何演繹或權威。我認為，這種依據經驗的態度才能夠並應該教給所有的人，包括幼童。你自己觀察吧！讓我們看這樣做效果如何！這樣要求正確嗎？正確的程度如何？我相信，這樣的一些問題才是根本的科學問題和科學的方法。

於是，你自己走進後院核實一下並用你自己的眼睛看一看要比在亞里斯多德著作中或為此而在一本科學教科書中搜尋答案更符合經驗，也更「科學」。因此，一個孩子在仔細觀察一個蟻穴時也能成為「科學的」，甚至當一個家庭婦女在她的地下室中試驗並比較各種肥皂的優劣時也是如此。

經驗的態度是一個程度的問題，而不是一個全或無的技術能在你取得某一種博士學位的片刻間獲得然後才能運用。以這種觀點為依據，此種態度因而是能夠一點一點培養起來而不斷改善的。當我們說保持與現實的接觸和張開你的眼睛時，它幾乎變成人性自身的一個規定性特徵。幫助人變得更重視經驗是一種改善他們的認知活動和增進他們的知識的方法。

用精神分析的話說，它能幫助他們的「現實測試」，即，它能幫助人把事實和意願、希望、畏懼區分開；它也應該能促進我稱之為「心靈測試」的改善，使人能得到關於自己主觀世界的更真確的知識。有必要知道什麼時候人會有意願或希望或畏懼以及這是誰的意願。

總之，科學家也和其他人一樣，有共同的特徵，如好奇、理解的願望，

甚至喜歡觀察不喜歡盲目，喜歡較可靠的知識不喜歡不可靠的知識。專業科學家的特殊化的能力是這些一般人類特性的增強。

每一個正常人，甚至每一個兒童，都是一個單純的、未發展的、不熟練的科學家，原則上在接受教導以後都能成為更老練、更有技巧、更高級的科學家。人本主義對科學和科學家的看法，當然要提出經驗論態度這樣一種回歸和民主化問題。

要想更好地說明這問題，就要從對科學和科學家的超人觀或超越觀多方面來講。獲得知識的過程（在各種水準上）和對知識的沉思和享受正在變成審美觀中最豐富的源泉之一，半宗教喜悅和敬畏與神祕經驗的來源之一。這種感情經驗是一種終極的生活歡樂。傳統的去聖化的科學由於種種原因曾力圖淨化自身，清除這些超越性經驗。這樣的淨化遠非捍衛科學純潔性所必需，反而是從科學中剝奪和排除人的必需。這幾乎像是在說，科學不需要或不能給人以享受。

但是事實上，這種歡樂的經驗在人類生活中是必不可少的，不僅是因為它們能把人帶入科學中並保留在那裡，而且因為這些審美歡樂也可能是認知的信號，像信號火箭的發射告訴我們已經發現了重要問題一樣。正是在高峰經驗中，存在認知才最有可能產生，在這樣的時刻，我們或許最能看透事物的核心。

了解人是科學家的任務

若改變還原嘗試的世界觀，那麼，對待科學的態度又該如何變化呢？這些改變來自何處？我們何以會注意到它們？為什麼機械論的、非人的模式要讓位給以人為中心的模式？

在我個人的歷史中，這一科學世界觀中的衝突，起初表現的形式是同時

第二章　認知與創造的整合

和兩種互不相干的心理學一起生活。在我的實驗室實驗生涯中，我覺得很安適，並很勝任，因為我接受了傳統科學的知識。實際上是華生的樂觀信條把我和許多人帶進了心理學領域，他的綱領性的著述展示前方有一條光明大道。

我信心百倍地認為，進步有了保證，可能有真正的心理學的科學、有某種堅實可靠的東西可以依賴，能使我們從一個確定不移的基地穩妥而不會逆轉地前進到下一站。它提供了一種有希望解決一切問題的技術（條件作用）和一種極有說服力的哲學（實證主義、客觀主義），而且兩者既容易理解又容易應用，以便使我們不致重蹈覆轍。

但是，當我成為心理治療醫師、分析家，成為一位父親、教師和人格研究者，即當我研究整體的人時，「科學的心理學」卻證明自己已經沒有多少用處了。在這種人的王國中，我發現在「心理動力論」中，特別是在佛洛伊德和阿德勒的心理學中，在那些從當時的定義看顯然是不「科學的」心理學中，有很多出乎意料的營養價值。

心理學家似乎有兩套互相排斥的規則，為達到不同的目的，他們好像說著兩種不同的語言。假如他們的興趣是研究動物或人的局部過程，那麼他們能成為「實驗的和科學的心理學家」。但假如他們是對整體的人有興趣，這些法則和方法就提供不了幫助了。

我想，只要我們比較一下這兩套規則在處理這些科學上嶄新的人性問題和個人問題中的相對有效性，我們就能極佳地理解這些哲學的改變。讓我們自問一下：如果我想更多地了解人性 —— 例如，了解你，或一位陌生人，最有希望得到收穫的途徑是什麼？傳統科學的假設、方法和理論概念能有多少用處？哪一種研究最有效？哪一種技術最實用？哪一種知識論最客觀？哪一種溝通方式最明顯？哪一種測試和測量最精確？哪一種關於知識本質的假設最合乎邏輯？我們說的「認知」是什麼意思？

了解人的最佳途徑

我們應該注意到，「了解」某個人這一問題本身已被許多科學家視為瑣碎或「不科學」而排除了。幾乎所有研究非人格問題的科學家都是從隱含的或顯然的假設出發的，認為科學是研究事物的類別或群族的，而不是研究單一的事物。當然，你在一定時刻實際上是觀察一個東西——一隻草履蟲、一塊水晶、一葉腎、一位思覺失調症患者等等。

但每一事物都是作為某一物種或門類的一個樣品看待，因而是可以互換的。沒有一本普通的科學雜誌會採納和刊登一篇關於某一個別白鼠或魚的瑣碎描述文章。概括是傳統科學的主要任務，換句話說，就是對所有白鼠、魚等進行抽象說明。畸形學是研究例外、「驚奇物」或怪胎的科學，是沒有多大科學價值的，除非它能透過比較，說明更多有關「正常」胚胎學的過程。

任何一個樣品就只是一個樣品，它不是它自身，它代表某種東西，它是無個性特徵的，可以任意隨別人利用的，不是獨特的，不是神聖的，不是必要的或不可缺少的；它沒有完全屬於它自己的正式的名字，沒有自身作為一個特例的價值。它之所以令人感興趣，只是因為它代表某種東西而不是代表它自身。傳統的、教科書的科學通常集中研究事物的類別或可以互換的對象，完全不顧及這個獨特的個體。在一本物理學或化學的教科書中是沒有個體的，更不要說數學書了。

以此作為一個中心點。天文學家、地質學家、生物學家有時的確也可以作為典型和作為範式和獨特的事例，如與某一星體或某次地震或某一粒豌豆或果蠅打交道。但這樣做最終仍然是趨向普遍性，作為取得承認的途徑，成為更科學的。對於大多數科學家來說，這是科學知識發展的唯一方向。

當我們遠離這種非人格的、概括化的、尋求相似性的科學時，我們發現也有許多人對獨特的、特殊的、個別的事例有系統研究的興趣和持續不懈的

第二章　認知與創造的整合

好奇心，這些事例是不能互換的，是自成一格並且只出現一次的。例如，某些心理學家和某些人類文化學家、某些生物學家、某些歷史學家以及所有處於親密個人關係中的人們，都有這樣的好奇心。我相信，物理學家和化學家也曾長時間迷戀地思索他們的妻子，正如他們對待原子的態度一樣。

我最初的問題是：假如我要了解一個人，最好的途徑是什麼？現在我能用更確切的措詞重新提出問題：物理科學的常規程式對於更好地了解一個人的有何作用？但請記住，這種程式是一切科學甚至任何一類知識廣泛承認的範式。一般地說，我的回答是：這些程式簡直談不上有多少作用。

實際上，它們的確是無用的。假如我不僅要知道有關你的事情而且要理解你的話，假如我想了解一個人，了解他的人品中那些我覺得最重要的方面，我知道我必須以不同的方式才能完成這項任務，我必須用不同的技術並依據極為不同的關於超脫性、客觀性、主體性、知識的可靠性、價值和準確性等哲學假設進行操作。下面我將力求進一步說明這些東西。

我在研究一個人時，必須把他當作一個獨一無二的特殊個體，當作他那一類別中的一個獨特的成員。當然，我多年累積的常規科學的、抽象的、心理學的知識，有助於我把他大體上安置在全人種的分類系統中加以考察，我知道什麼是可以期待的。我能大致進行性格、體質、精神病學、人格學和智力（IQ）等方面的評級，而且比很多年以前做得更好些。但所有這種法則知識——關於規律、概括化、平均數的知識，只有在它能疏通並改善我的個別知識——關於這一特殊個體的知識——時才是有效用的。

任何一位臨床醫師都知道，要了解另一個人最好是讓自己的大腦虛位以待，全神貫注地觀察和傾聽，保持承受、被動、耐心和等待的狀態，而不要急燥、匆忙和不耐煩。從事測量、訊問、計算，或檢驗理論、進行分類等活動是沒有多大助益的。假如你的頭腦太繁忙，你將不能很好地聽和看。佛洛伊德的「自由漂浮注意」（free-floating attention）能很好地說明這一非干預

的、總體的、承受的、等待的對他人的認知。

對於尋求有關個體知識的人，抽象的知識、科學的法則和概括化、統計的報表和預期都是有效用的，除非它們不能被人性化、人格化、個體化，並且不能集中於這一特定的人際關係中。善知人者能得到傳統科學知識的幫助，不善知人者即使有全世界的抽象知識也將庸碌一生。

整體分析認知的效用

身為一個治療師和人格學者，我不想在此貿然進行任何大範圍的概括，儘管我已經學會這樣做。假如我想對於個別的人有更多的了解，我必須把他作為一個單位，作為一個單一、一個整體來研究。傳統科學的解剖技術和還原分析在無機世界雖然充分發揮作用，不過在生物有機體的似人動物世界卻沒有多大助益，而且在我尋求有關某人的知識時還成了一個累贅，甚至就研究一般人時發現了真正的缺陷。

心理學家曾嘗試過種種原子論的解析和還原，尋求知識的基礎建築資料，然後由此構築整體。例如，基本的感覺碎片，刺激反應或連繫紐帶，反射或條件反射，行為反應，因素分析產物，種種測驗的分值圖等等。這些嘗試每一種都給心理學的抽象法則科學留下了某種局部的效用，但沒有一個活著的人會認真地建議利用其中任何一種作為一種有效的途徑去了解異國文化的成員或某一約翰·布區社團的成員，更不要說不期而遇時的了解了。

我不但有必要整體地觀察他，而且也必須整體地分析他，而不是進行還原的分析。

我們了解人更行之有效的途徑是，不論是透過直接問答或透過自由聯想（我們只要傾聽就行），還是透過間接隱蔽的訊息傳遞、繪畫、夢、故事、姿勢等等（需要我們的解釋），但都必須沒法使他們自己告訴我們他們是怎樣

的。當然，這是人人都知道的，而且我們在日常生活中都會利用這些方法。但事實表明，這裡仍然會引起是否真正科學的問題。

例如，一個說明自己政治態度的人可以說是他的說明的唯一見證人。如果他願意，他可以毫不費力地愚弄我們。這裡需求有信賴、善意和誠實，那是在研究科學中任何現有的其他對象中不存在的問題。於是，說者和聽者之間的關係變得非常重要了。

天文學家、物理學家、化學家、地質學家等等，不需要注意這樣的問題，至少剛開始是如此。他們有可能走得很遠才需要提出認知者和認知對象之間的關係問題。

青年心理學者大都被告知要利用有控制的實驗作為獲得知識的典型方式。經過緩慢而又痛苦的歷程，我們心理學家才懂得如何變成好的臨床醫師或自然觀察家 —— 應該耐心地等待、注意和傾聽，不要自己插手，不要太積極、太魯莽，不要干預和控制；在試圖理解另一個人的時候，最重要的是閉口觀察、洗耳恭聽。

這和我們研究物理對象的典型方式是完全不同的，常規研究方式是先操縱、戳弄它們，然後看出現了什麼情況，以及把它們分隔開進行觀察等等。假如你對人也這樣做，你將達不到了解他們的目的，他們將不願你了解他們。我們的干預將減少了解的可能，至少在剛開始是如此。只有當我們已經知道很多情況以後，我們才可以變得主動些，更積極地探索、提出要求，也就是說，掌握更多的情況以後，才能更注意實驗。

探討高級問題的益處

只有當我提出人的所謂「高級生活」和人類進化問題時，我與以方法為中心的科學家的衝突才開始出現。如果我是在研究狗和猴子的行為，或是在

做學習、條件作用和激發行為的實驗，現有的方法論工具對我就很適用了。這些實驗能適當地設計出來並加以控制，論據也可以很精確，而且很有效。

只有當我對研究者開始提出新的問題時，提出我不能有效處理的問題時，或是關於含糊不清而難以把握的課題提出疑問時，我才陷入真正的困境。我發現，許多科學家這時會輕視他們不能對付的、不能有效解決的問題。我憶起我在惱怒中作為反擊說出的一句警語：「不值得做的事情是不值得做好的。」現在我還可以附加一句：「需要做的事情是值得做的，即使不能做得很好。」

的確，我很想說，研究一個新問題的初步嘗試大都是粗糙的、不精密的、低級的、不成熟的。從這些初步的嘗試中你通常能學會下一次該怎樣做才能做得更好。當然，要跳過這個初步是不可能的。我記得有一個孩子，當他聽說列車事故中大多是最後一節車廂遭殃時，為了減少事故，他竟建議把最後的車廂摘除！

顯然，開端是不能被摘掉的，甚至這樣想和這樣要求本身也是對科學精神的一種否定。動手打開新的領域當然是更令人興奮、更有價值的，也是更有益於社會的。「你應該熱愛問題本身。」萊爾克說。科學的突擊部隊當然比科學的憲兵更為科學所需要。前者即使很容易弄得更齷齪，並要承擔更高的傷亡率，但仍然比後者重要。二次大戰期間，比爾·毛爾丁的漫畫對於前線戰鬥的士兵和後方梯隊儀容整潔的軍官之間的價值衝突是很精采的寫照。在一定的特殊情況下，必須有一個人首先穿過精神坑道領域。

當我的精神病理學工作引導我探索非病理學時，也就是研究心理健康的人時，我遇見了過去從來沒有的難題，例如，價值和標準的問題。實際上，健康本身就是一個規範詞。

我開始理解為什麼在這方面一直很少作為。就「正規」研究的正規準則而論，這不是一種好的研究。實際上我並不稱之為一種研究，而是一種探

索。它很容易受到批評，我也曾批評過它。我自己的價值觀念是否會闖入我所選擇的研究對象中，這一點確實令人懷疑。當然，有一組裁判員會更好些。我們目前已有的一些測驗比任何過去獨自做出的判斷都更客觀而無偏袒，但在 1935 年這樣的測驗是不存在的，那時不獨自做就根本別做。我很慶幸我選擇了「做」。我學到了很多東西，別人當然也學到了很多。

透過對這些相對健康的人和他們的特徵的研究，無論是身為一個人，還是身為科學家，都使我打開了眼界——

看到了成打的新問題，不再滿足於我過去認為理所當然的舊答案、舊方法和舊概念。這些人引起的新問題有：什麼是正常、健康、善良、創造性和愛？什麼是高級需求、美、好奇、完成？什麼是人中豪傑和神聖的品格？什麼是利他主義和合作、愛護的弱、同情和不自私和仁慈？什麼是偉大、超越的經驗、高級的價值？當我注意到這些問題我一直在進行有關這些問題的研究，我認為有可能對於回答這些問題做出某些貢獻。它們並不是不能驗證的，更不可能是「不科學的」問題。

人的「高級」心理過程不會那麼適度而又安然地嵌入機器的運轉，因而產生可靠的知識。這部機器原來很像我廚房裡的某種我曾稱之為「萬能器」的東西，但它並不能真正對付所有的原料，而只能有幾項用途。或者換一個例子，我記得看見過一部精巧而複雜的自動洗車機，能把汽車刷洗得很乾淨。但它只能做這樣一件事，任何別的東西進入它的掌握都只能像一部汽車那樣接受洗刷。我設想，假如你所有的唯一工具是錘子，那就會誘使你把每一件東西都作為釘子來對待。

簡而言之，我如果不想放棄我的問題，就只有想出新的方法解答這些問題。我選擇了這一條道路。許多心理學家也都是如些，他們寧願竭盡自己的所能去研究重要的問題——以問題為中心，而不是限制自己只做那些他們能夠以現有技術漂亮完成的事——以方法為中心。假如你把「科學」定義為

有能力去做的事，暫時沒有能力去做的事就變成「非科學」的了。很顯然，這項假設是完全錯誤的。

認知與畏懼的辯證關係

與任何其他科學家相比，我們心理學家更不能不對抗拒真理的可驚事實作鬥爭。和任何其他類知識相比，我們更害怕關於我們自身的知識，害怕那種可能會改變我們的自尊和自我評價的知識。一隻貓可能覺得當一隻貓並不難，它並不害怕當一隻貓。但做一個豐滿的人是困難的、令人生畏的、有疑問的。雖然人們熱愛知識並尋求知識，他們很好奇，但他們又畏懼知識。越是切近個人的知識，他們也就越感畏懼。因此，人的知識很容易成為這種熱愛和這種畏懼之間的辯證統一。

知識包括對自身的防禦、壓抑、不注意、遺忘。因此，任何有助於達到這種真知的方法必須包括某種形式的、精神分析學家稱之為「對抵抗的分析」，一種解除對自我真知的畏懼的方法，使人能直接觀察自已，赤裸裸地看自己，這是一件多麼可怕的事。

對於一般知識也是同樣的情形。達爾文的自然選擇論是對人的自我的一大打擊。哥白尼（Nicolaus Copernicus）觀察事物的方式也是如此。但我們顯然可以說，對知識的畏懼是有差別的，是存在畏懼梯度的：越是非人格的知識，越是和我們個人關心的事情，越是和我們的情緒及需求較少密切關係的知識，我們對它的抗拒也就越少。這很像所謂的「知識總量法則」，我們可以說明如下：距離個人的知識越遠，科學知識的量也就越大，有關主題的歷史也就越長，研究也越安全，這種科學也就越成熟等等。因此，出現了這樣的情況，科學地講，我們對化學藥品、金屬和電的了解遠比對性或偏見或剝削知道得更多。

在研究社會科學和心理學時，我們必須如上戰場的戰士一般武裝自己，但此處的「武器」是勇敢道德、倫理策略和策略。心理學家或社會科學家必須為取得熱門主題的真知而戰。作為知識的對象，人和事物截然不同，因為他不得不希望被理解，或至少不了不讓他自己被理解。他必須接受並信賴理解他的人，在一定情況下甚至愛上他。他甚至可以說是屈服於理解者（就屈服一詞的各種意義說都是如此），反過來說也一樣。被理解是好事，甚至是高興的事，而且有治療的意義。

了解人是為了預測和控制人嗎

了解人的最終目的與了解事物與支配事物的最終目的是截然不同的。當我們說到分子或草履蟲或家養動物時，把預測和控製作為絕對必需的問題來談論是有一定意義的，儘管在這方面我仍然要提出異議。但怎麼能夠正式而嚴肅地說，我們了解人類也是為了預測和控制嗎？最普通的就是反過來看，預測和控制的這種可能前景會使我們毛骨悚然。

假如人本主義科學可以說除對人的神祕有濃厚興趣以外還有別的什麼目的，那就是要使人能從外部控制下解脫出來，並使他較少可能被觀察者所預測，因而使他更自由，更有創造性，也更由內在因素決定，儘管對於他自己或許更可預測。

因此，自我認知的目的，更是一個典型的、複雜的問題。自我認知首先是為這一知識本身而不是為了什麼別的。它具有根本性質的脫力。你會覺得這樣很好，而且味道的確很好，至少長遠角度考慮是如此。在我們的社會中，我們也已經確實弄清，儘管它是一個痛苦的過程，但我們仍然必須選擇這條途徑去排除病態。它是除掉不必要的憂慮、沮喪和畏懼的途徑。它是達到美好感覺這一目的的一種方法。

我們已經懂得，19 世紀自我控制的目的也正在被自發性這一觀念所取

代，那幾乎是古老的自我控制概念的對立面。假如我們清楚地知道我們自己的生物本性，即內在自我是怎樣的，這一知識就能指出我們個人的命運。它強調，我們要愛我們自己的本性，依從它，讚賞它，並充分表現它，只要我們對它的認知足夠清楚。這又解釋了對歷史上關於美好生活的許多哲學的否定。大多數西方哲學家和宗教家都認為，要想成為一個十全十美的人就要控制並壓抑低級的、動物的生物本性。

但人本主義心理學家的自發性理論卻與此不同，它意味著一種深刻不同的圖式（範型例證，例外則是外周例）。在這種理論中，最基本的衝動本身不被看作必然邪惡或危險的，而它所表現和滿足的問題從根本上說是策略問題，而不是是與非或善與惡的問題。對需求的表現和需求的滿足進行「控制」現在已變成怎樣實現最佳滿足，何時、何地及以何種方式滿足。此種「太陽神式」的控制並不認為需求本身有什麼問題。

眼光放得更長遠一點，任何認為需求有問題的環境或文化，甚至把性、饑餓、愛、自尊等等作為一種永恆的倫理問題看待的觀點，都可以被推斷為是一種「不良」的社會。

由此得出的結論是：「控制」對於人本主義者可以有一個不同的意義——與衝動共同而不是相互排斥。這種含意使我們能夠說，自我認知的目的更接近我們稱之為自由的東西，而不是更接近壓抑性的自我控制。

可預測性也是如此。這似乎也在定義上經歷著很大的改變，只要應用在關於自己或關於人的知識上。這一點便可以進行實證研究，如對治療後人的研究，對人的豐滿人性的時刻的研究等等。

一般而言，「可預測的」用來表示「可被科學家預測的」，且帶有「受科學家控制」的涵義。有趣的是，當我能預言一個人在某種環境下會怎樣時，這個人卻往往反對我準確的預言感。不知什麼緣故他總認為這暗含著對他不夠尊重的意思，總覺得他不是他自己的主人，他不能主宰自己，他不過

是一件東西。他的感覺往往是受人支配、控制、哄騙的。

對於這種反應，我曾經注意觀察過，結果是，他故意地顛覆這種預測僅僅是為了重新肯定他的不可預測性，以及他的自主和自我管理能力。例如，有一個 10 歲的女孩，她是有名的好孩子，平常總是守規矩而且盡職盡責，有一次卻出人意料地破壞了課堂紀律，把薯條當作筆記本交出來。後來了解到，她的這種做法僅僅是因為每個人都把她的善行看成是理所當然的。

又如一個年輕的男子，聽他的未婚妻說他的活動總是有秩序的，因而她總是能夠期待他做些什麼，於是便故意做一些出乎她預料的事。至於他為什麼會覺得她的說法帶有侮辱他的意思卻很難說清楚。成為可預測的通常是嚴重病態的標誌。戈德斯坦的腦傷士兵能夠很容易地受醫生擺布，他們對某些刺激總是能夠做出可預測的反應，這個例子告訴我們：受刺激制約也意味著可預測和可控制。

但是我們也常常用這個詞表示褒意：他在緊急情況時總是可信賴的；他往往能轉危為安；我願以生命擔保他的誠實。我們似乎希望在人格的基本結構方面有連續性，但並不指望一切細節的一成不變。

可預測性的目的變得更為複雜，除非我們根本不考慮自我認知的問題。我想可以做出這樣的類比：自知既能減輕來自個人外部的控制，也能增進來自個人內部的控制；也就是說，減少「他人決定」，而增多「自我決定」。當自知增進時，自我可預測性也隨之增強，至少在涉及重要的和基本的問題時是如此。這也就意味著在許多方面不容易被他人所預測。

再指出一點，也就是討論我們所知的最高水準，即存在水準的預測、控制和理解的概念。在最高層次上，存在價值已被吸收到自我之中。這已變成自我的規定性特徵。真、公正、善、美、秩序、統一、全面等等，現已變成超越性需求，也正是因為這點，自私和不自私、個人的需求和非個人的必需之間的分歧完全被超越了。

　　自由現已變成了擁抱和熱愛個人自我命運的自由，這種自由當然至少有一部分是決定於對個人是怎樣的人，對真正自我的發現和理解，決定於對自我的熱切順依。這就是隨真正自我控制，自由選擇由它決定，因此這也是超越「自由與決定論」、「自由與控制」或「理解作為一種目的與預測、控製作為目的」之間的各種分歧。

　　事實上，這些概念的含義在一定意義上已經開始走向協調、融合，只不過其融合方式還有待於進一步研究。總之，有一件事已經很明確，是關於「預測」和「控制」的簡單化概念，雖然完全適合牛頓關於科學的「撞球」（運動中的物質）概念，但當我們上升到科學的人本主義和超人本主義層次時，這些簡單化的概念變顯得有點過時了。

突破經驗世界的防禦

　　文字、書本和概念並不能完全充當日常生活的解說員。對於一個天生就雙目失明的人來說，我們絕對無法描繪我們親眼目睹的一切。只有游泳者才知道游泳的樂趣，非游泳者即使看了幾百本書也不可能對游泳有真正的理解。精神變態者絕不會知道愛的歡樂。年輕人只有自己成為父母時才會充分體會和理解父母的苦心，然後很有感觸地說：「我過去怎麼那麼不懂事。」我的牙痛感覺和你的牙痛不同。諸如此類。也許更好的說法是，一切生活首先都必須透過經驗達到認知。沒有什麼能替代經驗的東西，一點也沒有。

　　經驗的世界可以用兩種語言描述，一種是主觀的、現象學的；另一種是客觀的、「樸素論的」。每一種都是可以接近日常生活的語言，但兩者都無法充分說明生活；每一種都有它的效用，兩者都是必需的。心理治療家早已懂得如何區分這兩種語言，並且還會根據不同情況加以利用。例如，在分析人際關係時，他們試圖教患者說，「在你的面前我不知怎麼總覺得自己矮人

一截」，不帶有譴責或向對方投射惱怒之意，而不說「你不喜歡我」、「你認為你比我強」、「別想支配我」，或「你為什麼以愚弄我為樂」；即他們教患者在自身內部體驗自己的情感，而不是自動機械地向外部投射情感，像大多數人所做的那樣。

交流和認知的一切其他附件，即言詞、標籤、象徵、理論、公式、科學，只有在人們有了豐富的經驗和認知以後才有效用。認知領域中最基本的是經歷的知識。所有的一切正如銀行和銀行家，或者是會計系統、支票、紙幣，這些東西全都是無效用的，除非有現金可供兌換、運籌、積蓄和調用。

要想使這一真理擴大範圍，突破原有的界限，這是一件很容易的事。例如，雖然無法向先天盲人描述紅色，但這並不表明文字是無用的。當與那些已有某些經驗的人交往時，文字是傳遞和分享情感的極佳方法。戒酒者協會、戒賭者協會、辛那儂，和其他此類型組織中的人已證明兩點：

，在缺乏經驗時，文字之間的交流顯得很無用；第二，在共有某一經驗的人之間，文字交流卻十分有效。女兒只有等到她們自己生孩子的時候，才能「理解」她們的母親，以至於和母親建立充分的親情。更誇張一點來說：在組織和整理經驗的重負和超驗的世界時，文字和概念是絕對必需的，超驗的世界是經驗向我們通報的。

除此之外，如果再加上初級過程的整個世界，加上無意識和前意識，加上隱喻交流和非言語交流，如在兩個舞伴之間，我們便得到一個更豐富的畫面，它說明，經驗的知識是必要的，但還不是一切，是不充分的。因此，我們要盡可能避免經驗知識和概念知識的分割與對立。在我看來，經驗知識先於言語、概念知識，但兩者在層次上是融合在一起，並且是相互需要的。沒有人勇於在任何一種認知活動中過於獨特。研究顯示，保留心靈的科學比排除經驗資料的科學更強而有力。

很顯然，我的這種看法根本不會以任何方式與「微觀的」行為主義相對

立，後者是關於知識可靠水準的學說，認為公眾的知識在許多方面理所當然都比個人的和主觀的知識更值得信賴，並更恆久不變。心理學家們對於純粹內省主義的缺陷已經太熟悉了。

我們對於有妨礙認知真理的幻覺、妄想、錯覺、否認、壓抑和其他防禦方法都相當了解。由於你沒有我的壓抑和錯覺，那麼，對我的主觀經驗和你的經驗進行比較，就成為一種易行而顯然有效濾除我內心防禦因素的歪曲影響的方法。你可以把這稱為最簡便的一種真實驗證。這是向核對知識邁出的第一步──弄清它確實是共同具有的，而不是一種幻覺。

這也是我提出以下兩種觀點的原因所在，我認為，首先，心理學問題大都確實可以並應該從現象學開始，而不是從客觀的、實驗的、行為實驗室技術開始；其次，我們必須從現象學的開端繼續迫進到客觀的、實驗的行為實驗室方法。我總覺得，這是一條正規的、通常的途徑，即從一個較不可靠的開端上升到一個更可靠的知識水準。

例如，若從一開始就用物理學的方法進行科學研究會變得太瑣細，對僅僅略知一二的事太苛求，就像探索一個大陸用一支鑷子和一個放大鏡一樣。但如果局限於現象學方法也是不可取的，那會變得滿足於較低程度的確定性和可靠性，而不是力爭上升到實際上可以達到的較高一級的水準。

優秀認知者的認知途徑

很多年來，在認知活動之前，臨床和實驗心理學首先把成為優秀認知者的問題提到研究工作的中心地位。不僅種種心理病態，而且較「正常的」未滿足的需求、深藏的畏懼「正常」或一般人格特有的防禦方法，都會有歪曲認知的力量，這種歪曲作用遠比 20 世紀前人類所能設想的要大得多。

在我看來，我們已經從臨床和人格學的經驗中了解到：心理健康的改善

第二章　認知與創造的整合

能使人成為更好的認知者，甚至更優秀的科學家；達到改善的和豐滿的人性或健康的一條很好的途徑是自知，對自己的深刻了解和誠實態度。

總之，無論是在邏輯學上還是在心理學上，誠實地了解自己都先於了解外部世界，經驗的知識先於旁觀的知識。假如你要觀察世界，那麼，首先你應該盡可能使你自己成為一個優秀的觀察家。這裡的意義可以理解為：使你自己成為一個好的認知工具；要把你自己理解得清清楚楚，就像你會選擇最適合你觀察的顯微鏡一樣；要盡你的可最大能變得無畏、誠實、認真和自我超越。

正由於大多數人（或科學家）不能盡力做到無畏、自我超越、無私、誠實或獻身於事業，所以大多數人不能成為勝任的認知者，像他們本來能夠做到的那樣。

我在此再提一個問題：所有上述的一切對科學家的教育和對非科學家的科學教育意味著什麼？甚至這一問題的提出已足夠使我們對於常規的科學教育產生懷疑。

我們的論述必須深入下去。我們不能就此止步。成為誠實的、認真的、正派的人，這當然非常好。否則，除此之外又該怎麼辦呢？誠實認真並不等於知識，並不比一架潔淨的顯微鏡更多些什麼。儘管要成為一位優秀的科學家，先決條件和必要條件的確是要誠實，但也有必要變成有熟練的技巧，非常勝任，懂專業，有知識，博學。健康固然是必要的，但對於理想中的認知者和工作者並不是充分的條件。

以上我所說的這些，主要意圖是強調：只有經驗的知識是不夠的，只有自我認知和自我改善也是不夠的。認知世界並成為勝任的認知者這一任務仍然沒有完成，因此，累積和整理周圍知識的任務，即旁觀的知識，非人格的知識，也沒有完成。

我已再次用層次的整合取代兩極的對立。這兩類知識是互相需要的，在良好的條件下可以並應該彼此密切結合起來。因此，我也希望得到理解。

經驗的某些性質和特徵

下面所介紹的禪宗佛教徒、一般語義學家和現象學家所描述的那種最充分和最豐富的經驗的特徵都來自於我自己的高峰經驗及研究。

優秀的體驗者變得「完全沉迷於現在」，這是西爾維亞‧阿希頓‧瓦爾納的美妙說法。這時，他忘掉了他的過去和未來而完全生活在此時此地的經驗中，他「全心全意地」淹沒、集中、陶醉於現在。這時，自我意識喪失。

這種經驗是沒有時間、沒有地點、沒有社會、沒有歷史的。在具有充分經驗的條件下，體驗著的人和經驗的對象之間出現一種融合，兩者融合在一起了。這很難用文字說明，但我仍將力圖說明如下。

體驗者開始變得像孩子一樣，更天真，更不加思考地接受。在最純的一極，他完全裸露在情境中，直來直去，沒有任何種類的期待或煩惱，沒有「應該」或「必需」，不濾除任何經驗，沒有任何關於經驗應該如何或什麼是正常的、正確的、適當的、不錯的等等考慮。天真的孩子接受發生的一切，沒有驚訝、震動、惱怒或拒絕，也沒有任何要「改善」的衝動。充分的經驗會淹沒「無助的」、無意願的、愕然的和無私而興趣盎然的體驗者。

重要與不重要對立的終止是充分經驗的非常重要的一個方面。理想地看，經驗不能被構築成相對重要或不重要的面貌，也沒有中心或外周、本質或擴展的區分。在良好的例證中，畏懼消失了，隨後一切其他個人或自私的考慮也消失了。體驗者這時是無防禦的。因此經驗無遮攔地向他衝來。這時，努力、意願、緊張趨於消失原因是經驗到來了，但不是被動的到來。接著，批評、編排、證件或通行證的核驗、懷疑、選擇和排斥，評價——所有這一切都趨於消退，或在理想的情況下趨於暫時消失，或推遲。這就如同接受、承認，被動地受到經驗的誘惑或強迫襲擊，信賴經驗，任它發生，沒有意圖，不干預，順從。總之，這一切的總和就等於把我們最為之自豪的理

性，我們的言詞，我們的分析，我們進行解剖、分類、定義、邏輯推論的能力等等一切特徵置於一旁。所有這些過程都推遲了。這些過程沒人達到怎樣的程度，體驗活動也不「充分」到怎樣的地步。這種類型的體驗活動更接近佛洛伊德的初始過程而不是他的次級過程。在這樣的意義上它是非理性的，雖然它絕非反理性的。

　　經驗和理性的咬合方式簡單例證之一見於「開動腦筋」的方法，讓一瘋狂的、行性的念頭通通湧現，批評延遲到後一階段。非常相似的是精神分析的初始律。患者被告知不要對他的自由聯想進行選擇或編排，任隨它們湧現於意識並脫口而出，在這之後，它們才能接受審查、討論和批評。這是一個治療方法的例證，即把體驗活動作為一種認知工具，用來發現部分真相，那是用其他方法不能發現的。

清除人性哲學弊端的做法

　　傳統科學應用於心理學的一個弊端是，它所知道的最好方法是把人作為客體來研究，而我們所需要的卻在於完全可以把人作為主體研究。

　　我們可以把自己的和我們自己主觀過程的一個被動的旁觀者看成是一個看電影的人。某件事在我們面前發生了，但絕不是由於我們的原因使它發生的。我們沒有要它發生的感覺，我們僅僅處於觀察的位置。

　　然而，成為一個主動的主體或主動者則全然不同。我們被牽連在內，我們在嘗試、在力爭，我們做出努力，弄得疲勞不堪，我們可能成功也可能失敗，有時覺得強而有力，有時又覺得軟弱，例如，當我們試圖回想、理解、解決一個問題，以及有意要想起一個形象時，就是如此。

　　這就是意志活動的經驗，成為負責的、成為最初的推動者，成為能幹的，成為自身的主宰，自我決定的而不是他決定的、他因的、無助的、依附

的、被動的、軟弱的、無能的、被隨意支使的、被控制的或被操縱的等等。顯然，有些人並沒有意識到有這樣的經驗，或者只有這樣的微弱經驗，雖然我相信有可能經過教育使普通人也感覺到有這樣的經驗。

不管有多麼大的困難，我都必須克服它做到這樣。否則，我們將無法理解那些被稱為個性化、真實自我、自我實現和自我同一的種種概念。而且，我們也將無法在意志、自發性、充分發揮作用、負責精神、自尊，以及自信等方面有任何進展。總之，對作為主動主體的人的強調，使人作為開創者、發展者、行動的中心、做事的而不是被做的等等形象成為可能。

似乎各種形態的行為主義都是要堅持製造一種無助的人的這種被動的形象 —— 一個對他自身命運沒有什麼發言權、無法決定任何事情的人。或者正是這一終極的哲學結論，使一切這樣的心理學完全不能為那麼多的人所接受，因為它們沒有注意到豐富的不可否認的經驗。

在這裡要指出的是一種不恰當的、無益的比喻，就是說，科學知識和常識往往是對立的，例如，太陽圍繞地球轉的說法已被科學所推翻，這並不是有效的類比。我也有一個比喻：主動的主體的極其重要的經驗被全盤否認或被化為刺激與反應或當作「不科學」而推在一旁，這取決於客觀主義概括範圍的大小，這可以類比為或者否認太陽的存在，或者堅持太陽實際是什麼別的東西，或者否認太陽可以作為研究對象。

如果擁護實證論和行為論的人不那麼經常如此 —— 武斷一切、太教條化、太一元化、太絕對，那麼，這許多的錯誤將不會發生，至少可以避免。客觀的、可預測的、可記錄的、可重複的運動或反應往往是比主觀觀察更可靠、更可信的知識形態，我從不懷疑這一點。我也絕不會懷疑，作為一種策略，沿著這一方向前進往往是恰當的，任何一個人都有權做出這樣的選擇。

傳統上，我們只能把焦慮、沮喪或快樂大都作為個人經驗和口頭報告來研究。但這是因為我們還沒有任何更好的研究方法。某一天，當我們發現有

第二章　認知與創造的整合

一種可以從外部公開進行觀察和測度的焦慮或快樂的相關物，如溫度計或氣壓計那樣的東西時，那麼這某一天就將是心理學新時代的開始。我不僅認為這是可企求的而且是可能的，我也曾沿著這一方向推進。這等於把認知分割成等級，可靠程度有高有低，形成一種知識等級系統，類似一種同樣必需的，關於「科學發展階段或水準」的想法。

有人曾以一種並非有意取笑的方式說到一本著作，稱之為「對知之甚少的女子性慾這一困難問題的一種率直、大膽而又極其精密的研究」。這裡所用的「知之」一詞就一種特殊的意義說，難道不是十分清楚的嗎？這是一種選定的意義但並非僅有的可能選擇。在經驗的意義上，很難設想有什麼事物比女子性慾「知之」更多的了。

難道有任何現象能喚起更多的好奇、思考、推論、審慎而心愛的研究和個人的注意嗎？如果沒有個人體驗發生，難道任何文字的描述還能有多大用處嗎？可是，這同一個例子不是也極美妙地表明，不僅經驗的知識優先於抽象的知識，而且僅有經驗知識又可能受到怎樣的局限。假如它指的是共有的、公開的、有結構、有組織的知識，那麼這一說法就是正確的。的確，很少有什麼關於女子性慾的「詳盡科學知識」，雖然本來這並不是很難做到的。

自我心理學 —— 以人為本的研究法和以問題為中心的研究方向以及一種研究經驗的心理學，是十分吻合的。可以這樣說，它是科學中的一種開放政策而不是關門政策；一種寬容的多元論，而不是一種「真經」，可以提出任何疑問，任何問題。它一旦提出，你就可以由此前進，盡你的最大能力回答問題、解決問題，而毋須讓自己受任何概念的或方法論的虔誠所阻撓，不敢違禁以致限制了你的智慧的發揮，減損了你追求的能量。

在這樣的時刻，我們幾乎可以說，沒有什麼規則，至少沒有任何先定的規則。方法應該依照需求創造出來，任何可能成為有效用或必需的定義和概

念的啟發式框架也應如此。唯一的要求是盡你最大的可能在當時和在一定的環境條件下研究有關的問題 —— 科學的方法，只要它是一種方法，就不會是一個人運用他的智慧拚命做，沒有任何阻攔地做下去。

當然，我不會操心對一切未來問題提出如何設法解決的訓條，我也不會對那種教條式的科學家表示多大的敬意，這樣的科學家實際上是認為對他的爸爸非常好的東西對於他也一定非常好。

我的意思是說，只要科學家願意，他是可以選擇傳統科學的有限目的和抱負，這是自由的。有些人不喜歡在薄冰上滑行。那為什麼他們不該按照他們的喜好行動呢？如果所有的科學家都偏愛同一個問題，同一種方法，同一種哲學，那將是對科學的一個重大打擊，正如人人都愛演奏黑管對樂隊是致命一擊一樣。

顯然，科學是一種合作的事業，是勞動的分工，任何個人都不可能對全部科學事業負責，愛因斯坦也做不到這一點。問題不在這裡，而在於把個人偏愛當作一種信仰和形而上學的傾向，把這些偏愛抬高為對人人都適用的法則。是那種堅持要得出關於知識、關於真理、因而也關於人性的蕩滌一切的哲學思想的做法才造成了弊端。

我在很久以前就發現這是一個難題，當時我曾試圖和一位婦女爭辯，她完全以吃巴西胡桃和蔬菜為生。結果一切辯論都毫無用處，因為她斷定是我對胡桃和蔬菜有「偏見」。或者，為說明同樣的問題，我們可以體會一位男子的困惑心情，他的母親送給他兩條領帶作為生日禮物，為了讓母親高興，他繫上其中一條領帶，而得到的卻是這樣的質問：「你為什麼討厭另一條？」

來自辛那儂的啟迪

對知識的歸納總結，並不能證明完全確定，它只能產生較高的主觀和客觀的或然性。但經驗知識可以在真正的意義上成為確定的，甚至可以是唯一的確定性，正如許多的哲學家都曾設想過的那樣（這裡暫且不談數學確定性問題）。無論如何，它對於心理治療專家是真實的並且常常是確定無疑的。

顯然，對於這種觀點是具有商討價值的，但在很大程度上要看特定詞的特定含意。可是這裡應該有可能轉達這些說法所涉及的某些操作意義，它們對於多數有臨床經驗的心理學家、精神病學家、治療專家和人格學家是無可置疑的。假如這些意義能夠弄清楚，那將有助於人格科學家和非人格科學家之間理解的增進。

能夠提供一些例證的就要數辛那儂、戒酒者協會、「街道工作者」和其他類似集體的操作方式。這些亞文化群進行工作所依據的原理是：只有已經被治癒的吸毒者或酗酒者，才能充分理解另一位吸毒者或酗酒者，並與他交往，幫助和治癒他。只有真知者才能被有癮者所接受。有癮者只讓自己被有癮者了解。而且，只有有癮者才能滿懷熱忱地治療。

有癮者是否一切治療都是自我治療？是否他們想繼續治療自己？他們需要這樣做嗎？這可不可以算是一種自愛和自我寬恕的方式？一種擁抱過去並消化它，使它轉化為好事的方式？這難道不是在提示我們，其他幫助活動，如心理治療、教育、父母教養等等也可以在這一範式的啟發下從某種單一的角度來看待嗎？而這一可能性不是又向我們提出一個重大問題嗎？即：任何個人的和人與人之間的認知在很多程度上是一種認同的認知，即一種自我認知？觀點的效用如何？任何別的人都不會那麼喜歡他們，理解他們。正如他們自己說的：只有從同一個磨房裡出來的人才能真正了解裡面的一切。」

有相同的經驗與從內部理解它的主要後果之一，就是有治癒的信心和技

術的提高。它使知識的終極體驗之一成為可能，即承受有益於治療的痛苦的能力，沒有畏懼、沒有內疚、沒有內心的衝突和矛盾。我曾經指出，對於應該與需要的知覺是關於知識的真確性有明確感受的一種內在結果，而堅決的態度和確信的行動，如果需要還有無情與頑強，則是蘇格拉底式的一種「應該感」所導致的。蘇格拉底教導說，終極的惡行只能來自無知。

我在此則提出，善行需要良知作為一種先決條件，它或許也是良知的必然後果。那就是說，有效率的、成功的、勝任的、堅決的、嚴格的、強而有力的、沒有心理矛盾的行動來自對知識的確信，並來自這樣的事實 —— 對知識的某些確信只能源於經驗。

正是這一類行動，或許也只有這一類行動，才能真正幫助有癮者，因為他們的生活方式往往依賴「愚弄」他人，依賴虛偽的眼淚和許諾，依賴引誘和迎合，換上假面孔，以此騙人並因而瞧不起受騙的人。只有其他知曉其中原理的有癮者，才不會上當受騙。

我曾經看到他們輕蔑地、粗魯地、惹人厭地剝去這一層假面孔，這種迄今一直得逞的謊言和許諾，成功的防禦方法，曾經那麼發揮作用的欺詐術。有過親身經歷的人嘲笑那些沒有親身經歷過的旁觀者的動人和辛酸的眼淚，但很快就被揭穿是假冒的、脆弱的、狡詐的。而且這仍是唯一發揮作用的方法。這種似乎粗暴的方式在實際應用上是「需要的」。它因而在根本上是同情的而不是施虐的。它是真正的親愛，遠勝過那種缺少嚴厲的做法，後者曾被錯誤地標榜為有感慨，而實際上是在鼓勵有癮者，「支持他的習慣」而不是使他變得足夠堅強而改過自新。

在這一亞文化社會中，對於社會工作者、精神病學家和其他「專家」的輕蔑是很深的。有一種對於只認書本知識和有學位的人以及有證件表明有知識而實際上無知的人的完全不信任、厭惡，有時甚至是懼怕。這本身或許是一個有助於維持這一「世界」的強大動力因素。

第二章　認知與創造的整合

在這一領域中，很顯然，經驗知識與旁觀知識是不同的，而且是相互對立的，後者可以明顯看出很少有什麼效用。由於這一不同造成了差異，因而這種不同已證明為真。

如果，這種經驗可以提供或者使我收穫另一種知識，那麼，我願意強調精神病的問題。就我所知，辛那儂式的治療治癒了許多有癮者。事實上，我們的全部醫院、醫生、警察、監獄、精神病學家和社會工作者幾乎沒有治好任何人，不過，這一無效的，或許比無用更壞的組織機構卻得到了整個社會和各行各業的全面支持，並且浪費了大量的錢財。就我這個外行的觀察者所了解，有效的方法實際上不但得不到一點錢，還得不到政府的支持。

確實如此，它是被政府所忽視的，或受到各行業反對的，受到政府和各基金會反對的。先時的吸毒上癮者通常大都沒有學位，沒有受過專業訓練，原因是很明瞭的，因而他們也沒有在習俗的社會上取得一定的「身分」和「地位」。他們不能得到職位、金錢或支持，儘管事實表明，他們是可以作為唯一有實效的醫師的。

類似的情況在社會中存在很多，兩個最為典型的例子是吸毒和酗酒。但也已經發現，在許多情境中，最好是黑人和黑人、印第安人和印第安人、猶太人和猶太人、天主教徒和天主教徒打交道。可以這樣推論到很廣泛的範圍，雖然在推廣過程中有時會越來越稀釋，如女人和女人、孤兒和孤兒、大腦麻痺者和大腦麻痺者、同性戀者和同性戀者等等。

在傳統的習俗中，實際的成功似乎並不能作為「正規專業或科學的訓練」，雖然後者可能是無實效的。「治療學」的六種學分及格證要比實際治療經驗更有份量。我能列出很多的這樣的例證，說明在表徵和實績、地圖和地域、獎章和英雄、學位和博學等等之間的混淆。普通語義學文獻中講述了大量這樣的混淆。請想一想，在一門研究婚姻問題的課程中，要得到 A 有多麼輕而易舉，而要實現一種美滿的婚姻又是多麼艱難。

　　這一類情況也大量存在於科學領域中。經驗知識在許多領域中充分發揮作用，甚至是必需的條件，而旁觀知識只能在經驗知識的基礎上才能發揮有益的作用，但絕不可能替代經驗知識。

　　我們在辛那儂的故事中能得到的認知是，官僚化的科學是極端愚蠢可笑的。我們可以清楚地看到，真理的某些部分可能不得不標明為「不科學的」，因為這些部分的真理之所以為真，僅僅因為它們是由持有合格證書和穿制服的「真理收集家」，按照傳統批准方法或儀式採摘的。

　　難道學位證書持有者、哲學博士、醫學博士、專家是唯一的聰明人？難道只有這些人才有知識，才有卓見，才能發現問題，才能治好病嗎？難道必須有某位主教用他自己的手撫摸一下才能進入神聖的殿堂，才能得到寬恕嗎？在那麼多的部門都要以學位作為審評工作的先決條件是正確且發揮作用的嗎？為什麼不尋求實際有效而適合的教育、知識、技術、能力？課堂真是唯一能得到教育的地方或最好場所嗎？一切知識都能由言詞傳達嗎？我們能把知識全都寫在書中，寫在課程講義中嗎？知識能否總是用書寫來測量？任何母親是否都必須聽從任何兒童心理學家的勸告？牧師是否都能掌握全部宗教經驗？一個人在寫詩以前是否必須得上「創作入門」、「中級創作教程」和「高級創作教程」的課？在挑選生活居室時，是否持有熟練的專業文憑的選擇會比我自己的選擇更使我滿意？這些問題很值得深思。

　　我們必須保持注意並警惕官僚制度化的危險，警惕政治組織機構和教會的危險，我們才可能看清他們存在的必要性。只有我們牢記技術專家能很容易地變成方法專家而忘掉目標，我們才能恰當地使用他並避免「專家統治」的危險。曾有人給技術下了一個定義，說它是「安排世界的一種竅門」，我們不一定非要親自體驗世界不可。

使人失明的經驗先天性

　　現在，讓我們換一種角度來理解這些問題，也就是用藝術測驗來說明。這個測試是我的妻子和我制定的，可以用於測試整體知覺和直覺，測試領會藝術風格的能力。我們的測試結論之一是：「藝術知識」，如藝術專科生、專業藝術工作者等等的知識，既有利於測試成績，又會為測試成績帶來負面影響。領會「風格」的較好方法不是分析或解剖它，而是要使自己成為承受的、整體領會的、直覺領會的。例如，現在已有一些證據表明，迅速的反應往往比長時間的、審慎的、細緻的研究更成功。

　　我將稱之為「經驗的先天性」──對整體性特質的整體知覺所必需的先決條件，它是一種意願和一種能力，毋須其他「認知」方式輔助而直接體驗。它意味著把我們的一切常規化傾向都拋在一邊，不以認知取代感知，不把對象肢解成元素，不還原分裂。概括來說，一種整體性特質是某種瀰漫全體的東西，分解就意味著喪失。

　　由此可得出的結論，那些僅在分析學、原子論、分類學是或歷史學意義上「懂得」藝術的人，領會和欣賞能力較差。而我們必須承認，僅僅分析型的教育實際上可能會削弱原有的直覺。

　　或許，傳統數學「教育」是一個更好的例子，它在矇蔽兒童的眼睛，因而使他們在看不到數學的美妙方面做得更加成功。在每一種知識領域都存在「盲目認知者」，植物學家看不見花的美、兒童心理學家使兒童在恐懼中逃避、圖書館管理員不願讓書被借出、文藝批評家以高傲態度對待詩人、盲目的教師為他的學生毀掉了自己的學科等等。

　　有些哲學博士是「持有證書的合格人」和鬱鬱寡歡的並無真才實學者，他們發表文章只是為了避免默默無聞。在一次舞會上，一個女孩與另一個女孩悄悄地議論這樣的博士說：「他不是有趣的人，他除了他的論據以外什麼

也不懂。」

　　一些藝術家、詩人、「歇斯底里式的」人，尊重並崇尚感受、情感、直覺和衝動；而一些宗教人士和一些更神祕的人物往往就此止步，他們可能排斥知識、教育、科學和智慧，認為這些人是本能感受、先天直覺、自然虔誠、純樸明晰的毀滅者。我認為，這種反理智的猜忌傾向的發展遠比我們了解的發展更深，甚至在知識分子中也是如此。例如，我認為在文化中這是構成男人和女人之間深深不理解的根源之一。而歷史已經表明，它能夠爆發為可怕的政治哲學。

　　對於這些攻擊來說，由於它們之中有很大一部分真理和正義存在，因此，傳統的、分析的、機械化的科學對它們才沒有行之有效的防禦措施。但更廣泛的科學概念能迎接並回答這些疑難問題，這樣的科學包括單獨的、經驗的、道家的、統一的、整體論的、個人的、超越的、終極的等等知識在內。

　　此項藝術測試還能提供給我們一個真實的例證。如果更審慎的研究將進一步證實我們強烈的第一印象，那麼似乎也很明瞭的是另一些人 —— 他們領會風格的明晰、直覺和能力可透過教育和知識得到改善和擴展；他們能以這樣或那樣的方式使普遍的、抽象的、合法則的言語知識影響他們對個人情境的體驗；他們的知識有助於他們的領會並使他們的領悟更豐滿、更繁複、更具有深度。

　　在至極的情況下，知識能增強對現實的甚至超越方面的體驗，增強神聖而純潔的、神祕的、出乎意料的、激發敬畏心的、終極的方面，甚至神聖感，許多人認為只能伴隨質樸和天真而來，我們現在發現它更可能由老練和知識、至少是由於我所說的那種更廣泛的知識激發出來。要強調的是：這個意見或假設或猜測是從我對自我實現者和心理治療效應的研究推斷的，而不是從藝術測驗得出。

　　正是賢明的哲學家，在他們身上，智慧、善良、明晰和博學變成了統一

體，正是他們設法保留住了「經驗的純真」、「創造的態度」，這種赤子般的、以新奇眼光看待一切的能力，沒有預先的期待或要求，事前不知道他們將看到的是什麼。我曾試圖了解這種情況如何發生，以及為何發生，但這種把抽象知識轉化為更豐富的經驗的能力仍然是一個謎，因而顯然還是一個有待研究的課題。知識在什麼情況下發揮隱藏作用，又在什麼情況下才發揮揭示作用？這則是更廣闊的問題。

優先於抽象知識的經驗「證明」

在經驗範圍內，經驗付與了「證明」怎樣的含義？我又該如何向某人證明，我是在生動地體驗著，例如，我被深深感動了，而這又怎麼能在這個詞的通常外部的意義上得到「證實」？例如我是在真誠而又生動地體驗著，這對於我顯然便是確實的。但怎麼向另一個人證明這一點？有某種共享的外部事物讓我們雙方能同時指出的嗎？如何說明它、傳達它、測定它、使它言語化？

這裡有特殊的困難 —— 許多人曾稱經驗是不可名狀的、無法傳達的、無法用文字表示的，是科學家無法處理的。但這些困難通常是抽象世界造成的，而不是經驗世界的產物。某種類型和一定程度的傳達是可能的，但這和化學家之間存在的是不同類型的傳達。抽象的、文字的、不含糊的傳達對於某些意圖而言，可能不如隱喻的、詩意的、美學的、始發過程的技術更有效。

抽象認知和理論認知的整合

我在前面已闡述了經驗知識的價值、必需以及相對於抽象知識的優先權，接下來，我要討論抽象知識的價值、美和必需。不過，我的總論點已經很明確：只有那種二歧化的、孤立的抽象知識才那麼危險，我指的是那種和

經驗對立的、分割開的而不是建立在經驗之上並與之相結合的抽象和體系。可以這樣說，與經驗知識分割開的抽象知識是虛假而又危險的。不過，對於人的生活來說，建立在經驗知識之上並與之在層次上相整合的抽象知識才是一種有益的必需。

對經驗的整理、解釋和進行格式塔般的層次安排，是抽象的開端，這使經驗有可能由受到局限的人類所概括、把握，但不致被經驗所淹沒。我們直接的記憶廣度是七或八或大約這個數目的分離物體，同樣，我們也知道，六或七或八組分離物體也有可能在一次直接的知覺中被感知和概括。這也是我能想到的對許多物體進行整體層次概括的最簡單例證。使這些編組包容面越來越廣闊，最後便有可能使一個人 —— 儘管他受到很大局限 —— 在單獨一次統一的知覺中感受整個世界。

與此形成對照的是，全然無政府，全盤混亂，完全無秩序，或所有這些分離事物中的關係混亂。這在某些方面或許是新生兒所面臨的世界，在另一些方面又像是恐慌的精神分裂者所面臨的世界。

儘管在短時間裡可以視這種生活為一種樂趣，但絕不可能長時間忍受它。這甚至是更真實的，如果我們考慮到實際生活的必需，考慮到必須生存，必須與它打交道，與它交往，那麼一切方法、一切的關係，和一切有關目的和方法的分別領會也可以歸入抽象這一標題。就方法和目的的相對重要性或相對層次的意義上而言，純粹而具體的經驗不會以任何方式區分一種經驗和另一種經驗。我們現實經驗的一切分類都是抽象的，對於相似與不同的一切意識也是如此。

也可以這樣說，對於生活本身和人性最充分和最高的發展而言，抽象都是絕對必需的。自我實現必然隱含著抽象。沒有全套的符號、抽象概念和詞彙，即語言、哲學、世界觀，甚至根本不可能設想人的自我實現。

重要的是，我們不能把對那種和具體相分割的抽象所做的抨擊與對那種

和具體及經驗在層次上結合在一起的抽象的抨擊相混淆。我們在此或許可以想到哲學所處的境地。齊克果（Søren Kierkegaard）和尼采（Friedrich Nietzsche）是兩個主要的例子，他們不是抨擊一般的哲學，而是抨擊那長期以來脫離實際生活經驗基礎的龐大抽象的哲學體系。實際上，存在主義和現象學在很大成分上也是對這些龐大的、文字的、先驗的、抽象的哲學體系的一種反駁。這是一種回歸到生活自身的嘗試，也就是說，如果這些抽象要保持活躍的話，那麼，回歸到一切抽象必須以生活為基礎的具體經驗上。

在這裡，我們有必要區分一下「經驗的概括或理論」和「先驗的概括或理論」。前者僅僅是整合和統一經驗知識的一種努力，使我們能用我們有限的頭腦把握住它。先驗的理論不做這樣的努力。它能完全在一個人自己頭腦的內部編織形成，並能繼續發展而毋須參照經驗知識和無知區域。一般地說，它是作為一種確定性提出的。

實際上，它犯下了一個很大的錯誤，即，否認人的無知。真正的經驗論者或有經驗論頭腦的一般人經常會意識到他知道什麼和不知道什麼，以及他的所知的相對可靠性和不同程度水準。經驗的理論是在真正意義上的謙虛。經典的、抽象的、先驗的理論不需要謙虛，它能成為並往往確實傲慢的。

我們或許也可以這樣說，抽象的理論或抽象的體系變成功能上自立的了，因為它讓自身遠離了本該說明並賦予意義或整合起來的基礎經驗。它繼續前進，過著它自己的生活，作為一種自在的理論，自給自足，有它自己的生命。對照地看，經驗的理論或經驗的體系保持著和經驗事實的關聯，它把這些經驗整合成一個容易駕馭的、可以把握的統一體，並且和這些經驗事實處於密切關聯的狀態。其結果是，它能在新的訊息變得可資利用時轉化、改變並容易修正自身。

那就是說，如果它的意圖是解釋並整合我們關於現實的知識，它就必須是一種變化的東西，而它要適應千變萬化的現實知識，就必須要適應這一不

斷改變和擴展的知識基礎，也必須成為能適應的和靈活變化的。在這裡，有一種理論和事實之間的相互反饋，這種反饋在那種功能上自主的抽象理論或體系中能成為完全缺乏的，因為後者是已經變成自我生成的。

在這裡，我要特別強調的一點，就是戈德斯坦說過的還原到具體和我說過的還原到抽象這兩者之間的不同。我願把這兩種還原和我在自我實現者中的發現做一對比，他們的特徵是既能成為具體的又能成為抽象的。

在一定意義上講，我認為接受經驗的優勢和邏輯上的優先是經驗論自身精神的另一表現形式，科學的開端之一。科學成長的根源之一，是決定不依據信念、信任、邏輯或權威看事物，而是自己去核對和觀察。經驗告訴我們，邏輯或先驗的確定性或亞里斯多德的權威實際上已無法發揮作用。教訓是容易汲取的，首先，在任何其他問題之前，用你自己的眼睛觀察自然，即親自體驗一下。

更好的例子是經驗論的或科學的態度在兒童中的發展。但必須要做到「讓我們自己看一看」或「走過去用你自己的眼睛看一看」。對兒童來說，這和依據信念看問題是對立的，不論這信念是來自爸爸、媽媽，或是來源於老師或書本。這可以用最生硬的說法表示：「不要信賴任何人，用你自己的眼睛觀察吧！」或者也可以用較溫和的說法表示：「核實一下才保險，這總是一個好主意。」

另外，每個人的感知之間通常是有區別的，對於一件事情的看法也各不相同。這就告訴兒童，一個人自己的感知往往構成最後依靠的法庭。假如經驗論態度有什麼意義的話，它的意義至少可以歸結於此。首先，「知識」是在經驗的意義上到來的，然後是對感覺和經驗知識的難免有誤進行核實，然後是抽象、理論，即正統的科學。

實際上，客觀概念本身 —— 需要公開知識使它為公眾共享而不要完全信賴它，直到它至少已被幾個人所接受 —— 可以被看作是一種較複雜的派生

物，應該用你自己的經驗進行核實。之所以如此是因為公眾知識構成至少幾個人對你個人經驗報告的一項經驗核實。假如你進入沙漠並發現某一沒有意料到的礦藏或珍奇的動物，你的經驗知識可能是確實有效的，但你不能期待他人完全相信你，僅憑對你的信念相信你。他們也有權自己看一看，即取得他們自己經驗知識的終極體驗。這正是客觀公開核實的含意 ——「你自己去看看」的延伸。

堅持經驗的理論優先於先驗的理論或體系，並堅持由此而引起的對經驗的理論和事實密切相聯 —— 它把事實連結成一個統一體。於是，這在具有經驗論態度的人和教條主義者之間做出了區分。例如，馬克斯·伊斯特曼（Max Eastman）在他的自傳中認為，他自己和（前）蘇聯知識界人士相比，是一個「平凡的經驗論者」，他把社會主義視為一項假設，一個應該經受檢驗的實驗。也正是因為這些，使得他在（前）蘇聯理論家面前感到不安，覺得有「一種神學氣氛而不是科學氣氛」。

我曾在類似的基礎上提出對宗教機構的批評。由於這些機構大都宣稱是天啟的宗教，即以一位最早的先知所見的完美、終極和絕對真理為依據建設起來的，顯然就沒有什麼可學的了。在這些人眼裡，它已經是完美無缺的，完全不需要開放、核實、實驗，甚至不需要任何的改善。

這是和經驗論態度最尖銳的對照。但在一種很溫和的形式中，它是廣泛的，而且也許我們可以說幾乎是普遍存在於人類大眾中的。我甚至不想把各種專業科學家排除在這一指控之外。經驗論態度本質上是一種謙虛態度，而許多甚至大多數科學家都是不謙虛的，除非是在他們自己選定的專業研究領域內。涉及科學自身的性質時，他們很多人只要出了他們實驗室的大門就很容易像某些神學家那樣負荷著各式各樣先驗的信念和預先的判斷。

我認為，這種謙遜是經驗論態度或科學態度的一個規定性特徵，包括承認自己的無知以及人類一般對許多事物的無知。這樣一種承認的必然結果是使你

大體上願意學習並熱衷於學習。它意味著你對新的資料是開放的而不是閉門不納的；它意味著你能成為天真好奇的而不是全知全能的。很顯然，這一切又意味著你的世界在不斷發展，和那種已知一切的人的靜止世界大不相同。

雖然我已遠離我最初的論點：在知識和科學中為經驗資料找到合適的位置。不過，我認為，為經驗資料找到一個可敬的席位最終會增強經驗論態度，因而也增強科學而不是削弱科學。因為它相信人的智慧沒打必要把任何生活領域關閉在外，所以，它能擴展科學的轄區。

如何科學地體驗存在事物

為了更好地區分「經驗的理論」和「構建的、抽象的理論」，最強而有力的依據是從統一到簡單化的連續系統。可以說經驗理論是對於科學趨向綜合的努力所做的一種表述，這樣的科學同時也對繁複多樣進行整合和分類，使之更能為受到局限的人所理解。它在本質上是一種整理事實資料的努力，而不是說明事實。林奈（Carl Linnaeus）的體系是經典的例證。原初的佛洛伊德體系是另一個這樣的「經驗的理論」。

在我看來，它似乎首先是一種分類學，我們或許可以說幾乎是一種匯列體系，其中一切臨床發現都能找到各自位置。在更寬廣的程度上考慮，抽象或構建的體系不是由它對事實的忠實決定的，而是由它的體系的特性決定的，而經驗理論卻與此相反。在原則上，它不需要和事實發生關係；它可以是一種武斷的構建，例如，非歐幾里德幾何學。在這種意義上的優秀理論很像數學家的精確證明——它盡可能簡明，典範式地向某一簡單方程演變；它像一個優良的邏輯體系，服從它自身制定的法則；它並不需要成為有效的。這種「純」理論往往先於事實出現，像一套服裝為某一幻想的、非現存的物種作為一種遊戲而設計出來，以後卻可能證明對某一別的什麼未料到的目的

有效；或像一種新合成的、為合成而合成的化學藥品，合成以後才尋找它的用途並且找到了用途。

　　一個好的經驗的理論可能是一個邋遢的抽象理論範疇 —— 自相矛盾，錯綜複雜，不連貫，帶有重疊而不是互相排除，其定義不明晰和模稜兩可。把一切事實納入它的轄區是它的首要忠實原則，即使這會弄得面目全非。

　　一個好的抽象的理論強調科學的簡化和淨化功能。換句話說，我們在此也可以看到理論制定領域中科學雙重任務的例子。一方面，它必須描述並接受「事物存在的方式」，實際存在樣式的世界，不論是否可以理解，是否有什麼意義，是否能夠說明。事實必須先於理論。

　　另一方面，它也穩定地向簡單、統一、精緻，向濃縮、簡潔、抽象公式等等逼近，以便說明現實的本質、它的骨架結構，說明它能被還原到的終極態，即還原為地圖、圖解、公式、圖式、方程式、設計圖、抽象、藝術、X光、大綱、綜合、提要、概要、符號、標記、漫畫、草圖、模型、骨架、計畫、略圖、處方。

　　終極地看，好的理論是盡力能做到這兩方面的。或者更確切地說，好的理論家在兩方面都會努力去做，並從兩方面的成功得到滿足，尤其是當兩者能同時到來的時候。

　　對於任何科學的理論而言，具有系統的性質，有經驗的決定因素。這是「好的理論」的特徵。那就是說，好的科學理論不僅力圖成為好的理論，而且也成為真實的，作為對存在物的描述和整合。它是忠實於自然的性質的，並使之更可以被理解，而且是透過簡化和抽象達到理解的。

　　如果我們能充分接受任何科學的理論的這一雙重性，我們就會有少得多的麻煩，並且能更好地理解像精神分析那樣的雛形的經驗的理論。佛洛伊德的體系主要是對許多經驗的描述，它還遠遠不能成為一個「正式的」或精緻的理論。但它還不夠正規或「假設－演繹」這一事態是次要的，更重要的是

它系統而正確地描述出大量臨床的經驗。我們首先應該問它對經驗的描述有多麼準確和真實，而不是有多麼精緻和抽象。

有資格的人士，即有適當的經驗和訓練的人，大都同意佛洛伊德的一套臨床描述大體上是確實的，他收集的「事實資料」大體上是真實的。即使他的某些特定大理論嘗試和構建體系的努力還值得商討或應被拒絕，也不影響他對事實描述的價值。

準確表達事實才是科學家的首要責任，至於它與「好的發生體系」發生衝突的情況，則應毫不猶豫地放棄體系。系統化和理論化應該在事實後面到來。或者，為避免糾纏於事實是什麼的爭論，我們可以說，科學家的首要任務是真實地體驗存在的事物。然而，遺憾的是，這一家喻戶曉的真理卻常常被遺忘在黑暗的角落。

經驗主義和程序化的認知

我經常會在談話中轉向忽然問起我所欣賞的花鳥樹木的名稱，好像我不滿足於欣賞和享受而不得不再進行有關的學術研究似的。對於我愛好分類的怪癖，我的藝術家妻子很反感。的確，往往那個「學術研究」竟取代或完全替換了對「事物存在樣態」的陶醉和沉思之樂。我將這種替代真正領會和體驗的分類過程稱之為「程序化」，它是一種病態，使整合純經驗世界的「正常」或「健康」努力成為病態化的。

希望我的錯誤能使大家獲得一些教益。其實，有時我發現我在畫廊中也有「程序化」的活動，如先看作者姓名牌子而不是先看畫，並又一次不是真正領會而是進行分類，如：「是的！一幅雷諾瓦（Pierre-Auguste Renoir）的畫，非常典型，沒有什麼引人注意的，沒有必要研究它，我已經『熟知』它，沒有什麼新鮮的。下一幅是什麼？」

第二章　認知與創造的整合

　　有一次，當我先看畫 —— 一幅極漂亮的畫時，我真正是在看並真正在欣賞時，我接著又吃驚地發現它竟是出自一個極不出名的作者 —— 甘斯波羅的手筆！我想，假如我先看了作者的名字，我或許不會再看畫本身，因為在我的頭腦裡裝的是先驗的分類和排列系統，我早已判決甘斯波羅不會給我任何樂趣，是不值一顧的。

　　更令我驚奇的一次是，我突然認知到一隻普通的知更鳥竟也是一個極美極神奇的東西，正如一切鳥都那麼美妙一樣，甚至普通的鳥也像罕見的鳥一樣的美。但判別是否普通是經驗本身以外的事，和它自己的本性毫無關係。這樣的判斷卻可以成為打消經驗的一種方式，一種不注意經驗的方式。它能成為一種使我們自己視而不見的方式。任何日落或橡樹或嬰兒或小女孩都是一個怪異的、難以置信的奇蹟，第一次看時或似乎第一次看時或似乎最後一次看時都會有此感受，正像一位優秀藝術家或任何敏感者看時一樣。

　　這種新鮮的和反熟悉化的體驗對於任何人都能很容易地把握，一旦他能聰明地認知到，能生活在一個充滿奇蹟的世界中要比生活在一個排排小屋的世界中更有樂趣，而一個熟悉的奇蹟仍然是一個奇蹟。

　　在這裡，我要告訴普通的認知者和科學認知者一條教訓 —— 不充分的經驗是一種盲目，那是任何想當科學家的人都不能承受的。這種花招不僅會剝奪他許多科學的歡樂，而且有使他變成一個可悲科學家的危險。

　　值得慶幸的是，我透過調察自身程序化傾向得知，我並不需要反對「體驗活動」才能進行「組織與整合活動」，也毋須反對美學才能走科學的道路。我認為，「科學知識」實際上豐富了我的體驗而不是使它貧乏，只要我不用科學知識替代我的體驗。有知識的體驗者往往能成為比無知的體驗者更好的欣賞者，只要我們接受這樣的公式：「首先觀察，然後理解。」我們現在可以再添加一句：「然後再一次觀察。」於是我們將會發現，我們的認知會變得更好，更有樂趣、更豐富、更神祕更可敬畏。

　　總之，無論是何種「真正的體驗活動」，只要它是十分完整的，充滿神奇色彩的，那麼，它就是極其歡樂的。甚至當它使你感到痛苦和悲傷時，它也仍然能給你以「歡樂」。無論如何，和單調的程序化比較，它更富有樂趣。

　　程序化，即對非經驗的東西推來推去，分類排列，是一種淺薄和貧乏的活動，很少帶來快樂或歡娛，除非是低水準的樂趣，充其量它只是一種「寬慰」，而不是一種積極的樂趣。陷入這種「認知」心境不僅是一種盲目症，而且是一種不幸。

原樣意義和抽象意義的認知

　　一般地說，我們這些知識分子、哲學家、科學家認為，「意義」的概念能使混亂的、繁雜的、無意義的許多東西連結起來，相互協同，分門別類，並且整合起來。它是一種格式塔般的、整體化的活動，是一個整體的創造。這一整體及其各個部分於是都具有意義那是各個部分至此所沒有的。把經驗整合成富有意義的型式，也可以這樣理解，經驗本身不具有意義，是整合者創造、施加或賜予意義。

　　這一意義的賜予是一個主動的活動過程而不是承受的，它是認知者賦予認知對象的禮物。換句話說，這一「富有意義」的類型是屬於分類和抽象那一領域，而不屬於經驗範疇。

　　它是經濟的、簡單化傾向的知識和科學的一個方面，而不屬於全盤描述和廣泛綜合的知識和科學。我常常也能意識到這裡有這樣的內涵：它是「人類的創造」，即如果人類滅亡，它的一大部分將會消失。這又引導我把「人為的富有意義」和一種潛伏的蘊含連繫起來，現實、自然、宇宙本來沒有內在的意義，但必須富有意義，如果人不能做到這一點，某位神必須這樣做。

第二章　認知與創造的整合

　　現在，我要強調的是，與這種極度機械論對抗的世界觀可能有兩種方式。一種做法像許多當代藝術家、作曲家、電影編劇家、詩人、劇作家和小說家所做的，甚至有些哲學家也做過，那就是在讓它弄得厭煩和沮喪以後，又過分狂熱地擁抱這一看法，並開始談論生活的荒唐透頂和毫無意義，隨機地繪畫、寫作和譜曲，破除一切富有意義的概念，似乎那只能是陳腐之談，開始談論「任何人類決心的不確定性和武斷性」等等。

　　例如，當一位採訪者向阿蘭‧羅伯－格里耶（Alain Robbe-Grillet）承認他並不完理解他寫的電影劇本《去年在馬倫巴》（*L'année dernière à Marienbad*）時，作者笑著說：「我也一樣。」這肯定不是一個不尋常的反應，絕非如此。我認為，有時「內在」的事，甚至是值得驕傲的一點，即承認在自己的藝術作品中缺乏明確的意義，甚至認為這種提問本身也是老套。放棄或破壞「意義」的這種深思熟慮之舉有時表現為對於權力機構、權威、傳統和習俗的象徵化破壞。有意識地或無意識地，它的企圖是對仿善的抨擊，是為自由、為真誠而發動的進擊，就好像是一個謊言正在被摧毀。這一類型的明顯二歧化活動在層次整合態度面前會很容易地讓路。

　　在他們頭腦裡，意義從根本上說是來自命令，是一種武斷的決定，不是從什麼原則、什麼條件要求出發的，而是意志的一種不能預測的和偶然的動作。當生活變成一系列「偶然發生的事件」時，生活自身是無意義的，也沒有什麼內在的價值。這樣一個人會很容易變成完全懷疑的、虛無的、相對主義的、衝動的，沒有任何是非善惡觀念。概括來講，他變成了一個沒有價值觀的人。

　　假如生命的漿汁不在他的血管裡有力地流動，他將會不斷地談論失望、痛苦，直至自殺。這好像是說：「OK！我必須接受它。生活沒有什麼意義可言。我必須完全依賴我自己的武斷決定。除這些盲目的希望、任性的幻想和衝動以外（這一切只有它們自身感受到的驅動而不可能有任何正當理由的支持），不相信一切或不對任何事物抱有信念。」很顯然，這是我所看到的這

種態度的最極端的形態，但它是這種態度合乎邏輯的結果。

但這一發展完全可以從時代精神的角度來看，作為世紀反叛的一個方面，反對宗教、經濟學、哲學、政治，甚至反對科學的龐大抽象「體系」，它們已變得遠離真正的人類需求和經驗；因而看來很像，往往確實是，盲目偽善和文飾。它可以被看作是杜斯妥也夫斯基（Fyodor Mikhailovich Dostoevsky）和尼采的名言的一種表現，他們說：「假如上帝死了，那麼任何事都許可了。」從另一個角度看，它又可以看作是一切傳統的、非人的價值體系瓦解的結果，這只留下一個轉彎的去處，即進入自身，回到經驗中。這是我們需要意義的一種證明，當我們認為沒有意義的時候，我們會徹底失去生活的勇氣。

從積極的角度考慮，我們可以把這種絕望看成是回歸純粹的經驗，經驗是一切思想的開端。當抽象和體系使我們失望時，我們總要回顧經驗。我們更充分地認知到，許多事實的最終含意不過是它們自身存在的純粹的實現。

人類歷史表明，許多被迫趨向懷疑的人都曾力圖再次變得單純，回到開端；在一個更堅固和更確定的基地上再一次想通一切，在一個騷亂的時代問一問是否有什麼東西可使他們能真正毫無懷疑。這樣的時刻在生活中時有出現，這時修補和改良似乎是無望之舉，而更容易的是移平整個結構並從根基上重新構建。

除此之外，若我們在此基礎上再加增一般人很難抗拒的二歧化的誘惑，即進行非此即彼的選擇，因而不是選擇經驗的原樣 —— 拒絕一切抽象作為內在之敵，就是選擇抽象、法則、一體化 —— 拒絕原樣作為法則之敵，那麼，這兩種極端的觀點又可以看作是二歧化的病態結果。它們可以看作是愚蠢的和不必要的，甚至是孩子般幼稚無能的結果，不能成為綜合的、包容的或成為協同的。

每個人都觀察到，我們可以很容易地同時接受並欣賞原樣和抽象兩者的優點。事實上，對於完美的理智和人性來說，做到對兩者都稱心如意甚至是

必需的。因此，這兩類不同的意義，是互相補充的而不是彼此排斥的。我稱其一為抽象意義，另一為原樣意義，並且指出前者屬於分類和抽象的領域，後者屬於經驗的領域。我寧願選擇這樣的說法而不採取同樣可能的一種說法，說一朵玫瑰花的氣味是無意義的或荒謬的。因為對於多數人而言，這些詞仍然是惹人厭的和規範性的，因而會引起誤解。

無論是在語言中，還是在電影中，或是在詩作中，這兩類意義都不可避免地會引起兩類交流及兩類表達。它們甚至再一次向我們表明，科學有兩項任務：一項是充分承認、接受並欣賞具體的、原始的經驗；另一項是把這些經驗結合起來，找出它們的相似和不同之處，發現它們的規律性和相互關係，構成一些系統，這些系統能用簡單的方式表示出來，並能把許多經驗濃縮在一個公式或定律中，使我們理解起來很容易。

不過，這兩項任務或目標有相互的連繫，分割開來會造成損害，我們不能只擇一方面而排斥另一方面，那樣我們就會出現一個糟糕的局面：一個「還原到具體」，另一個「還原到抽象」。

積極理解和解釋的方法

透過對意義的研究，「理解」、「預測」和「解釋」這一類詞語的涵義更加明確了。「純粹科學的」人用這些詞，和典型直覺的人有所不同。對於前一種人，理解的增進通常來自並等於傾向簡單的運動。它是更一元化的，更接近一致，是複雜和混亂的簡化。「理解」和「解釋」深入複雜現象的背後，使其易於為人所了解。例如，它把高麗菜和國王用某種方式連接起來，而不是任他們各自分離，作為非干預沉思的對象。

對於純粹科學的人來說，「解釋」和「理解」兩者都有簡化的作用，即減少我們必須把握的變量數目 —— 表面的多重現象不如潛伏在現象世界背後的

較簡單的解釋理論那麼「真實」。它是對表面價值的一種否定，也是一種消除神祕的方式。在極端的情況下，他認為，不能解釋的就是不真實或不純正的。

對於經驗豐富的人，可以用另一種類似「原樣意義」的要點加以解釋。理解某一事物也就是體驗這一事物的真相和它的本性。這種經驗，不論對象是一個人或一幅字畫，都能變得更深刻、更豐富、更複雜，但仍能保留在這一對象的範圍內，對於這一對象我們是力圖能有更好的理解的。因此，我們能把經驗的理解和整合的或抽象的理解 —— 一種向簡單、經濟和簡化的主動運動 —— 區分開。

經驗的理解是滿足於停留在經驗的內部，不向外延伸，而用直接的方式鑑賞它、品味它，這與簡化以及濃縮經驗和圖解經驗的活動（或用 X 光、圖式或數學描述經驗）大不相同。這是雕塑家所具有的對黏土或石頭的理解，木匠對木頭、母親對她的寶寶、游泳者對水、或夫妻彼此之間的那種理解。從根本上而言，這又是一種不可能為非雕塑家、非木匠、非母親、非游泳者、或未婚男女所體會的那種理解，不論他們可能得到的其他知識來源如何。

在科學家印象中，「解釋」往往只有一個趨向簡單的含意，它似乎總是指經驗以外的什麼，代表一種圍繞經驗的理論。但有些藝術家和批評家也在一種經驗的、自我參照的意義上使用這個詞。這是有益的，至少我們應該意識到這一點。這就是說，經驗到的什麼就是它自身的解釋。一片樹葉，一曲賦格（fugue，賦格曲，一種多聲部的樂曲），一次日落，一朵花，一個人其意義究竟是什麼？它們「意味著」它們自己，解釋它們自己，並證明它們自己。

許多現代畫家或音樂家甚至詩人現在已經拋棄那種過時的要求，要求藝術作品「含有」某種自身以外的寓意，要求它們指向外部，非自我參照的，或富有某種訊息，或在科學的簡單化的意義上是「可以解釋的」。它們寧可說是自我容納的世界，是被注視的對象而不是被透視的什麼。它們既不是攀登高峰的支點，也不是長途旅程中的中轉站。它們不是為自身以外的某物設

的標記或符號。它們也不能在通常的意義上置於某一類別內或歷史序列中被「規定」，或就它們和它們自身以外世界的某種其他的關係來「界說」。

多數音樂家，許多畫家，甚至某些詩人都會拒絕談論或「解釋」他們的作品，他們能做的是以某種純武斷的方式在作品上加個標籤或僅僅指一指這些作品說，「看吧！」或「仔細聽吧！」例如，當有人問艾略特（Thomas Eliot）：「請問先生，『女士，三隻豹坐在一棵紅松樹下』這行詩是什麼意思？」他答道：「我的意思是『女士，三隻豹坐在一棵紅松樹下』……」畢卡索（Pablo Picasso）也曾被類似地援引過：「人人都想理解藝術，為什麼不想理解一隻鳥的歌？人愛夜、花以及周圍的一切，為什麼不理解它？但偏偏對一幅畫，就要無限制地深究。」

不過，甚至在所談論的這一領域中，人們確實也研究貝多芬的四重奏。但請注意，這裡的研究是指經驗意義上的陶醉，反覆地欣賞和沉思，也可以說，是用一種高強度的顯微鏡仔細審查它的內部結構，而不是研究它。而後他們會信心百倍地說：「我們更深刻地理解了它。」有一個信奉類似原則的文藝批評學派，它的信從者依賴對作品本身的深入審查做出評價，而不是根據作品的社會、歷史、政治或經濟背景而探討。這些人並沒有陷入不可言喻狀態以及所需要的沉默之中。他們有很多要說的，而他們也確實使用了「意義」、「解釋」、「理解」、「釋意」和「交流」這些詞彙，儘管仍然力求嚴格地停留在經驗的範圍內。

我個人的想法是，來自藝術世界的這些積極的用法在一個重建的科學哲學中是有益的，這種科學哲學主張包容，而不是排除經驗論據。我認為，這些用法比另一種用法更可取，後者談論的是「無意義」和「荒謬」，而不是「原樣意義」，它使自身還原為指示交流而不是語言交流，它拒絕任何解釋或定義的努力，只能等待某一天領悟的出現，而沒有能力以任何方式促使領悟到來，實際上就是說，假如你不了解，你將永遠不會了解。

　　或許積極的用法能使我們和經驗資料進行更深奧微妙而有洞察力的交往，並能更實際而富有成果地處理這些資料。「荒謬」、「無意義」、「不可言喻」和「不能解釋」這些詞彙只表示一種神經脆弱，因為它們談論的是虛無、是零、是缺乏的某種東西而不是能夠用科學方式對待的存在物。

　　積極的用法證明是正確的，還因為它們意味著對一種可能性的接受，即經驗可以是目的經驗，它們自身就是有效的、有價值的。這些用法對於一種存在心理學是適宜的，這種心理學是和目的、和存在的終極狀態打交道的。消極的用法意味著對一種傳統科學主張的認可，即堅持科學是超脫價值的，和目的無關而只和通向目的的方法（在一定程度上是武斷給定的）打交道。

生活的原樣意義的認知

　　我們必須承認，生活中的所有一切經驗都是無法解釋的，也就是說，它們是不可能被理解的，除它們自身的「是」以外，你弄不清它們還有什麼意思。你不能以理性對待經驗；經驗就是經驗。你能做的一切不過是承認經驗的存在，接受它們，有可能時領略它們的豐富多彩和神祕莫測，同時認知到它們在很大程度上是對「生活的意義是什麼」這一問題的解答。

　　從某種程度講，生活本身就是它自己的意義。即對生活的體驗、行走、觀看、味道、氣味、感官享受和情緒體驗，一切其餘的感受，這些都會使我們覺得生活是值得的。生活本身也會引起我們的懷疑，只要它們不再為我們提供享受。此時此刻，我們有可能感到厭倦、無聊、憂鬱、想自殺，我們會說，「生活是無意義的」或「生活有什麼意思」或「生活不再是值得的」。正因如此，我才寧願採用原樣意義的說法也不對無意義讓步。

　　我認為，在非常有創造性或偉大的科學家那裡，這兩種制裁是結合在一起的而不是偏愛一種而放棄另一種，那似乎已成為他們的。

合法解釋和原樣理解的認知

　　我曾進行過一項調查研究，即研究不同類型性格的科學家的動機。我僅僅要求他們漫談和回答我兩類問題：「你為什麼選擇你的行業？你的領域？你的課題？你從你的工作中得到的主要報酬（滿足，快慰，最高幸福的巔峰時刻、興奮點）是什麼？是什麼使你堅持工作下去的？你為什麼愛你的工作？」還有兩個類似但不同的問題：「你為什麼墮入情網？你為什麼安於你的婚姻？」

　　但最終的結果是，我不得不放棄了此項研究。不過，透過與十幾位不同領域的科學家的談話，我仍然對科學家的種種隱伏動機有很深的印象，這些動機驅使他們選定方向並堅持下去。至於一般人，他們的世界觀，他們的快樂和滿足，他們的喜愛和厭惡，他們的職業選擇，以及他們的工作風格，這一切在一定程度上也是他們「性格」的一種表現。

　　與許多其他研究者曾有過的情況沒什麼兩樣，我再次覺得對於那些名目繁多的對立類型的人進行區分是有必要的，如頑強的和溫和的、阿波羅（Apollō，希臘神話中的太陽神，象徵太陽、音樂詩、健康等）型和戴歐尼修斯（Dionysus，酒神，象徵享樂）型、肛門型和口腔型、強迫型和歇斯底里型、男子氣和女性氣質控制的和衝動的、統治的和承受的、猜忌的和信任的等等。

　　有一個時期我曾用 X 和 Y 作為指代字母，作為所有這些反義詞對子中的共同因素。另一些時候我用過「冷靜」和「熱烈」，因為兩者都不含有貶義──厭惡或侮辱的意思，並且我認為這兩個詞的「觀相性質」要比現有知識狀況中更明確規定的詞彙好一些。為了同樣的理由，我也曾嘗試對比「藍-綠」（光譜的盡端）和「紅-橙-黃」兩種類型。最後我把問題擱置起來，儘管我覺得正在廣闊領域的邊緣上徘徊。

　　在這裡，我要特別指出我當時的一個初步印象，因為現在它越來越有說服力了。之所以提出來，只是為了進一步慎重檢驗。我認為在性格和外貌上屬於「冷靜」或「藍－綠」或「頑強」型的人似乎更傾向於把法則、規律性、確定性、確切性的建立作為他們科學工作的目標。他們談到「解釋」，顯然傾向於經濟、簡單、一元化。完成簡化的時刻，即達到變量數目的縮減，也就是勝利和高度成就的時刻。相反，我覺得「熱烈」、「紅－橙－黃」、「直覺」型的人（他們更接近詩人、藝術家、音樂家而不是工程技術專家）或「溫和」、「軟心腸」的科學家，容易熾熱地談論問題，會把「理解」的時刻（對原樣狀態的理解）作為調查研究的高峰和獎賞。概括來說，性格學上從頑強到溫和的連續系統分布，可以類比為這樣的連續系統──一個以「合法解釋」為一端和以「原樣理解」為另一端的系統連續系統。

　　我認為，在非常有創造性或偉大的科學家那裡，這兩種制裁是結合在一起的而不是偏愛一種而放棄另一種。即使如此，我認為做出這一類型學上的區分還是必要的。據我了解，有些我曾與之交談過的人確實是如此，有些我看過他們個人記事的人也一樣。他們的問題是什麼時候應該堅強，什麼時候應該溫和，而不是在強硬和柔軟兩者中做出根本的抉擇。

　　在心理學範圍內，我的觀點仍然是，這樣的二歧化可能把那些「典型的」實驗心理學家（他們是拙劣的臨床家）和「典型的」臨床心理學家（他們是拙劣的實驗研究者）分隔開，雖然我完成的這項小規模的調查研究並不強而有力地支持這一猜測。

　　對於純粹或極端的類型而言，這已接近一個假說──「抽象知識」和「經驗知識」是相互對照的目標。

感知對結構的承受

　　由於在原樣和抽象之間既做出區分又使兩者整合在一起，因此，我們再一次遇到共相（universal）和法則是否真實這一老問題，它們完全是人造的或人為了自己的方便而發明的嗎？或者，它們是被發現的而不是創造出來的嗎？雖然模糊不清，它們是一種對於外界先於人而存在的什麼東西的知覺印象嗎？我在這裡不企圖做出任何確定的回答，但可以提供一點見解，也許有助於問題的澄清。

　　首先，疑問最大的就是問題的二歧式、非此即彼的說法。難道這不是一個程度的問題嗎？原樣和抽象之間的區分暗示這是一個程度的問題。事實確實如此，對原樣的感知比整合與抽象的完成在大得多的程度上更是道家的、承受的、被動的。但這並不像許多人所認為的那樣必然，對共相的感知只能看是一種主動的任務，一種權威的創造。它也可以是一種承受的開放，一種非干預的意願 —— 希望事物是它們自身的狀態，一種耐心等待的能力，等待知覺對象的結構自身向我們顯露出來，是一種秩序的發現而不是一種秩序的安排。

　　在這種承受過程中，最為人熟知的是佛洛伊德對「自由漂浮注意」的發現和推崇。從長遠角度考慮，在試圖理解一個接受治療的病人時，或有同類問題的任何人，最有效的辦法就是放棄主動集中注意和力爭迅速理解。這裡的危險在於，可能有一種早熟或不成熟的解釋和理論，而且它還很有可能是一個人自己的構造物或創造物。

　　從初級過程的角度看，力爭、集中和注意聚焦不是前意識或無意識層次上最好的感知途徑。這些活動屬於次級過程並有可能掩蓋或排除初級過程的資料。精神分析家的指令是：「讓無意識向無意識訴說或傾聽。」

　　這類問題同樣也出現在文化人類學家身上，特別是在他們理解某種文化

的全部繁雜情節時。在這裡，早熟的理論同樣是危險的，因為它可能弄得此後任何有違早熟構造物的資料都被排除在外。最好要有耐心，能承受，順從資料，讓資料各就各位。對於習性學家、生態學家和野外博物學家也是如此，對於和任何種類的大量資料打交道的任何人在原則上也適用。一個人不僅要學會主動而且要學會被動。一個人安排，再安排，玩弄資料，懶洋洋地看報表，拼來拼去，像遊戲一樣，墜入白日夢中，不慌不忙，一遍又一遍，「夜以繼日」，把全部事業交付給無意識。而科學發現的歷史表明，這通常充分發揮作用。

總之，理論和法則的構建與它們的被發現通常很類似，似乎有一種主動和承受之間的相互作用和連接。對於任何認知者，不論一般人或專業人員，最好是依據情況的需求具體分析，既能主動又能承受，即隨機應變。

沉思事物存在的方式

對於「事物存在的方式」、世界和地球上存在的眾多表象，你應該做些什麼呢？自然，首先要設想你不能被它嚇住。於是，當你被動地承受和接受時，你能做的唯一事情就是對它的一切深感驚奇，思索它，品味它，讚歎它，迷戀它而且要滿懷希望，你會發現樂趣無窮。即，要做的是不做任何事。這和孩子對外界環境的感受幾乎沒什麼區別，一心一意地，興致勃勃地，著了迷一樣，瞪大眼睛，被魔法鎮住似的。

在高峰經驗中和在孤獨體驗中，也會有這一類迷戀世界的情況發生。當我們思索死亡或因緩刑而暫免於死時，或當「愛」打開了我們的眼界和開啟了世界的寶藏時，或當致幻劑發生最佳效果時，或當一位詩人或一位畫師能展現給我們一個充滿新意的世界時，這一切都是通向領會事物原狀和真相的道路。它們全都聯合起來告訴我們，世界並不像那麼多人所設想的那樣可

怕，而且也可以是非常美妙可愛的。

此時此刻，我們什麼也不用做，也無需去做，我們只要承受地、屈從地、沉思地體驗這一切。我們毋須立即做出解釋、分類、提出有關的理論，甚至也毋須理解，除非是它自身的概念需求。

相信大家沒有忘記這樣的言論，有些人宣稱在這樣的時刻我們最接近現實。他們說，如果我們想看到赤裸裸的現實，這就是達到這一目標的途徑。他們警告我們，當我們開始進行整合、分類、簡化、抽象和概念化活動時，我們也開始離開此時此地的現實，觀察我們自己的構造物和發明物，我們自己的先定概念。這些東西是我們自立門戶的安排，我們依靠它們把秩序強加在一個雜亂無章的世界上，那完全是為了我們自己的方便。

顯然，持有這種觀點是與常規的科學觀背道而馳的。例如，艾丁頓（Arthur Eddington）看到和觸及的桌子，他認為不如物理學家所概念化的桌子那麼真實。多數物理學家覺得，當他們離感性世界越來越遠的時候，他們也越來越接近現實。但毫無疑問的是，他們所涉及的現實當然和他們的妻子和兒女生活於其中的現實不同，向簡單化的方向行進確實分解了這一現實。

由於我們已經同意科學有兩極的說法，因此，我們毋須再仲裁這一爭端。科學的兩極一方面要求經驗和領悟具體，另一方面要求把紛亂的具體組織成可以把握的抽象。但客觀的事實要求強調前一目標而不是後一目標。科學家通常不認為自己是承受的沉思者，但他們應該如此，不然他們就失去了他們在經驗的現實中的立腳點，而且，只有從這裡開始，才有一切知識和一切科學的建立。

因而，「沉思」完全可以理解為一種非主動、非干預的觀察和品味的形式；它可以吸收到對經驗的、道家的、非侵擾的承受中。在這樣的時刻，經驗自然產生而不是被特意構造。由於這使經驗能成為它自身，極少受到觀察者的歪曲，所以，它在某些事例中將會成為通向更可靠和更真實的認知的途徑。

作為科學範式的人際知識

　　從科學發展史上可知，常規的科學首先將物理的、無生命活力的東西作為研究對象，例如星體、落體。當然，非人格的數學也包括在內。

　　科學前進的步伐並沒有終止，並且以同樣的精神研究生物，最後約在1850 至 1860 年代，經過深思熟慮之後，又在實驗室裡以同樣的、已證明為極成功的方法進行研究人。人被當作一個物體在有控制的實驗情境中接受不動感情的、中性的、定量的研究。「課題」的選擇傾向於一切適宜用這種方式處理的方面。自然，與此同時，出於一種完全不同的傳統，也有一種完全不同類型的心理學用不同的定律、法則和方法在臨床精神病學家中發展著。

　　以物理學、天文學、生物學等等的方法論對人進行的「科學」的研究，是一種更困難、更令人惱怒的應用，因為研究者將還原分析法加在一個極不合適的對象身上。有人這樣說，人是一個特例，是在非人格科學方法邊緣上的一個外周例子。我建議我們要把人作為起點或中心替代上述非人格的中心。讓我們試著把有關人的知識當作範例，並由此創立屬於人的方法論、概念化和世界觀，屬於哲學和知識論範疇的範式或模型。

　　如果把即時發生在你和我之間、人與人之間的友愛關係，我們都暫且把它當作一種終極的知識來看待，那麼，後果將會如何？讓我們設想這種知識是「正常的」、「基本的」慣例，像我們基本的測量工具對任何知識所進行的判斷一樣。

　　不總是可逆的人際關係的例子是：朋友對朋友的認知，兩個彼此相愛的人的認知，父母對子女的認知，或子女對父母的認知，兄弟對兄弟的認知，醫師對病人的認知等等。在這樣的關係中，特有的情況在於認知者和認知對象是有牽連的。他們的距離不是很遠，而是很近；他對它不是冰冷的，而是熱情的；他不是沒有感情而是有感情；對於認知的對象，他有移情、直覺的

第二章　認知與創造的整合

領悟，即覺得能和它打成一片，和它同一，在一定程度上和在某種方式上與它一致，與他有牽掛。

我們必須承認，在絕大多數情況下，母親要比兒科醫生、心理學家更了解她的孩子。如果這些醫生有起碼的明智，他們會利用她作為解釋者或翻譯，並常會問：「他想說的是什麼？」老朋友，特別是夫妻之間，彼此的理解，彼此的心心相印，而對於旁觀者來說，其表現簡直是一個謎。

人際知識發展的極限或完成是透過親密達到神祕的融合，這時兩個人以一種現象學的方式變成了一個人，神祕論者、禪宗佛教徒、高峰經驗者、情侶、審美學家對此均有精彩描述。在這種融合的體驗中，對另一個人的認知是透過變成另一個人而實現的，即，它變成一種髮自內部的經驗知識。我了解它因為我了解我自己，而它現在已經變成我的一部分。與認知對象的融合使經驗知識成為了可能，而由於經驗知識就許多人類目的而論是最佳類型的知識，了解一個對象最好的方式便是趨向與之融合的運動。當然，由於要達到與任何人的融合，因此，要關心他、愛他，我們甚至能由此提出一條關於學習和認知的「定律」。你想了解他嗎？那麼開始關心他吧！

與神祕的融合相比，更傾向於中性的例子是治療和成長中的關係。我這裡僅限於談論各種頓悟揭示療法、道家方法、非指示療法，例如，佛洛伊德、羅傑斯（Carl Rogers）、存在主義療法等等。關於移情、交友、無條件積極關懷等等已經有許多文章討論過，但這一切有共同的明確認知，即，為了使個體能控制自己的自信和自疑，有必要建立一種特殊類型的關係，以打消畏懼，使人能接受治療，能更實際地看自己。

了解人的研究之所以如此錯綜複雜，因為人的動機生活大部分是和他人有連繫的。一般來說，由於他人的給予或阻撓因而導致基本需求的滿足或受挫。假如你想了解一個人，最好讓他和你在一起時毫無顧忌，讓他覺得你接受、理解並喜歡他，甚至愛他，讓他覺得你尊重他，你不會威脅他的自由自

在。相反，如果你不喜歡他或不尊重他，如果你輕視或不贊助他，看不起他，或者用「慣例化」的眼光看他，不把他看作是一個獨特的個人，那麼，他就會在很大程度上把自己封閉起來，不讓別人看到他的真相。

這和一件日常事件的道理是一樣的：如果你不愛孩子，我就不會把我孩子的照片拿給你看；假如你不喜歡孩子，我將不想讓他們來見你，我甚至會懷著隱藏的惡意故意以假象矇騙你。在其他領域這也是極常見的事，例如，文化人類學、心理治療、社會學、民意調查、兒童心理學以及許多其他領域。

我們可以透過調查研究的文獻了解上述結論，如，關於訪談，關於文化人類學研究法，關於心理治療技術，關於民意測驗，關於理解和被理解，關於強者和弱者的相互關係，關於人際知覺等等。但我想不出這些研究的發現曾應用於知識論的問題，或闡明如何「獲取」可靠的和確實的知識。

我認為，這些研究領域中幾乎沒有人意識到他們的發現可能有這一特殊的應用，也許他們已經意識到了，但被這一應用的涵義給唬住了。這是可以理解的。我們接連不斷地受到的教導告訴我們：不論你想研究的是分子還是人，但是，通向可靠知識的研究法卻是相同的。而現在我們卻被正告，對於這兩種類型的研究可能有不同的途徑。有時甚至還有進一步的涵義：研究人所採用的技術有一天也可能被推廣應用，直至包括對分子的研究。因而，我們甚至可以再次盤旋上升到一元知識論的高度，但圍繞著的是一個不同的核心！

至少在較小的程度上而言，透過認知者和被認知者之間的親密人際關係，獲取知識的情況在其他科學領域中也會發生。習性學是我們最先想到的例子。但來自醫師「臨床」研究的各種知識形態也都有某些這一類的特徵。社會人類學也一樣，社會學的許多分支 —— 政治科學、經濟學、歷史學，或許一切社會科學 —— 都是如此。或許我們還要加上多種或全部語言科學。

在這裡我再強調一個重要的觀點：我們沒必要表明傾向於哪一邊，或是

投哪一派的票。的確,我們能把各門科學或所有知識領域排列為一種層次系統,或者根據牽連程度從最大排列到最小。

但我還想提出一個更激進的問題:能否把一切科學、一切知識都概念化為認知者和認知對象之間的一種愛或關心的結果?把這一知識論和在「客觀科學」中處於統治地位的知識論並列,對於我們會有怎樣的好處?我們能否同時利用兩者?

其實,我認為,我們完全可以視情況的變化而靈活地利用這兩種知識論。我認為它們不是彼此矛盾的,而是互相補充的。顯然,把兩種武器都收入想了解各種事物的任何認知者的武器庫中是必要的。我們理應懷有一種希望,甚至在天文學、地質學、化學領域中,或許也能對甚至非人格的東西取得更完整的理解。我在這裡指的是那種意識的、語言化的、列為公式的可能性。

調動工作熱情的力量

必須弄清楚的是,我們對產生對研究對象的愛的複雜性到底有什麼內涵。至少它表示要對研究對象發生「興趣」這一點是肯定的。你完全不感興趣或厭煩的東西是很不容易觀察或傾聽的;也很難去思索有關它的事,很難想起它,很難想繼續研究它,很難融合它。

當你被某種外力逼迫去研究某一種你完全沒有興趣的問題時,你身上的一切防禦和抵抗力量都會動員起來。你會丟三落四,想別的什麼事,思想不集中,疲倦襲人,智力似乎衰竭。總之,你很像是在做一件糟糕透頂的工作,除非你多少對它有點興趣並受到它的引誘,最起碼少量的熱情(或欲力libido)似乎是需要的。

事實的確如此,世上存在著為責任感而工作的人,就連一個孩子也會在學校做許多並不是從興趣出發或僅僅從外部因素出發的事情,以便讓老師歡

喜。但這樣的孩子引起另外的問題，這裡不能深談，那是有關性格訓練、增進自主性以及僅僅馴順的危險等問題。

我之所以提及這些問題，是因為我不想陷入非白即黑的二歧傾向，在這裡那是很容易出現的。不管怎麼說，關於這一簡單的說法是很少有疑問的，那就是說，對於一個人的最佳學習、領會、理解和記憶而論，最好的途徑是對有關的問題感興趣，有介入感，有「一點愛」，至少有一點迷戀並覺得受到吸引。

科學需要一種耐心、頑強、堅韌不拔、持之以恆以及克服困難的精神和毅力等等，這是一種最低標準的說法。科學長時成功所真正需要的是熱情、迷戀和著魔般的執著。有成果的科學家是這樣的人，他們談論他們的「課題」差不多就像情侶談及他們的所愛一樣，那是作為一個目的而不是作為達到另外目的的一種方法。升騰到一切分心之上，變得沉迷於工作之中，這表明他已完全融入「課題」裡，不再是分立的。他的全部智慧都可用於一個目的，一個他已完全獻身於其中的目的。他把他所得到的每一件東西都給了它。

正如威廉・詹姆斯（William James）所說的那樣：「假如你想在一項調查中用一個不中用的人，你最好找一個對這項調查結果毫無興趣的人，他保證是那種無能的、絕對無疑的蠢貨。」

這可以說是一種愛的表現，要知道，這種說法是存在很多積極的因素的。同樣意味深長的是，可以從一位熱愛他的工作和他的課題的人那裡期待更好的工作成果。這就是為什麼我認為即使身為嚴格意義上的科學家的我們也有必要審慎研究「透過愛得到知識」的這一範式。這種愛我們可以在愛侶中或父母和子女的關係中看到它的最純表現，或者在神學和神祕主義文獻中非常合適地譯為自然主義的概念。

人際關係中真理的形成

　　傳統的非人格的科學是外在的、全面的、完善的、隱匿但可揭示的。在早期的說法中，觀察者僅僅觀察而已。在後來的說法中，人們已理解觀察者是戴著眼鏡的，眼鏡歪曲現實但去掉卻是萬萬不能的。經過長時間的發展，物理學家和心理學家已懂得，觀察活動本身是對被觀察現象的一種塑造，一種改變，一種侵入。總之，觀察者在一定程度上創造著現實，即創造著真理。現實似乎是觀察者和被觀察對象的一種合金，一種相互作用的產物，一種交往。例如，許多關於再輸入的研究和關於觀察者期待的影響的研究，這只是兩類眾所周知的實驗。

　　我所指出的並不單純是天文學觀察中的「入差」和海森堡（Werner Heisenberg）的「不確定性原理」（uncertainty principle），我指的寧可說是一種不可能。例如不可能找出某一文字前文化「究竟」是怎樣的，即未受文化人類學家歪曲的真實情況如何。或舉一個我曾介入的例子，你如何能從一個街頭宗教群體的行為中把一個外界觀察者的抑制影響抽象出來？我在大學時聽過一個來源不明的故事：說一群聯誼會的男孩商量好鬧著玩追求一個土裡土氣的女孩。出乎意料的是，追求改變了她，使她變成一個自信、溫柔而十分可愛的姑娘，使這些男孩真地愛上了他們自己的「創造物」。

　　大衛‧沃森在《人性研究》一書中曾這樣寫道：「當兩個人在辯論時，我發現真理不總是在更不帶熱情的一邊。熱情可能增強辯論者表達的力量，並最終引向真理的深部。」毫無疑問，有幾種感情會完全歪曲我們的判斷。但我要問極端的理智主義者：假如真理不能在追求者中激發熱情的奉獻，任何科學還有產生的可能嗎？」

　　這是心理學家中正在興起的不滿的一個典型表述，他們不同意那種過時的、廣泛持有的看法——認為感情只能發揮破壞作用，感情是真正領會和

正確判斷的敵人，感情是和精明對立的，是而且必然是和真理互相排斥的。對科學進行人本主義研究能產生一種不同的態度 —— 感情與認知具有協同作用，感情可以成為尋求真理的一個動力。

這些愛的關係能過渡到與世界融合的神祕體驗中，這使我們透過與對象融合、與對象合為一體，因而達到知識的終端。從理論的觀點看，這可以認為是變成經驗知識，來自內部的知識，由於我們正在變成我們了解的對象。至少這是這種知識接近或試圖接近的理想極限。

不要認為這種終端很難實現。研究精神分裂的一個受到尊崇的辦法是，試用適當的化學藥劑使自己暫時成為精神分裂的，或自己曾患分裂症現已恢復健康。這樣一來，就能更容易與精神分裂患者認同。例如，最受人敬愛的新行為主義心理學家之一的愛德華・托爾曼（Edward Tolman），有一次不顧他自己的正式推論，曾承認他在想預測一隻大鼠將如何行動時試圖與大鼠認同，與大鼠感受一致，並問他自己：「現在我將會如何行動？」

另一類例子 —— 在一個不同的領域遵循著同樣的範式 —— 是文化人類學家的例子。對於一個你不喜歡或你不歡迎的部落，儘管你也能了解到許多事實，但你的了解會受到一定的局限。要了解印第安人而不是僅僅取得一知半解的資料，你必須在某種程度上融入他們的文化中。假如你「變成」一個印第安黑腳族人，你將能靠理解回答許多問題。

事實上，即使在非人格的一極，區分用望遠鏡觀察天象的兩種感受也是有可能的。你可以透過望遠鏡窺視月球，像某一個人（旁觀者，外人）透過一個鑰匙孔窺視一個生人，遠遠地窺視我們永遠不能變成的東西。或者你有時能忘記你自己，專注地、迷戀地、神往地進入你正在觀察的對象中，進入那個世界而不是從外面向裡看。這可以比喻為家庭一員和街角孤兒之間的不同，後者隔著窗戶觀看屋裡的溫暖情境。柯林・威爾遜（Colin Wilson）的著作中有許多局外人和渴望的窺視者的例子。

相信自己，你也可以跨入顯微世界內部，當然，你也有權力選擇站在外面透過顯微鏡觀看外面的載片。你可以很有見識地傾聽音樂，平靜地審查它是否值得你付出的門票錢。或者，你會突然被它感動並覺得自己也變成音樂，似乎音符在你體內跳動，覺得你不是在音樂以外的什麼地方。假如你在跳舞，而節奏的格調「黏上你」，你會一下子滑到節奏中去，你會和節奏打成一片，你會變成它的自覺的工具。

放任的客觀與關切的客觀

其實，「科學的客觀」這個術語早已被那些以物理學為中心的科學理論家先行占用，並使之屈從於他們的機械形態世界觀的用法。很顯然，為了不讓真理預先由教會或政府決定，天文學家和物理學家維護他們自由觀察他們眼前事物的權利是很有必要的。這是「超脫價值的科學」這一概念的核心意義。不過，這也使得許多研究人和社會的科學家受到傷害，因為這一概括化概念已被許多人無批判地接受。

不過，隨著時間的推移，已經有越來越多的研究者願意研究其他民族的價值，研究者或許也可以使自己超脫於這些價值之外，並不動感情地進行研究，就像研究螞蟻或樹木的「價值」一樣，即，價值可以作為「事實」那樣加以處理。因此，價值可以立即變得能夠用傳統非人格科學的一切方法和概念進行「正常的」處理，但這並不是真正解除爭端所在。

這一類型的「科學的客觀」是要防止把人的或超自然的動機或感情或先入之見投射到感知的對象中，這些東西實際上是不在「那裡」的，因而也不應該看作是在那裡。請注意，科學的這一必需的法則──只能觀察確實存在彼處的東西，它的開始是勿在無生命物和動物中尋覓「上帝的設計或亞里斯多德的斷言或人的意圖」，主要是試圖防止科學家投射自己的價值觀或希望或意願。

儘管對於這一點還很難做到完善，但至少可以在一定程度上接近做到。正規的科學訓練和正規的科學方法是力求越來越接近這一不可能達到的終點。毫無疑問，這一努力確實已取得一定程度的成功。我們稱之為優秀科學家的人有兩個重要的標誌，一方面，他具有領會他所不喜歡的東西的傑出才能，另一方面他在觀察他所贊成的東西時能保持充分的懷疑態度。

關鍵的問題是：達到「科學的客觀」這一目標的可能性如何？把某物作為它存在的樣子加以觀察的最佳辦法是什麼，怎樣才能最不受我們自己的希望、畏懼、意願、目的所汙染？更重要的問題是：達到這一目標是否只有一條途徑？是否還有另一條途徑也通向「客觀性」，即，把事物按照它們的原樣來觀察？

從傳統上來講，「科學的客觀」的成功一直是在科學的對象最遠離人的理想、願望和意願時才可能實現。假如你是在研究岩石或熱或電流的性質，那會很容易覺得你是無牽連的，超脫的，能看清楚的，和中立的。你不會使自己混同於月亮，你「關心」月亮絕不會像關心你自己的孩子那樣。對於氧氣和氫氣不難採取放任態度，也易於有非干預的好奇心，做到道家的承受，任事物自然存在。直截了當地說，要坐做到不偏不倚的客觀、公正和恰當，你就不能關心後果，你不會認同或同情，你既不愛也不恨等等。

不過，當我們跨入人和社會的領域時，當我們力求客觀對待我們所愛或所恨的人，對待我們的忠誠或價值觀，對待我們自己本身時，這一觀念和態度的框架又會發生怎樣的情況呢？我們這時不再放任，不再是非人格、無牽連、不趨同、沒有利害關係的了。要成為「放任的客觀」或「不關切的客觀」也變得更困難得多，而且新的危險已出現。

在試圖達到「科學的」，即無牽連的、放任的、不關切的客觀的努力中，例如，人類學家可能購買成袋的他誤以為和這種客觀有連繫的資料。他可能變成科學主義的而不是科學的，可能覺得有必要為了他所研究的民族而

第二章　認知與創造的整合

淹沒他的人類感情，可能不論需要與否都追求定量化，可能用準確的細節和虛假的整體進行編排。對文化人類學讀物的最佳選擇仍然是一種謹慎的混合物，包括專業的論著，較佳的遊記，和更富有詩意和人本主義的人類學家的印象派著述。

若那種非關切的客觀可以靠改善訓練達到一定目標，那麼我們則可以說更重要得多的可能性是來自關切而不是非關切的另一種客觀。這客觀可以被當作存在愛的一種結果，高峰經驗、統一領會、自我實現、協同作用、道家承受、「創造態度」、存在認知的一種結果，認為是存在心理學的一個總的方面，對於這一點納梅奇也曾進行過很有成效的分析。

總之，我的論點已經很明確，那就是：假如你在存在的水準上極愛某物或某人，你將會欣賞它自身本性的實現，你將不想干預它，因為你是把它看作它自身而愛它。你將能以一種非干預的方式觀察它，也就是任隨它自然發展。這又意味著你能把它作為不受你自私的意願、希望、需求、焦慮、或先入為主的汙染而觀察它。由於你愛它自然自在，你也不會輕易地去評判它，利用它，改善它，或以任何其他方式把你自己的價值觀投射於它。這往往又意味著更具體地體驗和觀察，更少抽象、簡化、整合或理智操作。任它自然自在也含有一種更整體的、綜合的態度，更少主動進行肢解。

概括來講，你可能極喜歡某人，勇於把他看作他原本的樣子；假如你愛某物原本的樣子，你將不想改變它。因此，你可能把它或他作為它自己本性的存在來觀察，不觸動的，不汙染的，即，客觀地觀察。你對那個人的存在愛越深，你也就越不需要閉上眼睛。

另外，「關切的客觀」也有它超越的一面。假如客觀的含意包括把事物作為它們原本的樣子來看，而不論我們是否喜歡它們，是否贊成它們，它們是好還是壞，那麼，一個人越能超越這些區分，便越能看清事物的原樣。這是很難做到的，但在存在認知中，例如在存在愛中等等，則或多或少能夠做到。

　　讓我舉一個例子來加以說明這兩種客觀及其互補的性質，以便使作為局外人的顯然有利和同樣顯然不利的情況得到有力的證明。猶太人或黑人對於我們社會的認知要比我們內部的人有多得多的旁觀者客觀。假如你是國家俱樂部或權力機構的一員，你很容易認為它的一切好處是理所當然的，甚至不會注意到這些好處。這包括一切文飾、否認、官樣文章和偽善等等。而局外人卻能很容易看清楚這些東西。因此，有些真理旁觀者能比體驗者更容易看到，後者在這裡是被認為是現實的一部分。

　　另一方面，我曾提及很多證據，即在某些方面黑人比白人能更了解黑人等等。這裡毋須重複。

　　由「來自存在愛的知識」這概念所引發的還有很多有意思的課題和假說。存在愛的能力是人格高度成熟水準的特徵。因此，人格成熟是這種明晰知識的先決條件，增進認知者的成熟則是改善這種認知的一個方法。

趨向自我實現的創造態度

　　創造性概念似乎越來越接近健康、自我實現、豐滿人性等概念，最終也許會證明這是一回事。

　　即使我對已有的事實不完全肯定，但我似乎有必要做出這樣的結論：創造性的藝術教育，更確切地說，透過藝術進行的教育，它之所以特別重要，與其說因為能造就藝術家或藝術產品，不如說能造就更完美的人。假如我們對教育人的目的有明確的認知，假如我們希望我們的孩子能變成人性豐滿的人，能逐步發揮他們所具有的潛在能力，那麼，就我所知，能有這種作用的一種教育就是藝術教育了。

　　因此，我所以會想到透過藝術進行的教育，並不是因為藝術能產生美的印象，而是因為我認為藝術教育很有可能會成為一切其他教育的範式。那就

第二章　認知與創造的整合

是說，假如我們認真對待並盡力去做，使藝術教育能達到我們所期待的標準，而不是被認為是十分脆弱和可有可無的東西，我們終將有一天能依據這一範式教數學、閱讀和寫作。我所指的是一切教育問題。這就是我對於透過藝術進行教育感興趣的原因 —— 只因為它似乎是潛在的有效教育。

我能夠深感歷史的發展所引起的一個變化，是我對藝術教育、創造性心理健康等感興趣的另一個原因。我覺得我們正處在歷史上和以往任何時刻相比都是全新的一點。現在生活比過去任何時候都快得多地運轉著。例如，各種事實、知識、技術、發明、工藝進步在發展速度方面的急遽增加。顯然，這需要我們在對人的看法上、在對人和世界的關係的看法上有一個改變。說得更直截了當些，我們需要一種不同的人。

我覺得必須認真地看待赫拉克利特、懷海德（Alfred Whitehead）、柏格森（Henri Bergson）的那種觀點，他們強調世界是一種流動，一種運動，一個過程，而不是一種靜止的東西。假設真是這樣，今天顯然要比 1900 或甚至 1930 年遠更如此，那麼我們就需要一種不同的人才能在一個永遠不斷變化而不是靜止不動的世界上生活。

對於教育事業我可以更進一步說：教授事實有什麼用？事實用不了多久就變得過時啦！教授技術有什麼用？技術也很快就過時啦！甚至工科學校也由於有這樣的認知而弄得面目全非。例如，麻省理工學院已不再把工程學僅僅作為一系列技藝來教授了，因為工程學教授過去所學的一切技藝幾乎都已經過時了，再學習怎樣製造馬車鞭子還有什麼意義？我了解到，麻省理工學院某些教授所做的是放棄唸過去的真經，寧願嘗試去創造一種嶄新的人 —— 他能隨遇而安，能以變化為樂，能即席創造，能滿懷自信、力量和勇氣對付他生命當中的突發事件。

甚至一切都在改變：國際法在變，政治在變，整個國際舞臺在變。人們在聯合國中彼此從不同的世紀出發討論問題。某人依據 19 世紀國際法發言，

另一位依據某種全新的原則回答他，從不同的世界的不同的講壇上發言。事情就是變化得那麼快。

言歸正傳，我所談的是如何使我們自己轉變為一種新人 —— 他們不需要靜化世界，不需要凍結它，使它穩定，他們不需要做他們前輩所做的事，他們能滿懷信心地面對明天，雖然他們不知道什麼將要降臨，什麼將會發生，但對自己有足夠的信念，相信自己能在從未出現過的情境中隨機應變。這意味著一種新型的人。你也許會認為是赫拉克利特型，但請記住，能造就這種人的社會將生存下來；不能造就這種人的社會將滅亡。

我要特別強調這種隨機應變和靈感，而不去探討那些已完成的藝術活動和各種偉大的創造活動。實際上，我甚至不想從任何已完成的產物出發探討這個問題，為什麼如此？因為我們依據我們對創造過程和創造性個體的心理分析已經相當明確地意識到，我們必須在原發創造性和次級創造性之間進行區分；原發創造性或創造性的靈感階段應該和靈感的發揮和發展區分開。這是因為後一階段不僅強調創造性，而且在很大程度上還依賴單純的艱苦磨練，依賴藝術家的日常訓練，他或許要花費半生的時間學習使用工具，學習技巧，熟悉素材，直到他終於有了足夠的準備，能夠充分表達他的累積。

我敢肯定，許多人曾在夜半醒來時有靈感的閃現，這靈感告訴他們有某一小說他們想寫，或有某一劇本，一首詩詞，或不論什麼他們想做的事等待著他們去做，靈感是多得很的。而這些靈感的大多數從未達到過任何成就。在靈感和最終產品之間的差別，例如，在靈感和托爾斯泰的《戰爭與和平》之間的差別，是極繁重的艱苦作業，大量的訓練，大量的修養，大量的實踐和重複，以及推陳出新的修改等等。那麼，第二類創造性所需要的美德，和產生實際成品、偉大繪畫、偉大小說、橋梁、新發明等等相連結的美德，這些美德對於其他德性 —— 頑強、耐性和艱苦創業等等 —— 的依賴程度如同對於人格的創造性的依賴一樣。

第二章　認知與創造的整合

因此，為了保持論述範圍的純淨，你也許會說，我必須重視這一最初靈感閃現時的即席創作，並暫時不去考慮它會產生什麼成果，儘管我們承認它們當中很多都會半途而廢。部分地因為這個緣故，要研究創造性的這一靈感階段，需要以幼童作為一部分最好的試驗對象，他們的發明才能和創造性大都不能依據產品做出說明。

當一個小男孩自己發現十進位制時，這可能是一個靈感的高峰，一個創造的高峰，我們絕不能因為某一經驗的定義說創造性應該有社會效用，或它應該是新穎的，或應該是前人從未想到過的等等，就把這一創造的高峰一筆抹過。

同樣因為這個緣故，我決定寧願利用別的例子而不再把科學的創造性當作一種範例。現在進行的許多研究都是有關科學家的創造的，他們已證明自己是有創造力的，是諾貝爾獎金得主、大發明家等等。難題在於，假如你熟悉很多科學家，你很快就會知道這個標準有些不對頭，因為科學家作為一群人通常並不如你期望的那樣有創造力。這也包括那些曾經做出過發現和確實有過創造的人，那些發表過著述、促進了人類知識發展的人。實際上，這並不很難理解。

這一發現與其說能使我們對創造的性質有所理解，不如說它僅僅說明了一些關於科學性質的問題。假如允許我更放肆些，我甚至要說科學是一種技術，利用它，沒有創造力的人也能創造。這絕不是取笑科學家。我覺得，這是一種奇妙的事物，能迫使缺乏創見的人投身於偉大的事業，儘管他們自己不是大人物。

科學是一種技術，是社會化和制度化的，以致並不具備創造力的人掌握了它也能在知識的進步中發揮點作用，這是我對它所說的盡可能極端和激烈的評語。由於任何一位科學家都不能脫離歷史的懷抱，都只能站在很多前人的肩膀上，成為一個大型籃球隊的一員，成為一大群人中的一員，因此他自己的缺陷可能也被掩蓋了。他變得萬人矚目，值得大受敬重了，因為他參與

了一項偉大而值得敬重的事業。因此，當他發現了什麼的時候，我知道這不過是一種社會制度的產物，一種合作的產物。即使他沒有發現它，或許其他人也會很快做出這一發現。因此，我覺得，選擇我們的科學家，儘管他們有過創造，仍不能作為研究創造理論的最佳對象。

另外，除非我們認知到幾乎所有我們一直在使用的創造性定義和我們所使用的大多數創造性例證絕大多數都是男子的或男性的定義和男子的或男性的產品，我們就不能說是在徹底地研究創造性。我們幾乎完全沒有考慮到婦女的創造性，僅僅因為那種簡單傳統上的定義只把男子的產品說成是有創造性的而完全忽視了婦女的創造性。我已經懂得（透過我對高峰經驗的研究）應該注意把婦女和女性創造性作為一個極有價值的研究領域，因為它較少涉及產品，較少涉及成就，較多涉及過程本身，涉及進行中的過程而不是明顯勝利和成功的峰巔。

這是我所談論的問題的背景。

我的觀察提出了我急需解開的謎：為什麼有創造力的人，在創造激情的靈感階段，會追悼過去、不思未來，而僅僅生活在現時之中？他付出了一切、深深迷戀並全神貫注於現在，沉湎於當前，一時一刻也不離開眼下的問題。或者讓我引用阿什頓·沃爾納的《老處女》中一句完美的話來形容這種情境。那位教師傾心於教授她的學童閱讀的新方法，說：「我完全沉迷於現在了。」

這種「完全沉迷於現在」的能力，絕對在任何一種創造性中都是必要的。但創造性——不論在任何領域中——的某些先決條件也在一定程度上和這種變得無時間、無自我、置身於空間、社會、歷史之外的能力有關係。

事情已經變得非常明顯了，這種現象已成為神祕經驗的一種沖淡的、世俗化的、常見的變式，它那麼經常地被描繪過，已變成赫胥黎所說的常存的哲學。在各種文化中，在各個時代，它染上了多少不同的色彩，而它的實質

總是能認出的 —— 那是同樣的。

它總是被描繪為自我的喪失，或有時又變成自我的超越。有一種和被觀察的「實在」的融合（和眼前的問題的融合，我應說得更中性些），在雙重性存在的地方渾為一體，一種自我和非我的結合。普遍的說法是有一種對隱蔽真理的覺察，一種嚴格意義上的啟示，一種面紗的脫落，而最後，幾乎總是如此 —— 全部的經歷被體驗為幸福、心醉、欣喜若狂、興奮昂揚。

毫不奇怪，由於這一震撼人心的體驗比任何可以設想為人間的事物要偉大多，以致它經常被認為是超越人類和自然的。這樣的「啟示」往往用來作為各式各樣的「天啟」宗教的基礎，有時是唯一的基礎。

但是，甚至這一在所有體驗中最非凡的體驗也已經被列入人類經驗和認知的範圍。我對我稱為高峰經驗的研究，和稱為心醉神迷狀態的研究，完全是不謀而合地做出的，都證明這些體驗是十分自然的，這是很容易調查的。而且，和我所說的問題直接有關的是，它們能向我們說明許多有關創造性的問題，正如也能說明人在充分發揮作用時的其他方面一樣，例如，當他們在最充分地了解自己時，最成熟和最發展、最健康時，總之一句話，人性最豐滿時。

這種充斥於現在、超越時空而使人完全著迷於此，正是高峰經驗的一個主要特徵。我現在又覺得，這些高峰經驗研究使我們懂得的道理也能十分直接地遷移到對現實的經驗、對創造態度的豐富理解。

我們沒必要受這些異常而不極端的體驗的限制，儘管現在似乎已很清楚，幾乎所有的人都不能否認出現過狂喜的時刻，只要他們進行了足夠的深刻回憶而我們訪談的情況又很適當。我們還能提及高峰經驗最簡單的變式 —— 入迷、集中注意，或沉緬於任何事物，只要它十分有意思，足以完全吸引我們的注意。我不僅是指偉大的交響樂或悲劇；這樣的效果也能由一場扣人心弦的電影或偵探故事或僅僅變得專心於完成自己的工作。

從我們都有過的這樣普遍和熟悉的體驗開始談起是有好處的，因為這樣我

們能得到一種直接的感受或直覺或移情，也就是能得到一種直接經驗的知識，關於思想家「高級」體驗的樸素變式的知識。起碼我們能避免那種時髦的、空中樓閣似的、含有隱喻而極端晦澀的詞彙，那在這一領域是很普遍的現象。

那麼，什麼是這些時刻中發生的事情呢？

放棄過去

觀察當前問題的最好辦法是把手中的一切都攤開，研究它和它的性質，了解它的內部所固有的相互關係，發現（而不是發明）問題自身內部對問題的答案。這也是鑑賞一幅畫或在治療中傾聽一位患者的最好方法。

另一種辦法僅僅是咀嚼過去的經驗，重複過去的習慣，品味過去的知識，找出當前情境在哪些方面和過去某種情境類似，即，對問題進行歸類，然後把一度對於過去類似問題有效的解決辦法用於現在。這就像一位檔案文書的工作，我曾稱之為「成規化」。只要現在很像過去，這種辦法也確實有效。

如果情況發生變化後，這種辦法顯然就行不通了，檔案文書「成規化」也就失靈了。他面對一幅陌生的畫，匆匆回溯他的藝術史知識，想回憶起他的假想反應是怎樣的，這時他自然很少注視那幅畫，他所需要的只是名稱或風格或內容以便他能做出迅速的推算。如果他假想過去也欣賞過它，於是現在也欣賞它。

在這樣的人中，過去是一個毫無靈氣的、未經消化的異物，是一個他隨身攜帶著的但還不是他本身的東西。

確切而言，只有人類已被過去所改造，或已吸收了過去的經驗時，才能利用它的積極性和活躍性。它不是或不應該是他身外的什麼東西，和他相異的某物。它現在已經變成人體自身的一部分了，正如過去我吃的牛排現在是我而不是牛排一樣。消化了的過去（經過吸收而同化）和未經消化的過去是不同的。那是萊溫所說的「無歷史的過去」。

第二章　認知與創造的整合

放棄未來

　　往往我們處於現在卻不是為了現在，而是為了準備應付未來。請想一想，我們在一次談話中往往是假裝傾聽對方的樣子而實際上在暗中準備我們自己要說的話，排練著如何措辭，也許是計劃著一場反擊。請想一想，假如你得知你要在 5 分鐘內對我的意見做出評論，會出現何等不同的態度。要成為一個好的、充分的諦聽者也是很不容易的。

　　我們如果不為未來做準備，那我們就會充分地傾聽和觀察。我們不會把現在僅僅作為達到未來某一目的的一種方法（這樣做就貶低了現在）。很明顯，這種忘記未來的態度是充分關注現在的先決條件。同樣明顯的是，「忘記」未來的一個好辦法是對未來充滿信心。

　　自然，這只是「未來」概念的一種含義。我們自身內部的未來，我們現在自我的一部分，完全是另一回事。

單純

　　往往認為，只有創造性很高的人，才具有這種認知和行動上「單純」的品格。他們被描繪為裸露在情境中、無矯飾的、沒有先驗的期望，沒有「應該」或「必須」，沒有風尚、時尚、教條、習慣，或其他固有的模式認為什麼是正當的、正常的、「正確的」等等，隨時準備接受發生的任何情況而毫不驚訝、震動，毫不惱怒或排斥。

　　兒童更有能力以這種無所求的方式承受一切。現在，當我們處在特定環境下時，我們所有的人也都能在這樣的方式中成為更單純的。

意識的收縮

　　除了身邊的問題以外，我們極少意識到其他任何事情。這裡非常重要的是我們減少了對他人的覺察。對他人對我們的約束和我們對他人的約束的覺察，對義務、責任、恐懼、希望等等的覺察。我們變得更多地脫離了他人，

這又意味著我們更多地成為我們自己，成為我們真實的自我，成為我們真誠的自我，我們真正的本性。

之所以這麼說，是因為我們脫離我們真實自我的根源在於我們和他人的精神官能症牽連，那是來自更年期的後遺症，是荒謬的移情。在這種牽連中，過去和現在混淆不清，成年人仍像孩子那樣動作。一般地說，孩子有孩子般的動作是完全正確的。他對他人的依賴可以是非常真實的。但是，畢竟他會長大而不再需要依賴他人。成人再害怕爸爸要說什麼或做什麼肯定是不必要了，因為爸爸已經不再牽掛他了。

一句話，在這樣的時刻，我們變得更能擺脫他人的影響。因此，雖然我們的行為曾受到這種影響的波及，它們現在已不再發揮作用了。

這要求我們展現自我，不要再試圖去影響他人，中止引人注意，討好他人，成為可愛的，贏得讚許。可以這樣說：假如我們沒有觀眾，我們就不再當演員，沒有必要去表演，我們將能忘我地獻身於解決問題。

自我的喪失；忘我，自我意識的喪失

當你完全沉緬於非我中時，你會極少意識到你自己，缺乏自我覺知。你不會像一位旁觀者或一位批評家那樣觀察你自己。用心理動力學的語言說，你變得比平常更加完整了，不是分裂為一個自我觀察的我和一個體驗的我，而是更接近於成為全身心體驗的我。你會失去少年的羞怯和提防，不再有被人觀察的難堪意識等等。這又意味著更一致，更渾然，和人性的更高整合。

它還表示對體驗少批評、少編排、少評價、少選擇和排斥，少判斷和衡量，少分割和分析。這種忘我是發現一個人的真正本性的途徑之一，是發現他的真實自我、他的真誠性質、他的深刻性質的途徑之一。它幾乎總是給人以愉快和順暢的感受。我們毋須走得太遠，像佛教徒和東方思想家那樣談論「萬惡的我」，但在他們的說法中確實有某些道德。

自我的意識的抑制力量

在某種意義上，意識（特別是自我意識）在某些時候能以某種方式發揮抑製作用。它有時是懷疑、衝突、恐懼等等的所在地。它有時是自發性和表現性的抑制者（但自我觀察對於治療是必需的）。

也可以這樣說，自我觀察的我，包括自我覺察、觀察和評判，是「次級創造」所必需的。用心理治療為例，自我改善的工作在一定程度上是對一個人曾容許進入意識的體驗進行批評的結果。精神分裂的人有許多頓悟體驗，但不能在治療上利用這些體驗，因為他們太多「總體體驗」而缺少「自我觀察和批評」。在創造性的工作中，同樣，需要訓練有素的建設勞動接替「靈感」的階段。

畏懼消失

影響我們的內心的畏懼和焦慮也是可以消失的。我們的憂鬱、衝突、矛盾心理，我們的煩惱，我們的問題，甚至我們肉體的痛苦也一樣，甚至我們的精神病和精神官能症也會暫時地消失，假如它們並非特別嚴重，不妨礙我們對眼前問題變得深感興趣並流滿其間。

在這樣的時刻，我們是勇敢而自信的，無畏懼、無焦慮、無精神官能症、無疾病的。

防禦和抑制的減輕

我們的抑制也會消失。我們的戒備，我們的（佛洛伊德所說的）防禦，和對我們衝動的控制（剎車）以及對危險和威脅的防禦也一樣。

力量和勇氣

勇氣和力量是創造態度所必需的。大多數對有創造性的人的研究曾報告有一種或另一種勇氣的變式：頑強，獨立，自足，一種傲氣，性格的力量，

自我的力量等等；受歡迎變成較次要的考慮。畏懼和軟弱逐出創造性或起碼使它較少光臨。

只要我們把創造性看作是忘記自我和他人這一共同特徵的一種表現，那它似乎就很好理解了。這樣一種狀態在本質上意味著較少畏懼，較少抑制，不需要防禦和自我保護，較少戒備，不需要矯飾，不怕嘲笑、羞辱和失敗。所有這些特徵都是忘記自己和忘記觀眾的一部分，「專心」逐出畏懼。

甚至我們直截了當予以肯定的，變得更有勇氣使一個人自己更容易受到神祕、陌生、新穎、分歧與矛盾、異常與驚詫等等事物的吸引，而不是變得多疑，顧慮重重，戒備森嚴，或不得不使用減輕焦慮和防禦的方法。

接受肯定的態度

在沉浸於現實和忘我的時刻，我們又很容易在另一種方式中變得較多「肯定」而較少否定，即，我們傾向於放棄批評（編刪，挑選和選擇，改正，懷疑態度，改善，質疑，拒絕，判斷，評價）。這似乎是說，我們接受了，我們不拒絕，或不斥責，或不進行有選擇地挑選。

有些問題就擺到眼前，你不阻攔它，它就會衝進來影響我們。讓它顯露出它的意願，讓它走自己的路，讓它成為它自己，也許我們很欣賞它的本來面目。

這樣做，更容易在謙虛、放任、承受的意義上成為道家式的人。

信賴與考驗、控制、競爭相對立

以上所說的一切包含一種對自己和對世界的信賴態度，它容許暫時放棄緊張和努力、意志力和控制、有意識的對付和嘗試。容許自己被眼前問題的固有性質所決定，當時必然含有鬆弛、等待和接納。試圖統治、支配和控制的通常努力和一種與資料的真正妥協或真正領悟資料（或問題，或人等等）是對立的。特別是涉及未來的問題更是如此。我們必須信賴我們面對未來新

第二章　認知與創造的整合

事物時隨機應變的能力。這樣說，我們能看得更清楚，信賴包含自信、勇氣、對世界無所畏懼。也很清楚的是，這種對我們自己面對未知世界的信賴是一種能力，使我們能完全地、坦誠地、全心全意地面對現實。

有些臨床的例子可能有助於說明問題。分娩、小便、大便、睡眠、游泳、性順從都說明，緊張、力爭、控制不得不讓位於鬆弛、信賴，相信應該讓事情順其自然。

道家的承受

道家的學說和承受兩者的含義都很豐富，這些含義都很重要，但也相當複雜，除非用修辭方法，否則很難說清楚。道家對於隨遇而安的創造態度有過一些精微的說明，許多討論創造性的作者曾一再轉述過，有時這樣解釋，有時又那樣說。但每一個人都同意，在創造性的始發或靈感階段，某種程度的承受或不干預或任其自然在敘述上是有特徵可尋的，在理論上和動力學上也是必要的。我們現在的問題是：這種承受或「任隨事物發生」和沉緬於現實與忘我有怎樣的關聯？

就像藝術家尊重他的資料一樣，這種尊重眼前問題的態度我們可以稱之為一種謙恭和敬意，也可以說認真對待。這等於把它作為一種目的，作為某物自身看待，承認它有自身的權利，而不是作為達到它以外的某種目的的方法，作為達到某一外部的目標的工具。我們對於它的存在的這種尊重態度含有它是值得尊重的意思。

在對待問題、資料、情境或他人時也可以用到這種謙恭或敬意。這種態度有一位作者曾稱之為遵從（順從、服從）事實的權威，遵從情境的規律。我能更進一步，從僅僅容許「它」作為它自己到一種親愛的、關懷的、讚許的、歡欣的渴望，就像對自己的孩子或愛人或樹木或詩詞或寵物那樣，渴望它作為它自己那樣的存在。

這樣的態度對於觀察或理解現實問題的全部具體的豐富內容是固有的需求，有助於理解它自己的性質和它自己的樣式，毋須有意的努力，毋須把我們自己強加於它，就像我們要傾聽另一個人低聲耳語時必須默不作聲安靜下來一樣。

創造活動傾向於成為人的整體活動（通常如此）；他這時是最整合的，統一的，一體化的，統一指向的，全部組織在為熱衷的眼前問題的服務中。創造性因此是系統化，是整個人的整體（或格式塔）性質；它不是像一層油彩那樣塗在有機體上或像細菌的侵入那樣，它是分裂的對立面。這樣的完整是較少分裂而較多一致的。

允許探究始發過程

人的整合過程的一部分是無意識、潛意識，特別是靈感始發過程的恢復，或詩的、隱喻的、神祕的、原始的、古代的、兒童般的東西的再現。

我們有意識的理智太極端地分析性、太理性、太數量化、太原子論、太概念化，因此，它丟掉了大量的現實，特別是不能領會我們自身內部的現實。

審美的觀察而不是抽象

抽象活動是較主動和較多干預的（較少道學的），比審美態度較多選擇和拒絕。審美是品味、享受、欣賞、關切，它的方式是不干預、不侵擾、不控制。

抽象的終端產物是數學方程式、化學公式、地圖、圖解、藍圖、草圖、概念、抽取的輪廓、模式、理論體系，所有這些都離原始的現實越來越遠（「地圖不是領土」）。審美觀察的、非抽象觀察的終端產物是知覺的總存貨清單，其中的每一件東西都很容易受到同等的品味，其中重要性高低的評價是不受重視的。在這裡尋求的是知覺印象的更加豐富多采，而不是更多的簡化和節略化。

第二章　認知與創造的整合

有的科學家和哲學家，竟然糊塗地認為方程式、概念式或藍圖比現實的自身更具真實性。幸虧我們已能理解，具體的東西和抽象的東西是相互影響和相互補充的，不再有必要貶低其中的一個或全部。我們這些知識界人士最好糾正一下天平，強調一下具體的、審美的、現象學的、非抽象的方面，認知到現象的一切方面和細節，現實的全部豐富內容，包括它的無用部分，因為我們在對現實的描繪中曾過於著重抽象的方面。

最豐滿的自發

假如我們全神貫注於眼前的問題，由於它本身的緣故而迷戀它，心中不再有其他的目標或想法，我們便更容易成為充分自發的，充分發揮作用的，任我們的能量從內部自如地流出，自動地流出，毋須努力，毋須自覺的意志或控制，就像一種本能一樣，自動地、無思想地作用著；即，達到最豐滿的、最少障礙的、最有組織的活動。

它們的有組織狀態和適合於眼前問題的一個主要決定因素很有可能就是現實中的固有性質。我們的能力於是最完善、最迅速、最不費力地適應於情緒，當情境改變時能靈活地改變，就像一位畫家持續不斷地使自己適應他的發展著的繪畫的要求，像一位角力運動員使自己適應他的對手，像一對舞伴嫻熟地相互配合，像水流入縫隙和窪地。

對獨特性最充分的表達

充分自發是忠實表現自由活動的有機體及其獨特性與風格的一個保證。自發和表現，都含有忠實、自然、真實、無矯飾、非模擬等等的意思，因為它們也含有非工具性行為的意思，沒有有意的「嘗試」。沒有費力的爭取或緊張，對於衝動之流和深刻人格的自由「輻射」表現為不加干預。

現在僅有的決定因素只剩現實中的固有性質和人的固有性質，以及兩者之間起伏波動相互適應的根本需求，需求形成一種融合、一個單位，例如，

一支優秀的籃球隊、一場絃樂四重奏。這一融合情境以外的任何東西都是無關的,這不是一種達到任何外部目的的方法;它的本身就是目的。

人與世界的融合

隨著社會的高度發展,人與世界的融合度也越來越高了,透過一個個創造性的例證,我們有理由相信它也是先決條件之一。我想,這一我曾拆開並討論的相互關係網絡能幫助我們更好地理解,這種融合是一個自然的事件,而不是什麼神奇奧祕的東西。我想,假如我們把它理解為一種同型現象,一種相互影響的鑄型,一種越來越密切的相合或互補,一種融化為一體,它甚至是可以用科學方法進行研究的。

河庫塞曾經說過:「假如你想畫一隻鳥,你必須變成一隻鳥。」這有助於人們理解上述觀點。

創造性達到最佳整合的途徑

有時我曾對創造性領域的新的和古老的情況進行比較而深感興趣。首先我想說,累積的資料總數 —— 純粹研究著述的數量 —— 已遠遠超過了任何人所能想像的。

在我印象當中,創造性領域的理論與方法、精巧測驗技術以及純訊息量的大量累積相比,進展並不大。我想提出理論的問題,即,有關這一研究領域中的概念化方面有些什麼問題使我不安,並說明這些使我不安的概念化問題的不良後果。

我想,最重要的問題是我的一個印象。創造性領域中的思考和研究大都太原子論、太特殊了,而不是像它能夠成為和應該成為的那樣整體論的、有機體論的或系統論的研究。當然我在這裡並不想進行任何愚蠢的二歧或極化的爭論。我不想表示對整體論的任何虔誠或對解析或原子論的任何敵意。對

於我，問題在於如何使它們達到最佳整合，而不是在它們之間進行抉擇。避免這樣的二歧抉擇的一個途徑是利用皮爾遜的舊分辨法，他曾在一般因素和特定或特殊因素之間進行區分，兩者都進入了不僅是智力而且是創造力的構成之中。

我在閱讀文獻時認知到，雖然創造性問題沒有被作為建立理論的一個基礎，但它和精神病學的健康或心理學的健康之間有非常關鍵、非常深刻、非常重要和非常明顯的關係。例如，在以心理治療為一方、以創造性為另一方的兩類研究中，我們可以說這當中很少有什麼連繫。我的一個研究生，理查‧克來格曾發表過一項我認為是非常重要的證明資料，說明確實存在著這樣一種關係。

托蘭斯的著作〈主要的創造才能〉中曾以表格形式列出全部已證明和創造性有相關關係的人格特徵，這是我們大家都有深刻印象的。也許他認為有30個或更多的特徵是充分有效的。克來格所做的是把這些特徵記錄在一欄中，然後在相對應的另一欄中列出那些我曾用於描述自我實現者的特徵（這些特徵和許多其他人用於描述心理健康的項目有相當多的交迭，例如，羅傑斯（Carl Rogers）的「充分發揮作用的人」，或榮格（Carl Gustav Jung）的「個性化的人」，或弗羅姆（Erich Fromm）的「自主的人」等等）。

兩者幾乎存在著普遍的交迭現象，一個表格中的30-40個項目中只有兩三個特徵用來描述心理不健康的人。沒有一個特徵是屬於對立的方向的，結果是，讓我們大致地說，近於40或至少37、8個特徵和心理健康的特徵是相同的──它們補充了心理健康或自我實現的綜合性。

我之所以引述這篇文章作為討論的起點，因為我有一個極堅強的信念（早在很久以前就有的）是：創造性的問題是有創造力的人的問題（而不是創造產物、創造行為等等的問題）。換句話說，他是一種特定的或特殊的人，而不只是一種老式的、平常的人，獲得了一些外部的東西，學會了一種

新的技巧如溜冰，或累積了更多的一些經驗，它們雖然屬於他「所有」，但並非他所固有，並非他的基本性質。假如你認為那種有創造力的人，才是問題的本質，那麼你面臨的問題就成為人性轉變、性格改變、整個人的充分發展的問題。

這又必然把我們帶入世界觀的問題中，帶入人生哲學、生活方式、倫理準則、社會價值等問題中。這和那種特別的、因果的、壓縮的、原子的理論概念、研究和訓練，形成了尖銳的和直接的對照，這一類說法我常常聽到，例如：「創造力的起因是什麼？」「我們能夠做的最重要的、史無前例的事是什麼？」「我們是不是應該在課程表上加上一門三學分的創造性課程？」我甚至料想很快就會有人問：「它定位在哪裡？」或「試圖插入電極促動它或抑制它」。在我和研究與發展中心的人商榷工業問題時，我也得到強烈的印象，發現他們總是尋求有什麼祕密的按鈕能發動創造性，像開關電燈那樣。

我認為：大概有成百上千個決定因素來得到有創造力的人。任何有助於人向更大心理健康或更豐滿人性運動的事物都等於是在改變著整個人。這一更人性、更健康的人能產生和能發射出作為副現象，成打、成百、和成百萬各種不同的行動、經驗、觀察、傳達、教導、工作等等，這種種不同的行為都將是更有「創造性」的。他那時將簡直是換了一個人，會在各方面以一種不同的方式行動。於是，作為一種替代，替代那獨一無二的或將特定地產生更多特定的創造性的按鈕或三學分的課程，這種更整體論、更有機體論的觀點將提出更有可能得出答案的問題：「為什麼不可以讓每一門課程都有助於培養創造性？」當然，這種對人的教育應該有助於創造一種更佳類型的人，能促使一個人長得更大、更高、更聰明、更有理解力（更敏感）—— 相應的，也自然會使他在生活的各個方面更有創造性。

我可以提供一個有關這方面的例子。狄克‧瓊斯寫過一篇博士論文，我

第二章　認知與創造的整合

認為從哲學觀點看是極其重要的，但它並未受到足夠的重視。他所做的是對高中生進行一種團體治療，並在年終時發現種族偏見下降了，儘管一整年他都嚴守自己訂立的規約避免提到這一類詞句。偏見不是按一下按鈕就能創造的。你毋須訓練人染上偏見，你也不能真正直接地訓練他們「消除偏見」。我們曾經試驗過，這些都發揮不了效果。但偏見的消除像火花一樣從輪盤上飛出，作為變成一個更好的人的副現象、副產品而實現，不論是由於心理治療或由於任何其他能改善人的影響。

我曾用不同於傳統科學的方法對創造性進行過調配研究。我不得不發明整體論的交談法。我試圖一個人又一個人地去了解，盡我的可能進行深入、深刻、充分的了解，直到我覺得對於他們身為一個整體的人（身為獨特的、個別的人）有了真正的理解。這是在獲取整個生活和整個人的非常充分的歷史資料而不懷有特定的課題或問題，就是說，不是抽取這個人的某一方面而不涉及其他方面，而是在進行個案研究。

但之所以稱之為法則研究也正因為如此，它也可以涉及特定的問題，在進行簡單統計後得出一般結論。你能把每一個人都看作一個無窮大，而多個無窮大可以相加，百分數可以求出，正如超窮數也能運算一樣。

如果你能用這種方式去深刻、深入和個別地了解人的樣本，那麼，就可以將某些典型傳統實驗中不可能的操作變為可能。我有一個大約包括 120 人的研究對象名單，對他們每一個人我都花了大量的時間 —— 僅僅用於對他們進行一般的了解。120 人全都死了也能得出答案。這和就某一單獨的問題所做的特定實驗形成對照，在這種實驗中將變動某一變量，而所有其他變量假定「保持不變」，儘管我們自然都非常清楚，有成千的變量在經典的實驗範式中只能假定受到控制而不是實際受到控制，更不用說保持不變了。

我想坦率地表達我的懷疑，我堅信因果方式的思維在作為普遍的科學哲學時已經過時了。儘管它曾在非生命的世界中發揮大的作用，而且也曾在解

決人的問題中因取得或多或少的成功而被學會。我們絕不能再這樣做，因為它只能引導我們進入特定的思維，即關於某一原因引起某一後果和某一要素產生某一要素的思維，而不是使我們對那種系統的和有機體的改變保持敏感。

對這種改變，我曾試圖說明，其中任何單一的刺激都可能會改變整個有機體，而改變的有機體又會引起生活一切部分的行為改變（這也適用於社會組織，無論大和小）。

例如，假定你想要得到身體健康，又假定你問：「你是怎樣使人的牙齒好些的？你是怎樣使他們的腳好些的？」或他們的腎、眼睛、頭髮等等。任何一位醫生都會告訴你，最好的辦法是改善一般系統的健康。也就是說，你要改善一般因素。假如你能改善他們的飲食和生活方式等等，那麼這些辦法將能一舉改善他們的牙齒、腎臟、頭髮、肝臟、腸子，以及其他任何器官，即整個系統都得到改善。

同樣的，按照整體論的看法，一般的創造性也是從整個系統中出發的，一般地改善的。而且，任何能產生更有創造力的人的因素也能使人成為一位更好的父親，或更好的老師，或更好的公民，或更好的舞蹈家，或一位更好的什麼人，至於達到和一般因素的增強相應的程度。當然，接著還要有特定的因素與此相加，才能把好的舞蹈家或好的作曲家和好的父親區分開。

葛洛克和史塔克寫過一本討論宗教學的好書，可以作為一種對這一類型原子論的和特定的思維的相當高明而又合格的描繪，特定的思想家、刺激 —— 反應思想家、因果思想家，「一因到一果」的思想家正在步入一個新的領域，這兩位作者可以做為先驅。

首先，他們當然覺得必須給宗教下定義。當然，他們不得不下定義說宗教是純粹的、分立的，說它不是任何別的什麼，進而把它孤立起來，和其他每一事物分割開，然後開始用亞里斯多德的邏輯「A」和「非 A」繞來繞去：

第二章 認知與創造的整合

「A」是所有「A」，不是「A」以外的任何東西，它是純粹的「A」；而「非A」是純粹的其他事物，因此兩者沒有交迭，沒有融合，沒有結合，沒有熔接等等。

這使他們能夠繼續前進並陷入一種絕對的、全盤的混亂，我從未見過的一種美麗的混亂。他們鑽進了死胡同，停留在那裡，使宗教行為和所有其他行為完全分開，以致他們全書所討論的都是外部行為，去教堂或不去教堂，節省或不節省小片的木料，對某件事或另一件事表示或不表示敬意，這樣便把我稱之為宗教的宗教完全排除在全書以外，我所謂的宗教指那些有深刻宗教思想而又可能和宗教機構、超自然現象、偶像崇拜無關的人的宗教態度和情感、情緒等。這是原子論思維的一例，我還有許多其他的例子。在任何生活部門中，一個人都能進行原子論思維。

只要我們願意，我們一定也能以同樣的方式解釋創造性。我們能把創造性弄成一種主日行為，它出現在一間特定的室內，一座特別的建築物中，比如在一個教室裡，並出現在某一特定的時間，如星期四。它只有在那間室內和那個時間內而不是在任何別的時間和地點才是創造性而不是別的什麼東西，而且只有某些領域和創造性有關，如繪畫、作曲、寫作，而不是烹調或駕駛出租汽車或做管工。但我還想提醒一下，創造性是幾乎任何行為都包含著的一個方面，不論是感知的、態度的，或情緒的、意動的、認知的，或表現的。我想，假如你以這樣的方式研究它，你將能提出各式各樣有趣的問題，如果你以另一種二歧化的方式研究創造性，將不會出現這些問題。

如同你剛開始學習跳舞時一樣，可能會採取不同的方式。大多數人在一個特定的社會中都要經過亞瑟摩雷學校的訓練，先出左腳然後邁開右腳走三步，這樣逐漸地你經歷了大量外部的、有意的運動，但我想我們都會這樣說。有助於學會跳舞的心理療法就在於使你懂得有成千的效果可以使你學會很好的舞蹈動作，就是說，要更自由地跳，更優雅、不拘束、不抑制、不自

覺、不渴求等等。同樣，我想，好的成功的心理治療（而我們都知道也有大量蹩腳的心理治療）在我的經驗裡也能增進一個人的創造性而毋須你有意去培養，甚至毋須你提及這個詞。

另外我要說，有一些完全讓人意想不到的事情被我的一個學生的一篇論文揭示出來。它的開端是關於生孩子的高峰經驗，來自母性的歡樂等等。但它接下去轉了話題，因為譚澤夫人曾發現，當生孩子是良好或偉大體驗的時候，會有各式各樣其他奇妙的改變發生。那時，許多事情在那位婦女的一生中都將改變。它可能有宗教轉變體驗的一些味道，或有類似偉大啟蒙的效果，或類似偉大成功的體驗，它強烈地改變了那位婦女的自我意象，因而也改變了她的一切行為。

另外，我認為這種一般的研究在談論「氣氛」時肯定是既高明而又富有成果。我曾試圖制定非線性系統組織的體制並找出這種組織中出現一切良好效果的原因。

那麼我只須說，這種創造性氣氛是由整個社會環境造成的。我不能挑選出某一種主要的原因蓋過其他。有一種一般性的自由，像大氣一樣，瀰漫全身，無所不在，而不是便如你在星期二做的某一件小事 —— 一件特定的、可以和其他事件分割開的什麼事情。能增進創造性的正確氣氛、最佳氣氛將是一種理想王國，或優美心靈的組織，像我寧願採取的名稱那樣。那將是一種社會，它是特地為促進所有人的自我完成和心理健康而設計的，這就是我的一般說明。在此範圍內並以此為背景，我們然後才能用一種特定的「輪廓」，一種特定的格局，用特殊因素使某某人成為一位優秀的工匠，而另一個人成為一位傑出的數學家。但沒有那個一般的社會背景，在一個不良的社會中（這是一種一般的制度論述），創造性就會較少可能出現。

我們也需要治療方面的類似物的幫助。我們從那些對這一研究和思想領域有興趣的人那裡可學到很多東西。例如，我們必須正視他們提出的什麼是

同一性，什麼是真實的自我，什麼是治療和教育，在幫助人趨向同一性時應該做的等等問題。

另一方面，我們已經有了一個關於某種自我、某種特徵的模型，它在一定程度上可以設想為生物性的，它是體質的、氣質的「類似本能的」。我們是一個物種，我們不同於其他物種。假如是這樣，假如你能接受這一模型而不是「白板」模型，不是把人作為純黏土可以鑄造或強化成為任何預先設計的形狀，像某一專斷的控制者所要求的樣子，那麼你也必須接受作為揭示、解除束縛的治療模型，而不是作為鑄造、製造和塑造的治療模型。這對教育也適用。由這兩種關於人性的不同概念所構成的基本模型也是不同的 —— 在教育、學習，在每件事上都不同。

那麼，創造性是否是一般人類遺傳的一部分呢？它確實經常會喪失，或被掩蓋，或被歪曲，或被抑制，或受到任何可能的阻礙，那麼任務就在於揭示什麼是所有嬰兒與生俱來的能力。我想，這是一個非常深刻、非常重大的問題，一個我們必須討論的基本哲學基礎問題。

最後，我願再說一點，一個特殊問題，而不是一個一般問題。我願問一問，什麼時候我們不想要創造性？有時，創造性能成為一種沉重的負擔。它能成為一種麻煩的、危險的、混亂的事情。

我曾從一位「創造性的」研究助手那裡理解到這一點，她把我曾研究了一年以上的課題搞亂了。她變得「有創造性」了，中途改變了全部事務，甚至連個招呼也沒跟我打。她搞亂了所有的資料，浪費了我一年的時間，把工作弄得亂七八糟。

我們要求火車基本上整點運行，要求牙醫一般不要發揮創造性。我的一位朋友幾年前有一次要動手術，他還記得當時一直感到不安和擔憂，後來他見到了他的外科醫師。很幸運，醫師是一位精細專心型的人，非常乾淨俐落，一絲不苟，這顯然是一位十分正規、有節制而清醒的人。我的朋友寬慰

地鬆了一口氣 —— 這不是一個「有創造性」的人，這是一位能進行規範的、慣常的、平凡手術的人，不會玩任何花樣或試驗任何新方法或進行任何新的縫合手術實驗等等。

我想，這不僅在我們的社會中是重要的，我們的分工要求我們聽從命令，執行計畫，不出意外。而且它對於我們每一個人都是重要的，不僅就我們身為有創造性的工作者來說是如此，而且身為研究創造性的學者來說也是如此。因為我們都有一種神化創造性的一個側面的傾向，神化熱情、頓悟、神化啟示、高明的主意，神化夜半靈感的來臨，並往往會低估隨後幾年的艱辛勞動，那是任何美妙想法要成為有用的東西都不可缺少的。

站在時間的角度上，那些美妙的想法其實占有我們的時間是很少的，我們絕大部分時間用於艱苦的工作。我覺得，我們的學生不懂得這個道理。這些麻木的孩子更多出在我們的門下可能是因為我的學生常常同意我的某些看法，因為我寫過有關高峰經驗和靈感等等的文章，他們就覺得這是唯一的生活方式。生活沒有每日或每時的高峰經驗就不能算是生活，因此，他們不能做任何枯燥的工作。

有一個學生告訴我：「不，我不想做這件事，因為它不能使我感到愉快。」於是，我漲紅了臉，怒氣上升：「什麼話？選你做，不然我開除你。」然而他認為我在踐踏我自己的原理。我也認為，要對創造性進行更有分寸和更平衡的描繪，我們研究創造性的人必須對我們給予他人的印象負責。顯然，我們給人造成的一個印象是，創造性像閃電在某一偉大而光榮的時刻擊中你的頭腦。能創造的人也是優秀的工作者這一事實往往被忽視。

克服創造中的情緒障礙

在我剛開始研究創造性時，還完全停留在學院和教授課業問題的地步。後來我被調到其他機構，這真是一種使我驚異的事。對於新部門的業務我一無所知，我頗感不安，我的好多同事也和我一樣遇到類似情況。我不敢肯定，我所做的工作和我得出的結論及我們關於創造性的認知在大型機構的形式中有多少用處。我能提供的一切實際上都是悖論、問題和謎，我卻尚不知道，它們將如何解決。

這些問題，即使對有創造性的人員也是既棘手又重要的。但我不知道該怎麼解決這個問題，因為我要談的實質上都是一些不合群的人。我在工作中遇到的那種有創造性的人往往在一個機構中很容易和人發生摩擦，由於很怕再發生的這樣的事，他們一般都躲在一個角落或頂樓裡獨自工作。我以為，大機構中「不合群者」的地位問題，是這個機構的問題而不是我的問題。

因為我所研究的人具有本質上的革命性 —— 他們背離現實，不滿足現狀，所以這有點像努力對革命和穩定的社會進行調和。這是一個新的尖端領域，我想我要做的不過僅僅是扮演研究者、醫師和心理學者的角色，把我所學的知識拋出來，把我所有的看法提供出來，希望能對有關的人有點用處。

在另一種意義上這也是一個尖端領域，那是使我們都不能不非常、非常深入開發的一個新的心理學尖端領域。假如我能預先概要說明我將要說的內容，我可能這樣概括：我們已經發現，原來我們正感興趣的那種創造性的根源，或真正新思想的產生，是深蘊在人性的內部的。我們現在甚至還沒有找到一個非常恰當的詞彙可以代表它。假如你願意，你可以用佛洛伊德的術語來談論，即談論「無意識」。或用另一個心理學派的術語「真實的自我」作為話題，但不論哪一種情況它都是一個更深層的自我。它的更深層是在一種操作的方式中表現出來的，如心理學家或心理治療家所看到的那樣，即在你

不復挖掘它的意義上說它是更深的。它的深蘊就像礦藏的深蘊一樣，它是深蘊在有機體內部的，為了得到它，你不得不奮力透過表層。

　　有一種非常特別的在歷史上從未出現過的含義可以說明這種新的尖端領域，對大多數人而言是一無所知的。這是某種不僅我們不知道的東西，而且還是我們懼怕的東西。那就是說，有對於知道它的「抗拒」存在。這就是我要試著說明的問題。

　　我是在談我稱之為始發創造性的東西，而不是次級創造性，是超越現實的新思想之源。這是一種和我稱之為次級創造性不同的東西。這是一種多產性，一位名為安娜・蘿的心理學家曾在一些最近的研究中做出過證明，她在一組又一組的知名人物 —— 有能力的、成果纍纍的、作用巨大的著名人物中發現了它。例如，在一項研究中，她研究了《美國科學家全書》（*American Men and Women of Science*）中所有帶星號的生物學家；在另一項研究中，她又對美國的每一位古生物學家進行了研究。她能證明一個非常特別的悖論，我們都無法迴避的問題，即，許多的科學家在一定程度上也是心理病理學家或治療家稱之為相當刻板的人，相當拘謹的人，對他們的無意識有所懼怕的人，像我上面提到過的那樣。於是，你可達到我曾達到的一種特別的結論。我現在已習慣於兩類科學的想法，兩類技術的想法。假如你需要，科學能定義為一種工具，運用它，沒有創造性的人也能創造和發現，只要能和大多數的人一起工作，站在前人的肩膀上，小心翼翼地工作等等。那就是我稱之為次級創造性和次級科學的東西。

　　我曾選出一些進行仔細研究的特別有創造性的人，在他們身上發現了這種來自無意識的始發創造性。這種始發創造性極有可能是一種每一個人都有的遺傳素養。它是一種共同的和普遍的東西。在所有健康兒童中肯定都能發現它的存在。它是任何兒童都具有而大多數人長大以後又會失去的那種創造性。它在另一種意義上也是普遍的，假如你以一種心理治療的方式挖掘它，

第二章　認知與創造的整合

假如你深入到無意識層，你就會發現它的存在。我只要向你提供僅僅一個例子，你們自己或許也都能經歷到的例子。

你知道，在我們的夢中，我們能比在醒時的生活中有更多得多的創造性。我們能變得更聰明，更機敏，更大膽，更有獨創性等等。把蓋子掀開，把控制去掉，把壓抑和防禦撤除，我們一般能得到比可見表面更多的創造性。我問過我的一些精神分析家朋友，想了解他們解放創造性的經驗。他們的普遍結論，我敢肯定那也是所有其他心理治療家的意見：通常期望一般的心理治療能解放出治療前沒有出現的創造性。要證明它是非常困難的，但那是他們共同的意見，甚至有資格被稱為專家意見。那是從事這件工作的人的印象。例如他們曾幫助那些想寫作卻有心理障礙的人。

心理治療能幫助這些人解除、克服這種障礙，使他們重新開始寫作。因此，一般的經驗是：心理治療，或深入這些通常受到壓抑的深蘊層，能使一種我們大家原本都有的但又失去的遺傳素養得到解放。

有一種形式的精神官能症能使我們在透析這一問題中學到許多東西，我指的是強迫症，而且它是一種容易理解的事情。我想首先談談它。

一般有這種精神官能症的人表現為神情憂鬱，舉止刻板、封閉。這是一些總想控制自己情緒的人，因而看起來相當冷漠，在極端的案例中甚至是毫無表情的。他們總是很緊張，很侷促。這種人在正常狀態下（發展到極端，它當然是一種疾病，必須接受精神病醫師和心理治療師的治療），一般是非常有秩序、非常整潔、非常準時、非常有條理、非常有節制的，能成為很有用的人才，例如，優秀的記錄員等等。

現在，用心理動力學的術語可以非常簡明地把這些人說成是「尖銳分裂的」，可能比其餘的人都更明顯地分裂。如在他們意識到的事物、他們對自己的認知和他們對自己隱藏的、那些無意識的、被壓抑的東西之間的分裂。當我們更多地理解這些人時，對壓抑的原因有所理解時，我們就會懂得，這

些理由也在一定程度上適用於我們所有的人，因此我們可以從特殊的情況中推導出適合一般情況的理論。這些人必然會如此，他們沒有其他的選擇，他們不可能走另一條道路，這是唯一能使他們達到安全、秩序、無畏懼、無焦慮的道路，即透過條理化、預見、控制、駕馭的道路。這些理想的目標都只有用這些特殊的辦法才能達到。

對於這樣的人，「新」東西是很可怕的，而任何新東西對他都不允許出現，因為他能把它納入他過去的經驗，能使變動的世界凍結，能自以為什麼都沒有變。他只有依據那些過去成功的、「久經考驗的」規律和法則、習慣、適應方式步入未來，並堅持在未來繼續利用這些法則，他才會感到安全而舒適。

為什麼他不得不這樣做？他究竟怕什麼？動力心理學家的回答是——用非常一般的術語說——他怕自己的情緒，或最深處的本能渴望，或最深蘊的自我，那些他拚命抑制的內心衝動。他不得不如此！不然他覺得他會發瘋。這一畏懼和防禦的戲劇在人體內上演。但他使它趨向概括化，向外投射於整個世界，於是也很容易以這種方式看整個世界。他真正防範的是自己身體內的危險，但此後只要他一看見任何使他想起這些內部危險或和這些危險相似的東西，就會在外部世界中與之戰鬥。他與自己趨向混亂的衝動作戰而變得特別從容不迫。外界的混亂將使他受到威脅，因為混亂使他想起他內部的混亂，或怕他抑制的衝動起來革命。任何危及這種控制的東西，任何能增強那種危險的潛伏的衝動或削弱防禦的壁壘的東西，都將使這樣的人驚恐不安。

這種人很能夠控制事態，並能創造一種平衡而使自己保全一生，雖然在這樣的過程中他要喪失很多東西。他的極大努力用於控制，大量精力消耗於控制中，因而僅僅控制自己也會使其疲憊不堪。控制是疲勞的根源，但他能對付下去，繼續保護自己，防範他的無意識中的危險部分，或防範他的無意

識自我，或他的真實自我，他曾頑固地認為那是危險的東西。他必須把一切無意識的東西驅逐出外。

有這樣一個寓言：一個古代的暴君追殺一個侮辱了他的人。當他知道這個人躲藏在一個城鎮裡時，於是下令殺掉城中所有的人，這只是為了能夠確信那一個人不致逃脫。強迫症患者的行為就像這個暴君一樣，殺掉和逐出一切無意識的東西，為了能夠確信它的危險部分不致漏網。

我談了這麼多無非是想說明，我們的快樂、幻想、歡笑、遊蕩等等能力，成為自發的能力，和在這裡對於我們最為重要的創造能力，都是出於這一無意識，出於這一深蘊的自我，出於我們自己的這一部分。一般地說，我們對於這一部分是心存戒懼因而竭力加以控制的，而我們的創造能力則是一種智力的遊戲，是一種能使我們成為我們自己，能進行幻想、放任，並暗自趨之若狂的能力（每一真正新穎的思想起初看來都像是瘋狂）。

強迫症患者放棄了他的始發創造性，放棄審美的可能性。放棄他的詩意，放棄他的想像，淹沒他的一切健康的稚氣。而且，這也適用於我們稱之為良好適應的問題，適用於曾被非常細膩地描述為八面玲瓏的本領，即善於處世，很現實，按常識辦事，成熟，能幹大事。恐怕這些適應的某些方面也意味著背棄那些對良好適應構成威脅的東西。

這是一些與世俗妥協，與常識的需求、與物質、生物和社會現實的需求妥協的動機和努力，它一般是以放棄我們深蘊自我的一部分為代價的。它在我們中不像在上面說明過的情況中那樣明顯，但恐怕事情正在變得越來越明顯了，我們稱為正常成人適應的東西也越來越意味著背離那些會威脅我們的東西，而威脅我們的東西則是溫柔、幻想、情感「稚氣」。

有一件事我未曾談過，但在我對有創造性的人的研究中曾深感興趣（對非創造性的人的研究也同樣），那就是對於所謂的「女人氣」、「女性」或我們直接稱之為「性變態」的任何事物的極端畏懼。假如他是在一種硬性環境

中培養起來的，「女性氣質」實際上意味著一切有創造性的活動：想像、幻想、色彩、詩、音樂、溫柔、感傷、浪漫，但這些通通都作為危及一個人的陽性形象而被隔離開了，一切被稱為「柔弱」的東西往往會在正常男子的適應中受到壓抑。而許多被冠以柔弱之名的東西，我們知道其實一點也不柔弱。

在討論這些無意識過程時，討論精神分析家稱之為「始發過程」和「次級過程」的概念時，我想能對於這裡談論的題目有點用處了。在面對混亂時力求從容鎮定，用理性對待非理性，這雖然是個難題，但我們畢竟已想出了辦法。這些始發過程，這些無意識的認知過程，即感知世界和思維的無意識過程，這些我們所關心的過程，是非常不同於常識法則的，不同於嚴密邏輯，不同於精神分析家稱為「次級過程」的東西。

在次級過程中，我們是合邏輯的、明智的、現實的。當「次級過程」和始發過程隔離開時，始發過程和次級過程雙雙受損。在極端情況下，把邏輯、常識和理性同人格的深蘊層隔離開或完全分割，造成強迫性理智型人，這種類型的人簡直無法在感情世界中生活，不允許自己戀愛，因為愛情是不合邏輯的，他甚至不敢放聲大笑，因為大笑是不合邏輯、不合理和不明智的。當這樣被隔離開，當這個人已經分裂時，你便得到了一種病態的理性，以及病態的始發過程。

這些次級過程，弄得分隔開和二歧化，可以被認為主要是畏懼和挫折造成的一種結構，也就是一種防禦、壓抑和控制的系統、一種撫慰的系統所造成的，為了能夠以不便公開的方法和一個使人受挫的、危險的物質世界和社會環境妥協，因為它們是滿足我們需求的唯一源泉，使我們要得到任何滿足都不能不付出非常昂貴的代價。這樣一種病態意識，或病態我，或意識我，變得越來越覺察到它所領悟的自然和社會的規律並奉之為生活的金科玉律了。這意味著一種盲目性。

強迫型人不僅失去了許多生活樂趣，而且他也變得對他自己的許多方面

第二章　認知與創造的整合

在認知上毫無所見，對他人的許多方面，甚至對自然的許多方面也同樣看不見了，甚至身為一位科學家，他也會對自然的許多方面置若罔聞。確實，這樣的人也能做成某些事情，但我們必須首先問，像心理學家總要問到的：那是以怎樣的代價做出的 —— 對他自己而論？其次，我們也還要問，這樣做出的是哪些事情，它們是否值得去做？

我所見到的最典型的強迫症病例是一個有節儉癖的人，他是我從前的一位老教授。他把讀過的所有報紙都按週分別捆好。每週的報紙都用一根小紅線捆上，然後再按月放在一起用一根黃線捆好。他的妻子告訴我，他每天的早飯也是很規律的。星期一是桔子汁，星期二是燕麥粥，星期三是梅脯等等。如果星期一給他吃梅脯就要鬧一場。他節省舊刀片，把自己所有的舊刀片都收集起來，包裹好，貼上標籤。當第一次進入他的實驗室時，我記得他正給每一件東西貼上標籤，這正是這種人的典型作法。每一件東西都要編組，貼上帶有黏膠的小紙條作為標記。我記得他不惜花上幾個鐘頭設法在一個小探針上貼標籤。有一次我打開他實驗室裡的一架鋼琴，那裡也有一個標籤，說明它是「鋼琴」。這樣的人是真的有毛病了。他自己有時也感到很苦惱。這樣的人做的這一類事和我上面提出的問題很有關係。這些人做了一些事，但他們做的是什麼事啊！這些事有價值嗎？有時候有價值，有時候沒有價值。

我們也知道，很不幸，我們許多科學家卻往往是這麼做的。在這種工作中，這樣的探察性格偶爾也會非常有用。例如，這樣的人能花上十多年對某一單細胞動物進行微細解剖分析。這種解剖分析需要所有人都具有那種耐性、堅持性、頑強性和認知需求。社會也經常需要這樣的人。

對始發過程進行二歧式防範和莫名的畏懼就是一種疾病，但這並不一定非成為疾病不可。我們用希望、畏懼和滿足的眼睛看世界，假如你像一個真正幼小的孩子那樣看世界、看自己和看別人，以這樣的方式思考，那或許對你會有所幫助。在沒有否定，沒有矛盾，沒有分裂的同一性，沒有對立，沒

有互相排斥的意義上，這是合乎邏輯的。

對於始發過程，亞里斯多德並沒有發言權。始發過程不依賴於控制、禁忌、訓練、抑制、延宕、計劃和對可能或不可能的計算。它和時間、空間或順序、因果、秩序，或和物理世界的規律無關，這是一個完全不同於物理世界的世界。當我們把始發過程置於一種必需的情境中時，當始發過程必須將自己防範意識的覺察偽裝起來、使事情的威脅性彷彿降低了時，始發過程能把幾個濃縮為一個物體像在夢中能做到的物體那樣，能使情緒脫離它們真正的對象，移置到另外的無害對象上；能透過象徵化進行掩飾；能成為全能的，無所不在的，無所不知的（請回憶夢，我所說的一切對夢都是適用的）。它可以不用行動，什麼也不做而單憑幻想來使事情發生。對於大多數人，它是前語言的，非常具體的，和原始體驗更接近的，並往往是視覺的。

始發過程是超越評價、道德、倫理、文化及善惡之上的。在大多數文明的人中，正因為始發過程被這種二歧化擋住了，往往成為孩子般的、幼稚的、若狂的、危險的、可怕的。我曾提供一個人的例子，他已完全壓制了始發過程，完全隔開了無意識。這樣的人就我所說明的那種特定的方式看是一個病態人。

另一種人，他的二級過程——控制、理性、秩序、邏輯過程已經完全破碎，那也會成為一個精神分裂者，也會成為一個非常嚴重的患者。

在健康人中，特別是在有創造性的健康人中，我發現他們能在一定程度上融合和綜合始發和次級兩種過程，意識和無意識兩者，深蘊的自我和自覺的自我兩者，能卓有成效地做到這一點。我敢確信，這是可能做到的，儘管不很普遍。可以肯定，用心理治療可能有助於這一過程的發展，更深的和較長期的心理治療甚至能更有效。

這一融合中所發生的事情是，始發過程和次級過程兩者互相滲透就能在特徵上都有所改變。無意識不再變得更有威脅性。這樣的人能帶著他的無意

第二章　認知與創造的整合

識生活；能帶著他的稚氣、他的幻想、他的想像、他的願望滿足、他的女性氣質、他的詩意、他的瘋狂生活了。像一位精神分析家用一句妙語所說的，他是一個「能倒退而為自我服務的人」，這是有意的倒退。這樣的人能隨時利用那種我們一直渴望的創造性。

但在極端的例子中，是不會發現我前面提到的那種強迫型人有娛樂行為的，他不能順其自然。舉例說，這樣的人往往避免社交聚會，因為他太敏感並設想參加聚會可能會被弄得很尷尬。這樣的人怕貪杯，因為那會使他失去控制而造成很大的危險。他必須所有時間都用在控制中，這樣的人很可能是一個難以催眠的夜遊神。他很怕麻醉，或任何其他有損於充分意識的狀態。這是一些力求在聚會中保持尊嚴、秩序、自覺、理性的人，在那裡會被認為不是那樣的。當我說一個十分安於他的無意識的人能那樣順其自然時，我就是針對這種情況說的 —— 在這種聚會中要有點瘋狂，要有傻相，要插科打諢，並以此為樂，無論如何要有狂熱的時候 —— 像那位分析家所說的「為自我服務」。這像是一種有意識的、自覺的倒退 —— 而不是力圖顯得莊重和總是有所控制（我不知道為什麼會這樣想：這就像一個被描繪為「大模大樣的」人，甚至坐在椅子裡也是那樣）。

我想我完全有資格對這種無意識的開放態度多加評論。心理治療、自我治療和自我認知全都是一個困難的過程，因為對於我們大多數人現在的情況都在於無意識和有意識的彼此隔離。你如何能使心理世界和現實世界和睦相處呢？一般地說，心理治療過程是在專家的幫助下一點一點地逐步面對最上層無意識的問題。

這些上層無意識暴露在眼前，被容忍並被吸收了，原來並不危險、並不可憎。然後是再下一層，又下一層，在同樣的過程中使一個人正視他十分畏懼的東西，並發現當他確實正視它時，並沒有什麼值得可怕的東西。他曾經怕它，因為他一直是用他慣用的那種兒童的眼光看它，這是兒童的誤解。兒

童畏懼並因而壓抑的東西，被推出了常識學習和常規體驗的範圍以外因而得不到正常的發展，不得不停留在那裡，直到它再被某種特殊的過程拖出來。意識必須變得十分強大才勇於同敵人交朋友。

在歷史中，類似的情況可以在男人與女人的關係中發現。男人害怕女人，因而統治女人，這種統治是無意識的，我相信他們這樣做的理由非常像他們對自己始發過程的畏懼。動力心理學家往往認為，男人和女人的關係很大成分是由這樣的事實決定的，即女人會使男人想到他們自己的無意識，也就是想到他們自己的女性氣質、他們自己的柔和與溫存等等。因此，與女人作戰或力圖控制女人，貶低她們，這已成為對於這些在我們每一個人的內部都有的無意識力量進行努力控制的一部分，在驚恐不安的主子和仇恨滿懷的奴隸之間是不可能有真正的愛的。

只有當男人變得足夠堅強，足夠自信，並足夠整合時，他們才能容忍並最終喜愛自我實現的女子，喜愛人性豐滿的女子。如果沒有這樣一個女子為伴侶，相信沒有哪個男人能夠實現他自己。因此，堅強的男人和堅強的女人是彼此互為條件的，因為兩者的存在誰也離不開誰。他們也是互為因果的，因為女人成長為男人，男人也成長為女人。而最後，他們也是相互報答的。假如你是一個很好的男子，你要贏得的也是那樣的女子，那樣的女子也是你應得的報答。

因此，讓我們回到我們的類比上來，健康的始發過程和健康的次級過程，或健康的幻想和健康的理性，需要彼此的幫助，以便融合為一個真正的整體。

按年代順序來講，我們關於始發過程的知識最初來自對夢和幻想以及精神官能症的研究，接著又來自對精神病和瘋狂過程的研究。這一知識只能一點一點地從它的病理學儒染中解放出來，從非理性、從不成熟、從貶意的原始狀態中解放出來。

第二章　認知與創造的整合

　　只有在我們對健康人的研究中，我們才逐漸充分意識到創造過程，意識到娛樂、審美感知、健康的愛的意義、健康的成長和形成、健康的教育，才懂得每一個人既是詩人，又是工程師，既是理性的，又是非理性的，既是孩子，又是成人，既是男性的，又是女性的，既處在心理世界中，又處在自然世界中。我們也是逐漸地才懂得，我們如果天天都力求成為僅僅純粹合理，僅僅合乎科學、邏輯，僅僅明智、實際、承擔責任的人，我們便會有所失。

　　我們確信，整合的人，充分發展的人，充分成熟的人，必然是在這兩種水準上同時對自己發揮作用的人。當然，很少有人汙蔑人性的這一無意識面，把它說成是病態而不是健康，佛洛伊德曾這樣想過。但我們知道事實並非如此。全面的健康意味著在所有的水準上都對自己發揮作用。我們不再說這一方面是「惡」而不是「善」，是低級而不是高級，是自私而不是無私，是獸性而非人性。通觀人類歷史，特別是西方文明史，更特別是基督教史，總是不能擺脫這種二歧式。我們不再能把自己二歧化為洞穴人和文明人，惡魔和聖賢。我們現在能夠把這看成一種不合理的二歧式，一種不合理的「非此即彼」，透過這種分裂和二歧化過程本身，我們創造了一個病態的「此」和一個病態的「彼」，也就是創造了一個病態的意識和一個病態的無意識，一個病態的理性和一個病態的衝動。理性能成為十足的病態，你在電視上的問答比賽節目中可以經常看到這種病態。

　　我聽說有一個可憐的傢伙，一位古代史專家，他的收入極高，曾告訴某人他達到這一步只不過是靠熟記下全部《劍橋古代史》（*The Cambridge Ancient History*）──從第一頁開始直到最後一頁，現在他已熟知這本書中的每一個日期和每一個名字。這個可憐的傢伙！亨利曾寫過一個人的故事，他想，既然百科全書概括了全部知識，他就毋須為進入學校發愁了，只要熟記百科全書就行了。他從 A 部開始，然後是 B 部、C 部等等。那就是一種病態的理性。

　　這種二歧式一旦被超越並得到解決，我們如果把這兩極能夠一起納入它們原本相屬的統一體中，例如，在健康兒童中，在健康成人中，或在特別有創造力的人中，那麼，我們就能認知到，二歧化或分裂本身是一個病理過程。這時一個人的內戰也就有可能結束了。這種事情也正是被我稱為自我實現的人身上發生的。最簡單的辦法是把他們描繪為心理上健康的人，那正是我們在這樣的人中所看到的。

　　當我們從總體中挑選出百分之一或千分之一最健康的人時，我們將發現，這些人在他們一生中，有時得益於治療，有時沒有治療，都已經能把這兩個世界合而為一，並在兩者中都能安然地生活。

　　我曾描述健康人好像具有一種健康的稚氣。這是用語言難以說清的，因為「稚氣」一詞習慣上意味著成熟的反面。假如我說，最成熟的人的生活也是赤子般的，這聽起來像是矛盾，但實際上並不矛盾。也許我能用我說過的聚會的例子來解釋。最成熟的人也是最有情趣的人。我想，這是一種更可以接受的說法，這些人也是能夠隨意倒退的人，他們能變得像個孩子並和孩子在一起玩，接近孩子們。我想，孩子一般會喜歡他們並願意和他們相處，這絕非偶然，他們能倒退到那一水準。非意願的倒退自然是非常危險的，自願的倒退卻顯然是非常健康的人所特有的表現。

　　我無法說清如何才能達到這種融合。在日常促進人內部這種融合的實踐中，我所知的唯一真正可行的辦法是心理治療。這當然並不是一個現實的或甚至受歡迎的建議，自然也存在自我分析和自我治療的可能性。任何能增進深蘊自我知識的技術在原則上應該也能增進一個人的創造力，使他能夠利用思想與觀念作戲的這些原動力，能夠超越這個世界和地球，擺脫常識的束縛。

　　常識意味著在現實中生活，但有創造性的人是那些不想要現實而寧願造就另一個世界的人。為了能夠做到這點，他們必須能夠脫離地球的表面，去

第二章　認知與創造的整合

想像、幻想,甚至成為瘋狂的和著迷的等等。我能向那些管理有創造力的人的人員提出的實際建議很簡單,只能是注意發現這樣的人才,因為他們是已經存在的,然後把他們選拔出來,並緊緊把握住他們。

如果向某一個公司說明這些第一流的創造性人物是怎樣的,我想他們就會明白這些人是多麼有作用的。他們往往正是那些在一個機構中製造麻煩的人。他們往往不循規蹈矩,往往有點不合時宜、不現實,常被稱為缺乏訓練;有時不嚴格、「不科學」,這是就一種特定的科學定義說的。強迫性格較強的同事往往稱他們為幼稚、不負責任、野性未除、發瘋、愛推測、無批判、無規律、容易激動等等。這聽起來像是對流浪漢或波希米亞人或古怪人的描述。

但我認為應該強調,在創造性的早期,你已經開始成為一個流浪漢或波希米亞人或古怪人了。有一種「腦風暴」法可能有助於我們成為有創造性的,因為這種方法來自那些已經成功地成為有創造性的人。他們讓自己在早期思想階段成為這樣的流浪漢,他們讓自己成為無批判的,他們任自己產生各式各樣怪誕的想法進入腦海。在情緒和熱忱的衝動下,他們可能潦草地寫出詩篇或公式或數學解答,或制定理論,或設計實驗。這時,只有這時,他們才進入次級過程,變得較有理性,較有控制,並有批判了。

假如你在過程的第一階段就力求有理性,有控制,有秩序,你會永遠得不到它。我所記得的「腦風暴」法正是這樣的 —— 無批判 —— 任你自己與觀念作戲 —— 自由聯想 —— 任它們大量地跳到桌面上來。然後,只有這時,才拋掉那些不好的想法,或無價值的想法,保留那些好的。假如你怕造成這樣的狂想錯誤,你也就永遠別想得到任何光輝的思想。

當然不必按照一種模式將這種波希米亞式的事務進行到最後。我所談論的是那樣的人,他們在需要的時候能夠倒退為自我服務;自願的倒退;自願的發狂;自願進入無意識。這些同樣的人後來又能戴上他們的帽子、穿上長

衫,成長起來,變得理性了、明智了、有條理了等等,並能用批判的眼光審查他們在熱情迸發時和創造性強烈時產生的一切。於是,他們有時又能說,「它在誕生時給人的感覺是那樣的美妙,但它實際並不怎麼樣」,因而又把它拋棄。一個真正整合的人能夠既是次級的,又是始發的;既是稚氣的,又是成熟的。他能倒退,又能回到現實中來,在他的反應中變得較有控制和批判精神。

我認為,一個公司,至少它的負責人事管理工作的人,是很有必要了解這一點的,因為他一直在考慮要解僱這樣的人,他非常強調執行命令和順從機構的安排。我不知道一個機構的管理者將要如何處理這些事情,我不知道這對社會將產生怎樣的影響,這不是我的討論範圍。我不知道在一個機構的工作過程中怎樣才有可能利用這樣的人物,這個機構不得不有條不紊地進行許多貫徹某一想法的工作,一個想法僅僅是完成任務必須經歷的複雜過程的開始,這是不容易在地球上任何地方解決的一個問題。我們必須正視這個問題,對研究和發展投入大量經費。創造性人才管理已經成為一個新的課題。

那些大公司中曾成功推行的行為準則顯然需要進行某些改變和修正。我們必須尋求某種方法讓人在機構中能表現出個人特色,我不知道怎樣做到這一步。我想這必將成為一種實踐的結果,這樣試一試,那樣試一試,再另外試一試,最後達到某種經驗的結論。我要說,如果能確認這樣做不僅是發狂而且是創造性的特徵,那將是有幫助的。

順便說一下,我不想對任何這樣做的人都給予好的評價,他們有些人確實是發狂了。我們已學會分辨,要學會尊重這種人或至少用開放的眼光看待他們,並設法使他們能夠適應社會。這樣的人大都是孤獨者。我想,你們將更有可能在學院環境中而不是在大機構或大公司中發現他們,他們在學院會覺得更安適,因為在那裡容許他們愛怎麼發狂就怎麼發狂。

人人都期待著教授們的狂想,這對任何人都不會產生利益的衝突。任何

別的人都見不到他們，除非是聽他們講課。教授有充足的時間在他的頂樓或地下室夢想著各式各樣的事情，不論是否可行。在一個機構中，你會弄得混亂不堪。

　　我曾聽到一件滑稽事：兩位精神分析家在一次聚會中相遇，一位分析家走到另一位跟前打了他一記耳光。挨打的分析家毫無思想準備，愣了片刻，然後聳聳肩說：「那是他的問題。」

第三章 ‘科學與心理的研究

人的認知總是在一定程度上接近實在，這就難免在認知過程中存在一定偏差。為了改變錯誤認知，必須改善科學方法，擴大科學權限，從新的角度思考適用於「人」心理規律的認知方法，這就需要對科學方法和心理規律進行研究和了解。

—— 馬斯洛

科學家的心理動機

在人類社會中，各式各樣的需求也同樣在驅動著科學家。這些需求是人類所共有的，是對食物的需求；對安全、保護及關心的需求；對群居、感情及愛的需求；對尊重、地位、身分，以及由此而來的自尊的需求；對自我實現或發揮個人所特有的和人類所共有的多種潛能的需求。對於心理學家來說，這些需求是最為熟悉的，究其原因，是因為它們受到挫折而引起的病態。

對於純粹知識的認知性需求或好奇，以及對於理解 —— 哲學解釋、神學解釋、價值體系解釋 —— 的需求則研究較少，但只要透過普遍觀察就可以全盤可知了。

最後，還有最少為人知的審美的需求 —— 對於美、對稱、也許還包括對於簡潔、完滿、秩序等的活動，以及表達、表現的需求，還有與這些審美需求有連繫的、使某事趨向完滿的需求。

現在看來，似乎所有其他需求、欲望或驅力不是上面所列舉的基本目的的方法，就是精神疾病的，或是某些學習過程的產物。

顯而易見，科學哲學家們最關注的就是認知的需求。在科學的自然歷史階段，推動科學向前發展的最大動力是人的持久的好奇心。在更高一級的理論化和抽象化的水準階段，科學同樣產生於人的持久的理解、解釋，以及系統化的欲望。然而，對於科學特別不可缺少的是後一種理論的衝動，因為純粹的好奇心在動物那裡也很常見。

當然，其他動機也存在於科學發展的整個階段。最初的科學理論家常常認為，科學在本質上是一種幫助人類的方法，而這一點現在卻常常被忽略。例如，培根（Francis Bacon）就期望科學能大大改善人類的貧窮以及疾病的蔓延。現已查實甚至在希臘科學中，儘管柏拉圖式的純粹非體力的沉思是一種牢固的傳統，但注重實際和人道主義的傾向卻相當有力。

一般來說，夫妻之間的趨同和歸屬的感情，以及更強烈的對人類的愛的感情，往往是許多科學工作者的原始動機。他們投身於科學，就像他們同樣也會投身於社會工作或者醫學一樣，都是為了幫助、服務於人們。

最終，我們必須承認這樣一個事實：任何人類的需求都可以成為涉足科學、從事或者深入研究科學的原始動機。科學研究既可以作為一種謀生方法，又可以作為一種取得威望的源泉，一種自我表達的方式，或者是滿足任何精神需要的工具。

對於多數人來說，更常見的是，所有同時發生作用的動機的各種程度的不同聯合，而不是一個單一的、原始的、最重要的動機。對於任何科學家來說，研究工作不僅有愛的需求，而且還被單純的好奇所驅使；不僅有威望的需求，還被賺錢的需求促動；等等。此類記述都是最有反辯力的思想。

科學的心理概述

從心理學角度看，科學屬於一種敏銳的認知，是人類的創造，而不是自主的、非人類的、或者具有自身固有規律的純粹的「事物」。科學產生於人類的動機，它的目標是人類的科學，是由人類創造、更新，以及發展的。它的規律、結構以及表現形式，不僅取決於它所發現的現實的性質，而且還取決於完成這些發現的人類本性的性質。具有豐富臨床經驗的心理學家，會依據自己的經驗，採取研究人，而不是他們製造的抽象觀念，透過研究科學家，而不光是科學的方式，相當自然和自如地處理任何課題。

然而，有些人錯誤地認為，科學完全是自主的，能夠自我調節；並將科學視作一場與人類利益無關的，有著固有的、任意的棋類規則的遊戲。事實卻並非如此，心理學家必須將這些企圖看成是不符合客觀實際的、錯誤的，甚至是違反經驗的。

在這裡，我希望首先明確研究科學的心理學所依據的某些極為重要的自明之理。然後，我將提出對此論題的某些含義和結果。

破除科學一元論的途徑

在社會生活中，人們所追求的滿足是多種多樣的，因此在科學工作中也需要多種不同的滿足。科學對於所有人都能投其所好，無論對年輕的還是年老的，勇敢的還是膽怯的，富有責任感的還是尋找歡樂的，都是這樣。

一些人習慣直接在科學中追求人道主義的目標，另一些人則明確地喜歡科學的非個人、非人類方面的性質。一些人主要是尋求條理的清晰和規則的井然，另一些人則想開闢和開創新路，還有一些人寧肯做整理者的工作：整頓、清理、管轄已經贏得的陣地。一些人需要用科學來保護自己，另一些人則尋求冒險和興奮。我們不可能描繪出唯一理想的妻子，或研究活動。正如我們可以贊成一般的婚姻，同時仍保留個人趣味的選擇一樣，個人在科學中也可以是多元的。

我們可以把科學分出以下功能：尋求問題、提出問題、鼓勵預感、提出假設的作用。試驗、檢測、證明、反駁的作用；重複和檢驗實驗的作用；累積事實的作用；使事實更為可靠的作用。條理化、理論化，以及構建的作用；綜合範圍越來越大的概括作用。收集歷史、博學的作用。工藝方面的作用；作為工具、方法、技術的作用。管理、經營和整合方面的作用。宣傳和教育的作用。為人類服務的作用。提供給人以欣賞、享受和歡慶的愉快，以及給人以榮譽的作用。這種功能的多重性必然意味著勞動的分工，因為很少有人能集所有這些技巧於一身，勞動的分工需要不同類型的人，以及不同的興趣、能力和技巧。興趣不僅反映了性格和人格，也表現了性格和人格。而科學家對於學科的選擇恰好展現了這一點，例如，選擇物理學而不是人類學。

在學科內部各個領域的選擇上也是這樣，例如研究課題的選擇，也展現了這一點，但不是那麼明顯罷了；例如，研究反作用抑制而不是頓悟。另外，這一點還可用於解釋對於方法、資料、精確度、適用性以及可行性與當前人類利益的密切程度等的選擇。

於是，在科學中，我們大家的興趣不同且又能互補。假如每個人都喜歡物理學而不喜歡生物學，科學的進展將無從談起。這就像我們並非都愛同樣的氣候，相同的樂器一樣。因為一些人喜歡小提琴，另一些人喜歡單簧管或鼓，只有如此，才能有樂隊，樂隊才可能演奏成功。科學也是同樣道理，在最廣泛的意義上講，科學也是由於不同的愛好才得已發展的。既然每個人都能提出不同的問題，熟悉不同的領域，正如在藝術、哲學、政治中一樣，科學也需要各式各樣的人（而不是能夠容忍各式各樣的人），甚至精神病患者也可能有特殊用處，因為他的疾病使他在某些特殊方面特別敏感。

在科學中，一元論是一種真正的危險，因為「關於人類的知識」常常僅僅意指「關於人類自身的知識」。我們非常容易將自己的趣味、偏見以及希望投射到整個宇宙上去。例如，物理學家、生物學家和社會學家早已表明，由於他們所選擇領域的不同，他們在一些重要方面有根本區別。

由於這種在趣味上的區別，我們完全可以合情合理地希望他們對科學、方法、目標以及科學的價值有著各不相同的定義。很顯然，正如我們在人類其他領域裡所做的那樣，在科學家之間，我們也同樣需要容忍和接受個體的差異。

研究科學心理學的意義

對科學家的研究

要想研究科學，必須要研究科學家，科學家是科學研究中的一個非常重要的甚至是必要的環節。既然科學作為一種體制在一定程度上是人性的一些

方面的擴大投影，理所當然，與此相關的知識的任何增加都會自動地擴大許多倍。例如，每一門科學以及每一門科學中的每一種理論，都將受到以下知識增加的影響：

傾向性和客觀性的性質；

抽象過程的性質；

創造力的性質；

文化適應以及科學家對文化適應的抵制的性質；

願望、希望、憂慮、期待對感覺的干擾；

科學家的作用和地位；

我們文化中的反唯理智論；

信仰、確信、信心、確定等的性質。

當然，我們已提到的問題是重要的，特別是有關科學家的動機和目標的問題。

科學和人類價值

科學不是憑空產生的，它是建立在一定基礎之上的，這個基礎就是人類價值，而且科學自身也構成了一種價值系統。人類情感需求、認知需求、表達需求以及審美需求，賦予了科學起因和目標。任何這樣一種需求的滿足都是一種「價值」，這與追求真理或確定一樣，也適應於安全的追求。

簡潔明瞭、用語精練、優美雅緻、樸素率真、精確無誤、勻稱美觀，這類審美需求的滿足不但對工匠、藝術家或哲學家是有價值的，對於數學家和科學家也同樣是有價值的。

事實上，還有一個問題需要注意，即身為科學家我們分享著我們文化的基本價值，並且至少在某種程度上可能將不得不永遠對這類價值（誠實、博愛、尊重個人、社會服務、平等對待個人）做出決定的權利——維持生命與健康，消除痛苦，尊重他人應得的榮譽，講究信用，讚美體育道德、「公

正」等等，哪怕這個決定是錯誤的也不例外。

看來，仍有人對「客觀性」和「公正的觀察」理解得不夠清楚，因此有必要重新闡明一下。「排除價值」最初意指排除神學以及獨裁主義者對事實的判決，因為它們預先判定事實。而且，這種排斥就像在文藝復興時代一樣，是非常必須的，因為我們仍然需要我們的事實不受干擾。即使在我們的國家中，有組織的宗教活動對於科學也有一種微弱的威脅，我們要堅持用強大的政治和經濟的信條與之抗衡。

理解的價值觀

為了防止價值觀對我們關於自然、社會以及我們自己的知覺的干擾，我們所能做的最好途徑就是始終對這些價值觀有非常清醒的意識，理解它們對感覺的影響，並借助這種理解的幫助，做出必要的修正。此處的所謂干擾，指的是精神決定因素與現實決定因素的混淆，而後者才是我們試圖理解的。因而，對於價值觀、需求、願望、癖好、憂慮、興趣以及精神疾病的研究，必須成為科學研究的基本方面。

然而，這一論點還必須包括以下幾個全人類最普遍的傾向：抽象、分類，因而理解相同點和不同點。大體上來說，有選擇地注意現實並依據人的興趣、需求、願望和憂慮來重新篩選。這樣將我們的知覺過程整合成各大類，在某些方面是有利和有用的，而在另一些方面又是不利的和有害的，因為，它使現實的某些方面異常突出明顯，同時又使現實的另一些方面陷入我們必須理解。

雖然大自然賜給我們「自然的」裂終分界，但這些暗示往往是非常含糊的，我們必須強加一種分類於自然現象。而且在此過程中，我們不但要依據自然的啟示，還要依據我們自己的人性、我們自己的無意識的價值、偏見和興趣。假如科學的理想就是將理論中人的決定因素減少到最低限度，那麼，只有好好地了解這些因素才能達到這一目的，而不是否認它們的影響。

然而，這些擾亂人心的論點的目的應是「純」科學家的定心丸，因為它能更有效地達到目標，也就是說，我們可以改進關於自然的知識，透過研究掌握知識的人來清除我們現有知識中的雜質。

人類和非人類的規律

　　從某種程度上講，人類心理學的規律與非人性的自然規律之間，既存在相同點也有著很多差異。人類在自然界中生存這一事實，並不意味著人與自然界的法則和規律必然相同。在現實世界中，人類生活當然不得不對現實讓步。不過，這實際上並不與人類有內在的規律這一事實相矛盾，人固有的規律不同於自然的那些規律，願望、擔憂、夢想、希望與卵石、電線、溫度或原子的表現完全不同。

　　一部哲學的構建方式與橋梁的構建方式是截然不同的；研究一個家庭和一塊水晶，所用的方式必然不同。我們關於動機和價值觀的論述，並沒有要使非人類的自然界主體化或心理化。但是，毋庸置疑，我們必須使人性心理學化。

　　非人類的現實完全獨立於人類的願望和需求之外，它們既不是慈善的，也不是惡毒的，它們沒有意圖、目的、目標或官能（只有生物才有意圖），它們沒有意動的和表達感情的傾向。假如整個人類都消失了，這種實在仍然存在，這是非常有可能發生的事情。

　　在認知現實時，應按現實本身怎樣，而不是按我們喜歡它怎樣，無論從「純粹的」無利害關係的好奇心，或為了當前人類的直接目的而預測和控制現實的角度看，都是合乎需求的。這一主張的確是正確的，我們絕不可能完全認知非人類的現實，然而我們更接近它，多多少少真實地去認知它卻是可能的。

科學研究的社會學

　　現在，我們應對科學的社會學以及有關科學家的社會學的研究予以更多的注意。假如科學家在一定程度上是由文化可變因素所決定的，那麼，科學

家的產物也同樣是由這些可變因素所決定的。

科學在何種程度上需要不同文化的人的貢獻，科學家也必須在何種程度上超脫他所屬文化的限度，以便更有效地做出更合理的理解和觀察。他在何種程度上是一個國際主義者，而不是一個美國人，科學家的產品就在何種程度上是由他所屬的階級或階層關係所決定的。為了更充分地理解文化對於認知自然的「干擾」作用，以上都是必須提出並且解答的問題。

認知現實的各種方法

對於取得關於自然、社會，以及心理的客觀知識來說，科學僅僅是一種方法。創造性的藝術家、哲學家、人道主義作家，甚至其他類型的勞動者，也都可能成為真理的發現者。他們也應像科學家那樣備受鼓勵，而不應該被看成是不可雕塑的，甚至看成是兩個世界的。在某種意義上講，科學家若有幾分詩人、哲學家、甚至夢想家的氣質，在他的狹隘的同事當中幾乎當然是佼佼者。

在這一心理學的多元論的前提下，我們假設科學是多種多樣的才能，動機和興趣的一種和諧安排，那麼，科學家和非科學家之間的界限就變得模糊了。對科學概念進行評價和分析研究的科學哲學家肯定更接近於純理論的科學家，而且，後者和技術研究的科學家距離更遠了。提出有條理的人性理論的劇作家和詩人接近心理學家，其程度勝過後者，接近工程師。科學歷史學家可以是一個歷史學家或者科學家，哪一個都行。一個對患者的健康狀況作細緻研究和實驗的臨床心理學家或醫師，可能會從小說中汲取更多的營養。

在我的學識範圍來看，根本沒有辦法可以將科學家和非科學家絕對地區分開，我們甚至不能把從事實驗研究作為一個標準，因為有很多以科學家的名義領薪資的人從來沒有，而且永遠也不會作一個真正的實驗。

一個在普通大學教化學的人，雖然在化學方面沒有任何新發現，只讀過

第三章　科學與心理的研究

化學雜誌，依照食譜書式的教科書重複他人的實驗，他也認為自己是位化學家。這個人還不如一個對化學反應發生了一種持續興趣的 12 歲學生，或者對可疑的廣告宣傳進行核實的多疑的家庭婦女，也許他們距離一個科學家的標準（具有科學精神）還有很長一段距離。

一個研究協會的主席在哪方面仍然是一個科學家？他的時間也許完全用在處理行政和組織工作上，一直到離任，然而，他也一本正經地稱自己為科學家。

如果一個理想的科學家應該集創造性的假設者、細心的實驗檢查者、哲學體系的創立者、歷史學者、工藝學家、組織家、教育家、作家、宣傳家、應用者，以及鑑賞者於一身，那麼，我們可以很容易地想像到，理想的科學小組也許應該由至少幾個獨特的，能發揮不同作用的專家組成，這些專家中沒有人會稱自己是一個無所不能的科學家？

值得注意的是，在我們指出科學家與非科學家的區分過於簡單的同時，還存在著一個重要結論，即從長遠的觀點來看，專業過於狹窄的人是成不了大事的，因為那樣，他做為一個完整的人就不免有所損失。一般化的、全面的健康人與一般化的殘疾人相比，前者能夠做更多事情。也就是說，一個企圖透過壓抑自己的衝動與感情，成為非常純粹的思想家的人，結果反而成了一個只能以病態的方式思考問題的病態的人，即，他成了一個糟糕的思考者。一句話，我們可以認為，一個有一點藝術家修養的科學家，比起一點藝術修養也沒有的同事來，是更好的科學家。

假如我們研究一番個人歷史檔案，這點就非常清楚了。我們偉大的科學人物通常都有廣泛興趣，並不是狹隘的「純」科學家。從亞里斯多德到愛因斯坦，從達文西到佛洛伊德，這些偉大的發現者都是多才多藝的，他們具有人文主義、哲學、社會以及美學等方面的興趣。

概括地說，依照科學的多元論可知，邁向知識和真理的途徑有很多條，

創造性的藝術家、哲學家、人道主義作家，無論是作為個體，還是作為單一個體中的若干側面，都能成為真理的發現者。

心理病理學與科學家

在同等的條件下，一個愉快的、無憂無慮的、安靜的、憂慮的、不安定的，以及不健康的人，我們可以認為他是更好的科學家、藝術家、機械師或行政官。精神病人歪曲現實，苛求現實，把過早的概念強加給現實；他們害怕未知的、新奇的東西；他們過多地受忠實地記錄現在這種人際需求的制約；他們太容易受驚恐；他們太渴望他人的贊同……

這個事實至少有三種涵義，科學家，更恰當的說法應該是真理的追求者，為了做好他的工作，在心理上應該是健康的，而不是病態的；再者，當一種文化改進了，社會的全體人民的健康也隨著改進，對真理的追求也改進了；另外，我們應該認為，心理治療可以使科學家在個人作用方面得到改進。

我們已經承認這樣一個事實：社會條件的改善通常有助於知識的探索者。在這樣的條件下，我們能追求學術的自由，有較好的工作條件，有較豐裕的薪水待遇等等。

科學人性化的驅動力

從科學的範疇來看，這不是論述傳統科學，而是批判傳統科學 —— 批判它所依據的基礎，它的未經證明的信念，它認為理所當然的定義、公理和概念。事實上，科學必須作為哲學中的一種知識哲學來審查的，它應拒絕那種傳統的但未經審查的信條 —— 傳統科學是達到知識的途徑，或甚至是唯一可靠的途徑。無論是從哲學、史學角度，還是從心理學社會學角度，我都認為這種慣常的看法十分幼稚。

第三章　科學與心理的研究

　　傳統科學作為一種哲學的原則，是種族中心主義的，是西方的而不是全球的。「常規」科學家沒有意識到，科學是時間和空間的產物，不是一種永恆的、不可改變的、必然不斷前進的真理。它不僅在時間、空間和局部文化上是相對的，而且從特性學的角度上看也是相對的，因為我相信，與一種更成熟的、普通人性的、全面廣闊的生活觀相比，傳統科學不過是那種謹小慎微的、強迫執著的世界觀的一種遠更狹隘的反映。在心理學領域中，這樣的弱點變得突出了，因為心理學的目標是了解人和人的行為與工作。

　　儘管有許多偉大的科學家曾經避免了這樣的錯誤，儘管他們寫過許多論著印證他們更廣闊的科學觀，把科學看作幾乎與一切知識同義而不僅僅是以受到尊崇的方式達到的知識，但遺憾的是，這些論著沒有得到普遍的傳播。正如孔恩（Thomas Kuhn）所說，「正規科學」的時尚並不是科學的巨匠 ——範式制定者，發明家，改革家 —— 所建立的，而恰恰相反，是由「正規科學家」的大多數所建立，他們很像那些微小的潛水動物在建造一座共同的珊瑚礁。

　　在這種前提下，科學開始被理解為主要代表耐心、謹慎、細緻、慢功夫、不出錯的藝術，而不是勇敢、大膽地爭取巨大的可能性，孤注一擲和全力以赴的精神。或者換一個說法，這一認為科學是機械論的和非人性的傳統看法，在我看來似乎是一種更廣大、更概括一切的、機械論的和貶低人性的世界觀的局部聲明或表現，如對這一發展過程有興趣，可以閱讀弗勞德·馬森的《殘破的形象》中的精采論述。但在 20 世紀，尤其是 1940-1950 年代，一個對抗的哲學一直在迅速地發展，同時興起一般反叛機械論的和貶低人的人性觀和世界觀的浪潮。或許這可以稱為一種對於人和人的能力、需求和抱負的再發現。這些以人性為依據的價值，正被重新納入政治、工業、宗教領域中，而且也納入心理學和社會科學中。

　　我可以下這樣的結論：雖然使星體、岩石和動物擬人化是沒必要的，但

我們卻越來越強烈地認知到，完全沒有必要貶低人類或否認人的目的。

科學中正逐漸融入以人性為依據的價值原則，甚至在非人類的和非人格的科學中也出現了某種程度的重新人性化，馬森曾指出這一點。這一改變是一種更廣大、更「人本主義」的世界觀的一部分。在當前，這兩大哲學趨向 —— 機械論和人本主義的趨向 —— 是同時存在的，就像遍及全人類的兩黨制一樣。但我需要指出一點，我不是說「再人性化」作為一種世界觀必須是終局之談，甚至在「再人性化」確立之前，超越它的一種世界觀雛形已經可以辯認出來了。

我認為，我自己使科學和知識重新人性化（特別是在心理學領域中）的努力，正是這一更廣闊的社會發展和理性發展的一部分。很顯然，它是符合時代精神的，正如貝塔郎非（Karl Ludwig von Bertalanffy）1949 年所指出的那樣：

> 科學的演化如果說是一種在理智真空中的運動，例如，它既是歷史發展過程的一種表現，又是這一過程的驅動力。我們已經看到機械論的觀點如何投射到文化活動的各個領域。它的基本概念—嚴密的因果關係、自然事件的相加性和偶然性、現實的終極因素的超然性等等—不僅支配著物理學理論，而且也統治著生物學的分析觀、相加觀和機器理論觀、傳統心理學的原子論和社會學的「一與全的對立」。承認生物是機器，現代世界的統治靠技術和人類的機械化，不過是物理學機械論概念的延伸和實際應用而已。科學中近期的演化標誌著理智結構中的一大改變，它足以和人類思想中的歷次偉大革命並列而毫無遜色之處。

或者，我也可以引述我自己 1939 年以另一種方式對此所做的說明：

> ……在心理學中，對根本論據的尋求本身就是一整套世界觀的反映，即一種科學的哲學，它假設有一個原子論的世界—其中，複雜的東西是由簡單的元素構成。這種科學家的首要任務就是把所謂的複雜還原為所謂

的簡單。還可以用分析法完成，透過越來越精細的分割達到不能再簡化的元素。這項工作在科學中的其他領域曾取得很大的成功，至少在一個時期是如此。在心理學中並非如此。這一結局突出全部還原嘗試的根本理論性質。我們應該意識到，這一嘗試並不涉及全部科學的基本性質。它只是科學中一種原子論的、機械論的世界觀的反映或蘊涵的活動，我們現在有足夠的理由懷疑這種世界觀的價值。因此，抨擊這種還原嘗試，並非抨擊科學總體，而是抨擊對待科學的一種可能的態度。

在同一篇論文中我繼續寫道：

這一人為的抽象預想或用還原的元素進行操作，曾經充分發揮作用並已成為一種習慣，使抽象者和還原者很容易對任何否認這些習慣的經驗效度或現象效度的人深感驚訝。他們經過平穩的階段已使自己信服，這就是世界真正構成的方式，而他們會很容易地忘記，儘管抽象是有用的，它仍然是人為的、慣例化的、假設的。簡而言之，這是一種人造的系統，然後強加給一個流動中的、有內在結構的世界。如果只是為了方便說明問題，這些關於世界的特殊假設有權在常識面前炫耀。但當它們不再能提供這種便利時，或當它們變成障礙時，我們必須拋棄它們。如果只看到我們強加於世界的東西而看不到真實的世界，那將是非常危險的。讓我們說得更明白些—在一定意義上講，原子論的數學或邏輯是一種關於人為世界的理論，心理學家可以拒絕接受依據這種理論對世界的任何說明，因為這並不適合他的目的。很顯然，方法論的思想家有必要繼續前進並創造新的邏輯與數學系統，使之更適合現代科學世界的性質。

我覺得，在心理學和人類文化學領域中，傳統科學的弱點表露得最明顯。事實也的確如此，當人希望了解人或社會時，機械論的科學就完全破產了。總之，論述科學心理學主要是在心理學領域內做出的一項嘗試，力求擴充科學的概念，使它更有能力研究人，尤其是研究充分發展和人性豐滿的人。

我想，這不是一種引起分裂的嘗試，也不是用一種「正確」的觀點反對一種「錯誤」的觀點，更不是扔掉什麼東西，而是作為一個樣本提出的總體的科學和總體的心理學的概念，並且沒有拋棄機械論科學，將其包容在裡面，並且包容機械論科學。我認為，機械論科學（在心理學中呈現為行為主義）並非不正確，而是太狹隘並有局限性，不能作為一種總體的或全面的哲學。

建立研究科學的新模式

和人打交道時，你應該在知識論上安於一個事實，這就是說，人人都有他們自己的意圖和目標，儘管物理學的對象沒有。無論是神的投射，還是人自身的投射，我們傳統的科學都很明智地把意圖的投射排除在物理宇宙的研究之外，實際上，對於自然科學本身的存在，這種淨化是必要的條件；對太陽系最好也作如此理解。意圖的投射不僅是不必要的，而且對於充分的理解確實有害。

但研究人時，情況完全不同。人確實有意圖和目標可以透過內省直接認知，也可以從行為方面加以研究，正如在似人動物中看到的一樣。雖然這一簡單的事實已從傳統自然科學的模式中排除出去，卻又自動地使傳統科學的方法不那麼適用於研究大多數的人類行為。之所以如此，是因為傳統科學沒有在方法和目的之間進行區分。因此，傳統科學不能在正確的和不正確的工具行為之間、在有效力和無效力、是和非、病態和健康之間進行辨別，因為所有這些形容詞都涉及方法行為在確實達到其目標方面的適宜性和效能。對於純物理的或化學的系統來說，這樣的考慮是生疏的，這些系統沒有意圖，因而不需要在好的和壞的工具行為之間進行鑑別。

由於一個事實 —— 人的目的可以是不為他自己所知的，我們的問題變

得越來越複雜了。例如，他的行為可以是精神分析學者稱之為「演出」的行為。也就是說，對一個外部可辨認的目標的明顯追求，但那並不是他的行為的「真正」目標，而是一種象徵的替代物，永遠不可能滿足渴求者的。

任何全面的科學心理學將不得不非常細緻地探討意識、無意識和前意識的關係，並探討所謂的「初級過程」認知和「次級過程」認知的關係。我們已經學會把知識看作是言語的、明白的、清楚的、理性的、合邏輯的、有結構的、亞里斯多德式的、現實的，實用的。在深層的人性面前，我們心理學家也學會要尊重不清楚的、前言語和潛言語的、心照不宣的、不能表述的、神祕的、古風的、象徵的、詩意的、審美的資料。如果沒有這些資料，對於一個人的說明不可能是完整的。但這些資料只存在人類中，而要得到它們特別的方法已證明是必需的。

功能自主的科學防禦方法

總體來看，科學可能作為一種防禦方法。科學可能成為一種安全哲學，一種保險的體系，一種避免焦慮和煩憂的複雜方法。發展到一定程度，它便會成為一種迴避生活的方法，一種退隱的方式。它可能變成一種被掌握在某些人手中的社會機構，這種組織的主要功能是防禦和保守，強調秩序和穩定而不是發現和更新。

科學這一事業最終可能變成功能自主的，像一種官僚體制一樣，忘記了它最初的意圖和目標，變成一種反對革新、創造和革命的「萬里長城」，甚至反對複雜的新的真理。這種官僚可能真的變成隱蔽天才的敵人，正如批評家往往是詩人之敵，牧師往往成為神祕論者和先知之敵。不過正是因為後者，牧師的教堂才得以建立起來，然而，這也正是這種極端觀點的危險所在。

假設科學的功能不但是革命的，而且像所有社會機構一樣，也有保守、穩定和整合的作用，那麼又如何避免這一保守功能的病態化呢？我們又如何

能使它保持「正常」，健康，並富有成果呢？我想解決方案是要更加注意每一個科學家的心理狀態，要充分承認他們在性格方面的個體差異，要認知到科學的任何目標、方法、概念都有可能在個人中或在社會機構中變得病態化。如果這樣的個人很多，那麼他們可能「俘虜」科學機構並把他們的狹隘觀點定義為「科學的哲學」。

　　人與人之間的互通活動所產生的矛盾，與個人內部的衝突非常類似。在畏懼和勇氣、防禦和成長、病態和健康之間的鬥爭是一種永恆的、心靈內部的鬥爭。我們從個人內部的這一衝突的病理和治療中已經學到一個重大的教訓。站在勇氣、成長和健康一邊，也意味著站在真理一邊，特別是因為健康的勇氣和成長就包含著健康的清醒，審慎和堅韌。

　　我可以用我個人的詞來幫助我們在這些辯證的傾向之間保持平衡，並防範那種幾乎已成為我們社會中的一種反射活動的非此即彼的選擇。我曾對我自己的學術和科學生涯進行心理分析，發現了必要的避免過分審慎又防止過分勇敢，即避免過多控制又防止過於衝動。

　　我認為這種持久的衝突，在後退與前進、保守與大膽等等之間進行日常抉擇的這種必要性，是科學家生活中的一個必需分析和內在的部分。波蘭尼對這一點說得最為清楚，他指出，科學知識是「個人的」，它必然涉及判斷，鑑賞，信念，冒險，行家資格，奉獻，責任心。

　　在這裡我想強調的是，許多思想病態化是由二歧化引起的，與蘊含豐富的、整合統一的、協同一致的思維恰恰相反。二歧化是將融合成整體的東西分成幾份，變成多種不同的東西，但這些被分開的東西似乎還是一個整體和自給自足的存在物，但它實際上是分隔開的和孤立的散片。然而，膽識和審慎卻可使二歧化也能彼此結合在一起。和審慎保持整合狀態的膽識在同一個人的內部非常不同於未經錘鍊的膽識（僅僅有膽量），後者會因此轉變為魯莽和缺乏判斷力。

有健康膽識的人的明智審慎不同於和膽識分割開的審慎，後者往往是一個身心障礙者或一個癱瘓的人。優秀的科學家必須是既能多變又具有極強的適應能力的人，也就是說他必須在需要時能審慎和懷疑，而在另一種需要時又能敢想敢做。這聽起來有點像對一位直覺的廚師的不十分有益的介紹，說他能「恰當地調味，口味不鹹也不淡」。但科學家的情況有所不同，因為對於他來說，有一種判斷「恰當用量」的方法，也是發現真理的最佳方法。

在這裡請注意一下，「歇斯底里傾向」和「精神分裂傾向」兩者對於全面發展、多才多藝和靈活柔韌的科學家都是合乎標準的條件。兩者和他的人格的其他方面不是分割開的，也不是病態的。我曾說過，很難設想極端的歇斯底里患者、極端的精神分裂患者想成為或能成為科學家。極端的強迫症患者可能是某種類型的科學家，或至少是技術專家。

如何防禦抗拒病態恐懼

孔恩認為，通常的科學家和革命學家之間的區別只是在於成熟度不同而已，就好像區分少年男子與成熟男子一樣，僅此而已。男性關於未來應該成為怎樣的人的想法更適合「通常的」科學家形象，更接近強迫症性格、實際的技術專家，而不是偉大的創造者。如果我們能更進一步地理解少年對成熟的誤解和真正成熟之間的差異，我們就能更好地解釋為什麼會有對創造性的深深畏懼和抗拒病態恐懼的防禦。這又會使我們明白，在我們每一個人的內部都會有針對我們自身自我實現和我們自己最高命運的永恆鬥爭。女性更容易把不成熟理解為一種歇斯底里（Hysteria）形態，但這和科學家的造型關係不大。

男孩在進入青春期前後，往往會有一種心理矛盾，他們既留戀童年時代又渴望成熟。童年期和生長期兩者各有樂趣又各有不利條件，但生物學和社

會都不容他自由選擇。他作為一種生物事實上是在生長著，而社會一般總是要求他遵循文化傳統。

也正是甚於此種原因，他不得不強迫自己脫離對父母的愛，而這類情況在我們的社會中廣泛存在。這是一種拖他倒退的力量，他與它作戰。他力圖達到既獨立又自由的境地，不再依賴女人。他要與男人為伍，成為他父親的一個獨立自主的合作夥伴而不是盡責的孝順的兒子。他認為男人是堅強的、無畏的，不受困難和痛苦的干擾，能擺脫情感的束縛，有權威的、火性子的，發怒時令人生畏，是能震撼世界的人物、實作家、創造者，是世界的真正主人。所有這些他都力圖做到。他淹沒自己的畏懼和膽怯，自然是以他的抗拒病態恐懼的防禦方法做得過分了，不能拒絕任何挑戰或挑逗。他愛招惹女孩，嚇唬她們，使她們心驚肉跳，不論小女孩還是大女孩都不放過了，並以此為樂。他禁戒溫柔、愛的衝動、同情、憐憫，力圖成為堅強的或至少顯得堅強。他向成人宣戰，向當局、向權威、向所有長者開戰，因為最根本的堅強品格就表現在不畏懼長輩上。他努力想把將統治自己一生的長輩甩到永遠看不到的地方，甚至從自己的心靈中驅逐出去，儘管他仍然感到有一種依賴他們的思慕之情。

當然，這些長者在某種程度上仍然是真正的統治者，並認為他是一個非常需要照顧的孩子。

如果我們平時留心對周圍事實的觀察，那麼就會發現這些概念的存在並在我們面前展現。例如，我們可以在牧童騎士的形象中發現這些概念，在頑固的浪蕩子或幫派份子，在「無畏的福斯迪克」（Fearless Fosdick）型的密探，在聯邦調查局的調查員，或許在許多「運動員」那裡也能發現它們。

在這裡，我們來具體討論一個例子，看看典型西部電影牧童騎士形象中的演出和幻想因素，牧童騎士榮光之夢的最突出特徵全都顯示在影片中。他即無畏、又堅強，「自行其是」。他殺人不眨眼，而且是以一種神奇的、滿

足願望的方式進行的：他從不會失誤，而且沒有血跡、痛苦困境。除他的馬以外，他不愛任何人，至少他不表現出他的愛，除非是在最輕描淡寫的、暗示的、與英國人相反的方式中表現。他更少有對女人的浪漫或溫柔的愛，在他的眼裡，女人不是娼妓就是「良家婦女」。他在一切方面都可以想像為遠離同性戀脂粉氣的另一極，而在脂粉氣的王國中，他融入了一切藝術、一切文化、一切才智、教育和文明。所有這些在他看來都是女性氣質，包括潔淨、任何一種情感、臉部表情、秩序或宗教，或許憤怒除外。古怪的牧童沒有孩子，也沒有母親、父親、姐妹，但可能有兄弟。

這裡值得注意的一點是：雖然有大量凶殺，但很少有流血、殘廢或劇痛。這裡往往有一種統治的等級，或良好的秩序，而作為主角的英雄總是在等級的頂端俯瞰一切。

只有在年齡上和在人格上發展都成熟的人，才能稱為是一個真正成熟的人。簡短地說，是不會被他的「弱點」、他的情感、他的衝動、或他的認知嚇住的。因此，他是不會被一般少年稱之為「女性氣質」的特徵嚇住的，他寧願稱這個「女性氣質」為人性。他似乎能接受人性，因此他毋須在他自身內部反對人性，毋須壓制他自身的各個部分，正像一位鬥牛士所說的那樣：「先生，我所做的一切都是為表現男子漢的風格。」這是對於人自身本性的這種接受而不是迎合某一外部的理想，是成熟的男子所特有的品格。因此，他也完全沒有必要再去努力證明什麼，這也是經驗開放態度特有的品格。

矛盾心理解決以後的狀態也是如此，即能全心地愛，不帶有恨或怕的色彩，沒有控制的必要。為了更深入我們的論題，我還要說這也是完全獻身於一種感情，不僅指愛的感情，而且也有憤怒和迷戀之情，或完全沉醉於一個科學問題。

感情成熟的特徵與所能發現的有創造力的人物的特徵有很密切的關係。例如，理查·克萊格曾證明，在托倫斯列表的有創造力的人物的人格特徵和

我以前曾經列表過的自我實現的人物的特證有幾乎全面的重疊。實際上，這是兩個幾乎相同的概念。

在這裡，只需要舉一個例子，便能夠說明值得我們憂慮的和擔心的一般科學家表現出的不成熟的特徵問題。現在，讓我們審查一種對控制和排斥過分強調的態度，這是我在討論少年的不成熟時做過說明的。這些少年對於所有一切他們擔心像是軟弱或女性氣質的品格不採取壓抑和排斥的態度。

過度防禦、過度強迫或「不成熟的」科學家也是如此，如同他對自己的衝動、感情等基本動力與不信賴相應，在他對控制的強調中，這樣的科學家往往傾向於排斥，設立障礙並緊閉大門，傾向於猜疑。他也很容易對他人的缺乏控制產生厭惡感，衝動、熱情、異想和不可測。他很容易變成冰冷的、節制的和嚴厲的。在科學中他寧願要堅強和冷靜，直到使這些概念成為同義詞。顯然，這樣的想法是切題的，應該受到遠比過去更為細緻深入的考察。

衡量知識最後階段的標準

可以這樣說，所有的創始者所關注的都是複雜多變而非簡易的，是神祕和未知而非已知的，向他提出挑戰的是他還不知情的什麼。在他已知答案的謎中，他還能感到有趣嗎？一個已知的謎不是謎。正是不知才使他入迷並躍躍欲試，神祕的東西要求他解答。它具有「要求的品格」，它在向你招手，吸引你，誘惑你。

科學開拓者的感情是最早進入某一未知荒原、未知河流、生疏峽谷的探索者的感情。他並不知道自己正在走向何處，他沒有地圖，沒有先行者，沒有嚮導，沒有老練的助手，幾乎沒有一點暗示或定向點。他所採取的每一步驟都是一個假設，不知是對還是錯。

不過，指責偵察兵幾乎極少用「錯誤」一詞。一條已探明的盲徑不再是

一條未探明的盲徑。沒有任何一個人需要再對它進行探索。假如要在一條河流的左右兩條支流之間進行抉擇，並曾試探過左邊的一條卻發現它是一條死水，但他並不認為他的選擇是一個過失或錯誤，他肯定不會有任何內疚或悔恨的情感。如果有誰責備他沒有證據就做出抉擇或不能肯定就前進，他一定會大為吃驚。他這時或許會指出，按照這樣的原則和這樣的規則，任何荒原都無法探查。這樣的原則在再探索時是有用的，但在初探時是無用的。

　　總之，適用於定居者的規則是不能同時用來約束探險者和偵察員的，因為兩者的任務不同。在功能上適用於一方的規則對於另一方卻不適用。知識「最後」階段的標準絕不能用來衡量知識開始階段。

新型科學家對事物的旁觀認知

　　在傳統科學家看來，「認知」的最初含義是「了解外部物理世界」。它指的是，觀察某一非你、非人、非人格的事物，某一獨立於你以外、獨立於觀察者以外的事物。對於這一事物，你是一個陌生人、一個旁觀者、眾多觀眾中的一員。你這個觀察者確實是遠離它的，不了解，無同感，無認同，沒有任何默契知識的傾向。

　　默契的能力你可能已經具有。你用顯微鏡或望遠鏡觀察，就如同經由一個鑰匙孔，從遠處、從外面窺探，而不是一個處於室內的人有權利接受他人的窺探。可以說，這樣的一位科學觀察者不是一位有親身經歷的觀察者。他的科學可以類比為一種旁觀的遊戲，而他就是那位旁觀者。他沒有必要纏身於他正在觀察的事物中，這裡沒有什麼忠誠問題，也沒有任何冒險。他能成為冷靜的，超脫的，無動於衷的，無慾的，完全置身於他所觀察的事物之外。他坐在高臺之上，俯視競技場中正在進行的活動，他自己不在場中。從根本上看，他並不關心誰輸誰贏。

如果他所觀察的事物完全和他自身無牽連，那麼他可以而且應該成為中性的。為了使他的觀察結果真實可靠，他最好是不下任何賭注，不贊助什麼也不反對什麼，不對可能得出的結果預先抱有任何希望或願望，如希望是這樣而不是那樣。假如他尋求的是真實的報告，最有效的方式將是不趨向任何已定方向，和自身無牽連。當然，我們都知道，這樣的中立和無牽連在理論上幾乎毫無實現的可能。不過，趨向這種理想的運動是可能的，這和離開這種理想是不同的。

如果我把這種知識稱為我 —— 他知識以示和我將說明的我 —— 你知識相區分，那將有助於那些曾經讀過馬丁·布伯（Martin Buber）著作的人的理解。假如我們不涉及任何關於人的性質的東西，只鑑別要理解的那些事物和對象，有時我們完全可以達到我 —— 他知識的。

當然，無論對於人還是事物而言，異己知識都不是最佳的選擇。較敏感的觀察者能吸收更多的外界事物並融入自身，即他們能經過認同和移情作用和越來越寬廣眾多的生物和非生物界交往。事實上，這可能是高度成熟的人格的鮮明標誌。從某種角度講，這種認同作用會使相應程度的經驗知識成為可能，也就是變成或成為被了解的對象而不是完全停留在外部旁觀的水準。

由於這樣的認同可以掛在廣義的「愛」的名下，它從內部增強認知的能力可以被認定是為了研究的目的利用愛來促進認知的特例。我們或許可以提出一個概括的假說：對於對象的愛似乎有可能增進有關此對象的經驗知識，而愛的缺乏會削弱對此對象的經驗知識，儘管它很有可能增進對同一對象的旁觀認知。

實際上，常識所傾向的一個更顯然的可能證明，大概是研究者 A 真正看到了思覺失調症患者（或白鼠，或地衣），研究者 B 卻更有興趣研究雙相情緒障礙症（舊名躁鬱症）者（或猴子，或蘑菇）。我們可以滿懷信心地期待，研究者 A 會自由地選擇或更寧願研究思覺失調症；更好而且更持久地研

究它，更有耐心，更永恆，更能忍受繁瑣雜務的攪擾；有無數的預感，直覺，夢和啟示；對分裂症可能有更重大的發現；而思覺失調症患者會覺得和他相處安全並說他「了解」他們。

在所有這些方面上他肯定會比研究者 B 做得更好。但請注意，這一優越性在原理上遠更有利於獲得經驗知識，而不是獲得關於某物的認知或旁觀認知，儘管研究者 A 或許也能在後一方面做得好一些。

無論處在何種條件下，只要涉及的是關於異己東西的旁觀認知，我們都可以有信心地期待任何有資格的科學家或研究副手以一種正規和慣例的方式，如客觀統計法累積有關任何事物的認知。實際上，這正是我們社會中許多「計畫」、補助金、工作隊和各種組織大量出現的事實，也是許多科學家可以被僱去做一件又一件沒有任何關聯的無熱情工作的原因所在，正如一個有經驗的推銷員由於能推銷任何貨物而自豪一樣，不論這些貨物他自己是否喜愛。

這也是說明笛卡爾哲學關於認知者和認知對象之間的分割的方式。例如，當代的存在主義者就談到過這一點。我們或許也可以這樣認為：這完全是認知者和他的認知對象的「距離擴大」，甚至疏遠。

從以上所說的一切應該能得到一項清楚的認知，即我所設想的是認知者和認知對象之間或感知者和知覺對象之間的另一類關係。我 —— 你認知，透過經驗得到的認知，來自內部的認知，愛的認知，存在認知，融合認知，認同認知，所有這些都已經提到過或將被提到。

不僅其他的認知形態確實存在，而且它們也確實是更好、更有效、更能產生可靠而有效的認知。假如我們是在試著獲取關於某一特定人或甚至關於一般人的認知，假如我們希望能更多地了解人，這是我們要採取的最佳方式。

理解現實世界的方式

　　在這裡，我們已把科學家說成是想了解現實的一切，而不只是了解他能被大眾認可的部分。在科學家能夠了解的現實世界中，把主體經驗包括在內，至少孕育出兩個後果：一是在經驗知識的直接性和我稱之為「旁觀知識」的間接性之間形成的明顯區分。另一是認為科學作業有兩個方向、兩極、兩個目標的看法；一是趨向全然的簡單化和濃縮，另一是趨向全面的綜合與包容。

　　據我看來，科學的第一法則就是接受一種責任 —— 承認和說明現實的一切，一切存在物，每一件這樣的事物。但進行一切的前提是，科學必須成為綜合的和包容一切的 —— 它必須把它甚至不能理解和解釋的事物，那些尚無理論說明、不能測量、預見、控制或整理的事物，全都納入它的管轄範圍；它必須接受甚至矛盾、不合邏輯，接受神祕的事物，接受模糊的、兩可的、古代的事物，接受無意識，接受存在的一切其他難以傳達的方面；在它的最佳狀態時，它是完全開放而不排除任何事物的；它不需要任何「入門條件」。

　　何況，它還包括知識的最初階段及知識所有的水準階段。知識也有一個胚胎期，它不能把自己僅僅禁閉在它的終極和成熟形態中，可靠性低的知識也是知識的一部分。在這一論點上，我的主要目的是把主體的經驗也包括在這一包容一切的存在領域中，然後探尋這一包容的某些激進的後果。

　　當然，不可靠性、難轉移性、難測量性等也可能成為這樣知識的弊端。很明顯，科學的推進傾向於更公開、更「客觀」。在這一趨向中有我們全都在尋求的共同享有的確定性，通常這也是技術進步最有可能出現的方向所在。

　　只要我能發現某種在主觀和客觀上都適合的東西，例如，快樂或焦慮的某種外部指標，也適用的石蕊試紙試驗，我就會成為一個非常快樂的人。但

第三章　科學與心理的研究

快樂和焦慮，即使在沒有這樣的試驗條件下也存在，對這種存在的否認，我認為太荒唐了，因而不準備勞神去討論它。無論是誰告訴我，說我的感情或欲望不存在，實際上也就是在暗示我；我不存在。

假如科學整合完成，假如經驗論據一旦被承認為知識的一部分，那麼，它也將是綜合科學的一部分。我們就面臨著許多真正的問題、困難和疑問。一方面，不論是在哲學上還是科學上，我們都必須從經驗開始。對於我們每一個人而言，個體的某些主觀體驗才是最確定無疑的，是在一切論據中最沒有疑問的。假如我是一個精神分裂者，這就更真確無疑。於是，我的主觀體驗可能變成唯一可靠的現實，就像精神分裂者並不滿足他們的現狀，而要拚命努力接近外部現實並依附於它，我們也都力求了解並生活在心靈外的「現實」世界，這似乎是與生俱來的。

我們需要在「認知」的各層次的意義上了解它。心靈內的世界很大部分太容易波動，太容易變動，它不是停放在那裡的。太經常的情況是我們不知道它將如何，那是難以預期的。顯然，它會受到「外界」發生事件的影響。

無論是自然世界，還是人的社會世界，它們都呼籲我們超越自我，從個人的內心世界中走出去。從一開始，我們就依戀母親，就像她依戀我們一樣，這裡同樣也有一個外在於我的那種現實開始形成。以這樣的方式，我們開始在我們和他人共享的主觀體驗和那些特別屬於我們自己的體驗之間做出區分。正是這一世界和我們最終稱之為外部現實的共同享有的經驗相互關聯著，後者是你我都能指向的事物世界，即能在你和我的身上同時引起類似經驗的世界。在各種意義上，這一外部世界都是獨立於我們的願望、畏懼以及我們對它的注意等等之外的。

從整體來看，科學或知識是所有這些共有經驗的一種彙編、一種淨化以及一種結構和整合。這是一種使我們能夠把握這些經驗的方式，以統一和簡化的辦法使經驗容易理解。這種一元化的傾向，這種趨向簡約的壓力，這種

渴望 —— 從大量小公式構成一個單一的包容廣泛的總公式的渴望，曾被認為與科學、知識是一致的。

　　一般來說，科學的長遠目標，它的終點或者稱為它的理想和規定性本質，仍然是它的廣泛適用的「定律」，精緻而「簡單」的數學公式，純化而抽象的概念和模型，終極和不能再簡約的元素和變量。因此，對於這些人這些終極的抽象已經變成最真實的現實。現實躲在表面現象的背後，只能由強論而不是觀察弄清。藍圖比房屋更真實，地圖比地域更真實。我只能將這看成是科學發展方向的一個分支，一個它期望做到的限度。

　　另一個方向是綜合、全面，對一切具體經驗的接受，原原本本，對每一事物的完滿豐富的美學欣賞而毋須抽象。我願同樣對待兩種還原傾向 —— 既避免還原到具體又避免還原到抽象科學，應該堅決反對任何限制它的範圍的東西，或任何武斷地縮減它自身追求知識的方法或角度。

　　行為主義雖是做過了有價值的貢獻，但我相信，時間對仍將表現力圖強加的限制有不幸的影響，使我們自己局限於研討外部可觀察的行為。把內在意義、學科、內在經驗的大千世界排除在研討範圍之外，在我看來，這種做法似乎是閉上眼睛拒絕觀察廣大的領域，而只要我們看一看人類世界，就不能否認這些領域的存在。

　　相反，我正在談論的新潮流將試圖面對心理學王國中的一切現實的東西。它不主張約束和抑制，而是打開全部人類經驗的廣闊範圍，使之承受科學的研究。

　　我認為有必要再強調一點，任何抽象都會喪失某些具體的、經驗的東西。我同樣還要著重地提醒你，如果我們要避免發瘋，如果我們還想在世界上生活，抽象就是不可或缺的。這一兩難困境的解決，我曾為我自己研究過而且它對我能發揮作用，在於弄清什麼時候我該抽象化，什麼時候我該具體化，在於兩者都能做到，都能從中得到享受，在於弄清兩者的長處和短處。

第三章　科學與心理的研究

在懷海德那裡，我們既能「尋求簡約又不信任它」。如果接受經驗論據作為科學論據這一事實，就會引出一些問題。當然，許多問題也會消失，除非我們能接受兩個世界：一方面，我們應接受傳統科學的世界，使多重經驗統一起來整合起來，它向簡單、經濟、儉省、緊湊和一致運動；另一方面，我們也接受主觀體驗的世界，肯定這些經驗也存在，肯定它們也是現實的一部分，也值得我們關注，甚至也有某種理解和整合它們的可能。而且科學的第一法則不否認任何現實，即接受一切存在物，把存在的一切作為真實的，哪怕我們不能理解它、解釋它或傳達它。

因此，科學有兩個方向、任務，而不只是一個。它一方面向抽象運動，即向統一、節省、經濟、簡單、結合、合法則、「可把握」運動。它同時也向綜合運動，體驗著每一事物，說明這些經驗，接受一切存在的事物。因此我們可以談論兩類現實，許多人已這樣說過，如諾斯羅普。

研究諾氏種種的著述，我們得到兩組說法描述這類知識或現實。一種是假定概念：事物的合理成分，理論的連續系統，理論上、科學上的認知，理論上推論的事實。與此對照的是審視或直覺概念：事物的美感成分，美學的連續系統，說不出的、純粹的、事實上給定的、瞬間的感覺資料，依據經驗的認知、印象上的認知、直接的理解、經驗上的直接、純事實、純經驗、純觀察、感官享受的性質。

經驗的世界存在著並包容著一切經驗，那是經驗的、現象的世界或美感經驗的世界。另一個世界是物理學家的世界，數學家和化學家的世界，抽象、「定律」和公式的世界，假設體系的世界，非直接經驗但有賴於經驗世界的世界，由經驗世界推論出來的世界，它是理解經驗世界、弄清它的意義、觀察其中隱藏的矛盾，整理並構建它的一種努力或嘗試。

物理學家的抽象世界是否比現象學家的經驗世界更「真實」？為什麼我們需要這樣想？難道有什麼東西能很容易受到這一矛盾陳述的保護？此時

此地的存在和我們確實體驗到的東西肯定要比公式、符號、標記、藍圖、文字、名稱、圖式、模型、方程式等等更接近真實。在一定意義上講，現在存在的東西要比它的本源、假想組成成分或原因、前項更真實；它比任何它能被還原到的東西在經驗上更真實。至少我們必須放棄把真實定義為僅僅是科學的抽象。

如何超越科學世界的混亂

其實，只要我們了解到，「體系的屬性」或理論的、抽象的思維結構中所固有的屬性只能應用於科學思維的簡化方向，那麼，大多數科學世界的混亂都能被超越。這些屬性並不適用於廣泛綜合的經驗世界，在那裡唯一科學的要求是接受存在的東西，不論經驗是否有意義，是否神祕。在經驗的領域內，根本不涉及不合邏輯或矛盾的問題，它也不要求經驗有結構、有組織、能被測量、有重量或以任何方式和其他經驗相連繫。這裡的理想即是對經驗原樣的單純而充分集中的體驗。任何其他過程或活動只能損傷經驗的豐滿、真實，因而干擾對這種真理的領會。

數學體系或邏輯體系是理論體系或抽象體系的理想模型，如歐幾里德幾何學，而更符合我們意圖的例子是洛巴柴夫斯基幾何學或其他非歐幾里德幾何學，因為它們更不依賴於現實，不依賴非體系決定因素，這裡不說真理、現實或真確性。我們可以說一個理論是「好」的，因為它有內在的一致，能涵蓋一切、自圓其說，是儉約的、經濟的、濃縮的和「精緻的」。它越是抽象，理論水準也越高。這一理論的每一可變或可分的方面都有一個名稱，而且這是一個特定的名稱，別的一切都不能有這樣的名稱；並且，它是可以定義的。我們能確切地說它是什麼以及它不是什麼，它的完善是由最充分的抽象概括構成的，以一個單一的數學公式把每一事物都包容在體系中。每一陳

述或公式或方程式都有一個單一的含意而不能有別的，不像形象化的比喻或繪畫，也只有這一意義才是它表達給觀察者的。

　　好的理論顯然是一種廣泛的概括，即，它是對巨大數量的分離事例甚至無限多的事例進行分類、整合、構建、簡化的一種方式。它所指的不是任何一種經驗、任何一件事或物，而是事物或經驗的範疇或類型。

　　我們完全可以把構建理論體系本身當成是一種遊戲，因為這只不過是為了鍛鍊智力而已，和現實沒有任何關係。你也可以製造一種理論，它涵蓋某類對象或事件或某一想像的世界，從完全武斷的定義出發，進行完全武斷的運算，然後作為一種遊戲從中得出演繹的結論。正是在這一類體系中，我們許多「科學的」詞彙和概念隨之而生。「定義」，特別是「確切或嚴格的定義」，是抽象世界的產物，即它是體系的屬性，它完全和經驗的原樣無關。對於紅或對於痛的經驗是它自身的定義，即它自身被感受到的性質或原樣。它就是它原來的樣子，它自身。任何歸類的過程最終就是如此，它總是涉及某種超越經驗原樣的東西。

　　的確，任何抽象過程都是如此，在定義上抽象就是切入經驗原樣，取其一部分而棄掉其餘。相反，最充分地研究一種經驗則是什麼也不丟棄，而是吸取它的一切。

　　「定律」和「秩序」兩個概念也可以說是體系的屬性，「預測」和「控制」也是如此。任何「還原」都是在一種理論體系內發生的過程。

了解事物本性的途徑

　　由於正式的實驗科學的本性，它因而容易成為主動安排的、干預的、入侵的，甚至因多事而製造混亂。但它卻被認為是冷靜的、中立的、非干預的，並不改變它所研究的對象的性質。當然，我們知道事實往往並非如此。

首先，傳統科學帶有它對原子論的無意識癖好，總是設想要弄清問題的唯一途徑就是進行肢解。這一點現在開始有改變，但它仍然是一個強而有力的偏見。更具體地說，有控制的實驗技術，即正是那種主動的操縱、設計、安排和預先安排。

當然，我並不是說這樣做必然有害或根本不需要。我僅僅試圖表明，進行干預的科學和科學本身意義有所不同；其他策略也可能達到同樣的目的。科學家有其他可以為他所利用的方法，也有其他途徑可以達到了解知識的目的。我這裡想說明的是一種道家了解事物本性的途徑。但我必須再一次強調，這不是作為一種排他的方法提出，或作為一種萬靈丹或作為和主動科學競爭的對手。科學家有兩種可以為他所利用的方法，他認為哪一種適合就用哪一種，要比只沿用一種方法的科學家更有發展。

很顯然，道家的承受性被看成一種技術是牽強的，因為它主要是強調不插手，不開口，能忍耐，延緩行動和被動承受。它主張一種非干預的仔細觀察，因此，它只是一種對待自然的態度而不是通常意義上的技術，也許它應該稱為一種反技術。當我向我的科學界朋友們說明這種態度以後，他們往往總是嗤之以鼻：「哦，是的，那是簡單的描述科學。」但我通常很難肯定他們是否已經理解了我的意思。

道家那種真正的承受性是一種很難達到的成就。要能夠真正地、完全地、被動地、忘卻自己地傾聽，且不加預想、分類、改善、辯駁、評價、贊成或不贊成，不對正在訴說的一切抗辯，不預先醞釀反駁，不讓聽到的某些說法引起漫不經心的聯想，致使後繼的訴說一點也沒有聽清，這樣的傾聽是難能可貴的。與成年人相比，孩子更能以一種專心和無我的方式觀看和傾聽。庫爾特·沃爾夫（Kurt Wolff）在他的文章中曾稱這種態度為「屈從」，要打消任何人認為屈從是一件容易事的想法，這還是一個比較複雜的問題。

想要一個人接受道家的「屈從」，就像是醫生讓即將手術的病人放鬆心

第三章　科學與心理的研究

情一樣。他願意放鬆，但不知道如何才能放鬆。安詳、沉著、寧靜、歇息、平和、鬆弛——也許這樣的字眼能較好地表達我的意思，雖然它們也不完全恰當。無論如何，它們確實表明，畏懼、緊張、惱怒和不耐煩是承受和「屈從」的敵人，一個人必須能夠尊重他正在審查或學習的東西。一個人必須能夠信任他自己，甚至贊成他作為他自己的樣子，並在注視他作為他自己的時候感到很有收穫甚至很高興，即，看著他展現他的內在本性，不受觀察者的本性的干擾和改變，不被侵犯。

我們這個世界的很大部分可以說都是膽怯的（這裡所說的膽怯可以比為一個動物或一個孩子那樣的膽怯），因此，只有忘卻自己的觀察者才會讓人看到祕密。

觀察者和他所研究的大自然兩者之間的和諧，是東方的作家對觀察者所提出的要求。這裡的著重點有些不同，因為它的含意在於，觀察者自身是他所觀察的大自然的一部分。他適應，他順從，他很自在，他是場景的一部分而不是螢幕畫面的旁觀者。從某種意義上而言，他像是在母親懷抱中研究他的母親。當然，破壞、改變、操縱和控制是驕橫而不合時宜的。對於一位科學家來說，支配自然並不是他和自然相處的唯一可能的關係。

西方往往在生活的某些領域中也能接受一種承受的、非干預的態度，因此，我們至少能理解這裡所說的是什麼意思，能理解僅僅觀察和承受地專注是怎麼一回事。例如，觀看藝術品和傾聽音樂。在這些領域中，我們不侵犯、不干預。我們僅僅由於能承受，能順從，能溶化於音樂而得到享受，我們對它「讓步」，任它自由自在。我們也能吸收陽光的溫暖或在浴盆中吸收水的溫暖而不做任何干擾的事。當然，有些人是聽話的病人，能精確地遵循醫生和護士的囑咐。在性關係中，在分娩時，在撫養子女時，在伴舞時，是能夠順從的。我們多數人在取暖時，在美麗的河流或森林前，都能從被動的承受中感到幸福。因此，支配人的態度並不能讓你適應陌生的社會環境，也

不能讓你與一個接受治療的患者建立良好的友誼。

因為某種原因，認知中的承受態度在教科書中討論的並不多，還沒有作為一種科學的技術看待，也尚未受到高度重視。這是很奇怪的，因為這樣一種態度在許多知識領域是非常需要。我特別想到的是文化人類學家，臨床心理學家，習性學家，生態學家。概括來說，承受策略在一切領域裡都是有效用的。

科學中的問題中心與方法中心

幾十年以來，人們越來越多地注意到「常規」科學的缺陷和罪過。但是除了林德的卓越分析外，人們幾乎一直忽視對於導致這些過失的根源的討論。這一章試圖指明，傳統科學特別是心理學的許多缺的根源在於以方法中心或者技術中心的態度來定義科學。

所謂方法中心，指的是一種對待科學的傾向，認為科學的本質在於它的儀器、技術、程式、設備以及方法，而並非它的疑難、問題、功能或者目的。簡而言之，方法中心將科學家、工程師、內科醫生、牙科醫生、實驗室技師、吹玻璃工人、尿液分析家、機器看管人等等混淆了。在思考的最高層次上，方法中心往往呈現為一種特殊的形態，即將科學與科學方法混為一談。如果著重強調精微、醇化、技術和設備的不可避免，通常會產生這樣一種後果：課題和一般創造性的意義、生命力以及重要性遭到降低。

幾乎每一個攻讀心理學博士學位的學生都懂得這在實踐中意味著什麼。實際上，無論一個實驗多麼無足輕重，但只要在方法上令人滿意，它就很少受到批評。而一個勇於向理論基礎挑戰的、有突破意義的問題，由於可能會遭到「失敗」，常常尚未開始被檢驗就被批評所扼殺。的確，科學文獻中的批評似乎通常只是對於方法、技術、邏輯性等的批評。至少在我熟悉的文獻

中，我想不起曾看過哪一篇論文批評另一篇論文無關緊要、過分瑣碎或者意義不大。

所以說，傳統上對學術論文的主題要求得並不高，只要得體即可。總之，傳統科學論文無需再是對人類知識的新貢獻，只要求博士研究生了解其研究領域內的技術方法以及已經歸納好的資料，對於好的研究計畫的重要性通常並不予以強調。結果，顯然是完全沒有創造力的人也可能會成為「科學家」。

從較低層次來看，即在高中和大學學院理科教學中，也能看到類似的結果。學校鼓勵學生將科學與確定的設備操縱方法以及食譜中的機械程度連繫起來。簡而言之，遵循他們的指導，重複他人的發現。人們無法區別科學家、技術員或者科學書籍讀者。

當然，需要指出的是，這些論點並沒有貶低方法論重要性的意圖，只是想進一步強調：甚至在科學中，方法也很可能與目的混淆。實際上，只有科學的目標或者目的使方法論顯示出重要性和合理性。有作為的科學家必須關心自己的方法，但前提必須是它們能夠幫助他達到自己合理的目的 —— 解決重要的問題。如果哪位科學家一旦忽略這一點，他就成了佛洛伊德所說的那種整天擦亮眼鏡但卻不用眼鏡看東西的人。

方法中心的一個危險後果是：通常被推至科學的統帥地位的人是技師、「設備操縱者」，但絕不是「提問者」和解決問題的人。我不想製造一個極端的、不真實的分界線，只是要指出只知道怎樣做的人和除此之外還知道為什麼而做的人之間的區別。前者總是有一大批，他們必然是科學界的牧師，禮儀、程式或者儀式方面的權威。這種人在過去不過就是製造點麻煩，不過，現在科學已成為國家和國際上的策略問題，因此，他們也就很可能會成為一個有作用的危險因素。這種傾向顯然是危險的，因為外行人理解操作者比他們理解創造者和理論家要容易得多。

方法中心的另一個強烈傾向是不分青紅皂白地過高看重數量關係，並且

將它視作目的本身。這是因為以方法為中心的科學過於強調表達的方式，而忽略表達的內容。於是，形式的優美和精確便與內容的中肯和豐富對立起來。

持方法中心論觀點的科學家的特點是，使問題適合於自己的技術，而不是使技術服務於問題的解決。他們通常這樣發問：用我現在掌握的技術和設備可以進攻哪些課題呢？而不是這樣向自己提問：我可以為之奉獻精力的最關鍵、最緊迫的問題是什麼？如果不是如此，又如何解釋下面的現象呢：大多數科學家將畢生精力投注在一個狹小的區域內，這個區域的疆界不是由關於世界的一個根本問題來劃定的，而是由一件設備或者一種技術的局限性來劃定的。也就是說，這類科學家傾向於做那些他們知道如何做的事，而不是做那些他們應該做的事。

在心理學中，很少有人會體會到「動物心理學家」或者「統計心理學家」這些概念的幽默。它指的是那些只要能夠分別使用自己的動物資料或者統計資料就不在乎它們是否能解決任何問題的人。這最終會使我們想起那個有名的醉漢，他不在丟失錢包的地方找錢包，而是在路燈下尋找錢包，理由是：「那裡光線好。」或者，像另外一個醫生那樣，他使自己的病人大為憤怒，因為他只知道一種治病的方法，用唯一的處方對付所有的疾病。

方法中心論最有害的作法就是將科學分成等級。在這個等級中，物理學被認為比生物更「科學」，生物學又比心理學更「科學」，心理學則又比社會學更「科學」。這樣的等級完全依據技術的完美、成功和精確度設想出來的。以問題為中心的科學是不會提出這樣的等級的，因為根據它的觀點，在某種本質上，絕不會有人認為失業問題、種族偏見問題、愛的問題，不如星體問題、鈉的問題或者腎功能的問題重要。

方法中心的弊端就是過於機械地劃分科學的各個領域，並且在它們之間築起銅牆鐵壁，使它們分屬的疆域彼此分離。當有人問 J·洛布（Jacques

第三章　科學與心理的研究

Loeb）他究竟是精神疾病學家、人學家、物理學家、心理學家還是哲學家時，他只回答說：「我不屬於任何獨立領域，我只是解決問題。」假如科學界有更多像洛布這樣的人就好了。但是，我們迫切需要的這些特性卻遭到這樣一種哲學的明確抵制和干擾：要使科學家成為技師或者專家，而不是成為富有冒險精神的真理追求者，即成為懂得什麼的人，而不是思考什麼的人。

如果科學家將自己看作是提出問題和解決問題的人，而不是專業技術員，那麼就會有一股洪流湧向最新的科學尖端，湧向那些我們本應了解最多然而實際上卻了解最少的心理學和社會學問題。為什麼很少有人探索這些領域呢？從事心理學問題研究的科學家與從事物理學和化學研究的科學家的人數相差懸殊，這種現象到底是怎樣產生的？讓 1,000 個頭腦敏捷的人專注於生產更先進的炸彈（就算包括更好的青黴素），或是讓他們去研究和解決民族、心理治療或者剝削的問題，兩者哪個對於人類更有利呢？

總之，方法中心論是科學家與其他尋求真理的人之間以及他們理解問題和尋求真理各種不同方法之間的一道鴻溝。如果我們為科學所下的定義是尋求真理，頓悟和理解，關心重要問題，那麼就很難將科學家與詩人、藝術家以及哲學家區分開，因為他們關心的可能是同樣的問題。但是，最後還應做一個語義學上的區別，而它必須主要以預防錯誤的方法和技術的不同為根據。然而，假如科學家與詩人、哲學家之間的界線不像「常規」這樣不可踰越，這顯然有利於科學。方法中心論僅僅將它們歸於不同領域，問題中心論將它們考慮為互相幫助的合作者。

許多非常敏銳成績卓越的科學家的個人經歷表明，後一種情況較前一種更接近真實，而且很多大科學家本身又是藝術家和哲學家，他們從哲學家那裡獲得的營養絕不少於從自己的科學同行那獲得的營養。

方法中心與科學上的正統

　　方法中心論不可避免地會導致出現一種科學的正統，而且會由此產生一種異端。科學上的問題和疑難幾乎極少可以公式化分類或者歸入系統。過去的問題成了現在的答案，而將來的問題尚未出現。而且，有可能用公式表達過去的方法與技術並將它們分類。於是，這些公式就被稱作「科學方法的原則」，它們被奉為經典並罩上傳統、忠實和歷史的光環，並且通常具有束縛的作用，而不僅僅具有啟發和幫助的作用。在缺乏創造力、墨守成規和謹小慎微的人手中，這些「原則」實際上就是要求我們只按照先人解決他們的問題的方法來解決我們今天面臨的問題。

　　這種態度對於心理和社會科學特別危險。要做到絕對科學必須遵循如下命令：請採用自然科學和生物科學的技術。在許多心理學家和社會科學家中間就出現了模仿舊技術的傾向，而不是去發明或創造新技術以滿足客觀現實的需求。於是，他們的發展程度、研究的問題、他們掌握的資料卻與自然科學存在著本質的區別，因此新的技術是必不可少的。在科學中，傳統是個危險的「恩賜」，而忠誠則是絕對危險的冒險。

阻礙新技術發展的絆腳石

　　阻礙新技術的發展是科學正統觀念的主要危險所在。假如科學方法的原則已經公式化，接下來要做的事就是應用它們。進行研究的新方式或新方法必然是可疑的，它們經常受到敵視，比如精神分析、格式塔心理學、羅夏測驗。此種敵意的產生，也許在某種程度上是由於新的心理科學和社會科學所需要的關於同時並存、相互關聯的邏輯推理和數學尚未發明出來。

　　一般來說，合作是推動科學發展的永久動力。否則，有局限性的個人怎

能做出重要的、甚至偉大的發現？如果合作消失，那麼發展往往會突然停滯不前，除非出現某個不需要幫助的天才。正統觀點意味著拒絕幫助異端。既然正統和異端領域中都很少有天才，這就意味著，只有正統科學能夠持續地、平緩地發展。我們可以想像，異端論點在長期的令人厭煩的忽視和反對中受到阻礙，然後突然衝破障礙（假如它們是正確的），繼而變成正統觀點。

　　方法中心論滋養的正統觀念還具有一種更為嚴重的危險，即對於科學的範圍加以越來越多的限制。正統觀念不僅阻擋新技術的發展，往往還阻擋許多問題的提出。根據是，人們滿可以認為這樣的問題用現有的技術不能解決，比如，關於主觀的問題，關於價值以及關於宗教的問題，正是這種愚蠢的根據導致了那種沒必要的認輸。那種自相矛盾的說法和那個「非科學問題」的概念，彷彿有什麼我們既不敢問也不敢解答的問題。

　　的確，任何讀過並且懂得科學歷史的人，都不敢說有什麼不能解決的問題，他只敢說有尚未解決的問題。依照後一種說法，我們的行動就有了明確的動力，它會推動我們進一步發揮獨特的創造力。如果我們的頭腦裡想著這樣的問題：「我們用已經了解的科學方法可以幹些什麼？」那麼，我們就只有作繭自縛，在人類興趣的廣闊領域中畏縮不前。這種思想會走向令人難以置信的危險的極端。舉個例子，議會試圖建立一個全國研究基金會，在討論中，竟有許多物理學家建議，所有心理科學和社會科學不得享受基金會的利益，理由是這些學科不夠「科學」。

　　假如不存在對精微而尖端的高技術的尊重，假如完全忽視科學提問的本質以及來源於人類價值觀和動機這個事實，那麼，還會有什麼理由來提這樣的建議呢？身為一個心理學家，我應該怎樣解釋我的物理學家朋友們的這種嘲弄呢？我應該考驗他們的技術嗎？但它對於我的問題毫無用處，也不能使心理難題得到解決。或許這些問題不應該得到解決？要不，科學家應該完全退出這個領域，把它還給神學家？或者是真的存在某種出於個人的嘲笑吧。

那麼，它是否暗示心理學家愚蠢而物理學家聰明？這種本身並不可能的說法的依據是什麼？是印象嗎？那麼，我必須談談我的印象，哪個科學團體中都有蠢人，誰也不比誰多，不比誰少。然而，哪種印象更有根據呢？

我認為只能說他們暗暗將技術置於首要位置——也許只給技術以這樣的地位，否則，我實在找不到其他可能的解釋。

以方法中心為根基的正統觀念鼓勵科學家保持「安全、明智、穩妥」的風格，而不是「大膽勇敢」。它使科學家的事業彷彿是在平坦的土地上一寸一寸真誠地向前移動，而不是在未知領域中開闢新徑。它使人對於未知事物持保守而不是進取的態度。它往往使科學家成為定居者，而不是開拓創新者。

應當把科學家擺放在未知、朦朧之中，使其面對難以應付的未知的事的這樣一個正確的位置。注意問題的科學家每當需要時，就主動處於這樣的位置。注重方法的態度將使他偏離這個位置。

過分強調方法和技術促使科學家認為：他們經自己的實際狀況多了一些客觀，少了一些主觀，他們不關心價值。

方法在道德上是中立的，疑難和問題則未必如此，因為它們遲早會招致關於價值的難以調解的爭論。迴避價值問題的一個方法就是不強調科學的目標，而強調科學的技術。的確，科學方法中心傾向的一個主要依據似乎可能就是竭力追求盡可能的純客觀性。

但是，在這裡我們需要特別提起注意的是，我們已經確認科學永遠不可能是客觀的，也不可能完全獨立於人類的價值。而且，科學是否應努力作到絕對客觀（而不是人類可能達到的客觀），甚至也很值得討論。在此，所有錯誤證明了忽視人性的缺點的各種危險。精神病患者不僅為其徒勞的努力付出了具大的主觀上的代價；最具有諷刺意味的是，他的思想能力同時漸漸變得越來越差。

由於這種想像中的對於價值的獨立，價值的標準變得越來越模糊了。假

如方法中心論哲學非常徹底（實際上它們很少如此），假如它們完全始終如一（實際上它們不敢這樣，因為它們害怕得出明顯愚蠢的結果），那麼就不會有辦法去作重要試驗與不重要的試驗，有的只可能是在技術上成功和失敗的試驗。如果只使用方法標準，那麼最無價值的研究就會受到與最富有成效的研究同樣的重視。當然，實際情況並沒有這樣極端，這只是因為使用了不同於方法中心的尺度與標準。雖然這種錯誤很少以明顯的方式出現，但是它的確經常以不太明顯的方式存在。這一點可以在科學歷史中得到證明，不值得做的事情決對不值得把它做好。

如果科學是一整套規則和程式，那麼它與西洋棋、煉丹術、牙科醫生的行業以及防護學沒有任何差異。

科學的去聖化和再聖化

儘管科學會給人類帶來種種益處，但仍有些人會反對它，甚至於達到仇恨的程度，如非科學家、詩人、宗教家、藝術大師和普通人，對於他們眼裡的科學，他們有一種畏懼甚至仇恨的看法。他們往往覺得科學是對每一件他們認為神奇和神聖的事物的一種威脅，對每一種美的、崇高的、有價值的和激起敬畏感的事物的一種威脅。他們有時把科學看作是一種汙染劑，一個掠奪者，一種削弱的力量，而他們的思想卻使生活變得蒼白、黯淡和機械化，奪去了生活的色彩和歡樂，把一種偽造的確定性強加於生活。

看一看一般高中學生的思想，這就是你能看到的畫面。女孩子想到和一位科學家結婚正在發抖打顫，似乎他是某種可敬的怪物。甚至當我們解決一般人頭腦中的某些誤解時，如他混淆了科學家和技術專家，他未能在「革命科學家」和「常規科學家」之間做出區分，或在自然科學和社會科學之間有所分辨，甚至這時仍然不能消除某些有理由的抱怨。據我所知，這一把去聖

化作為一種防禦需要的問題，科學家自己還沒有討論過。

我覺得，科學和每一科學的活動似乎都能夠而且常常被一個被歪曲的、弄得狹窄的、無幽默感的、反性化的、反感情化的、去聖化和反淨化的世界觀作為一種工具利用。這一去聖化能夠被利用作為一種防禦方法，反對被感情特別是謙卑、尊敬、神祕、驚奇和敬畏的感情所淹沒。

下面就讓我用親身經歷過的事情來說明我的意思。那時我正在讀醫學院，並不自覺地認知到有這樣的問題，但回顧時似乎很清楚的是，我們的教授們幾乎都有意力求「硬化」我們，教我們以一種「冷靜的」、非感情的方式對待死亡、痛苦和疾病。

我所見的第一次手術可以說是一個力圖去聖化的典型例子，即在神聖的事物面前去掉敬畏、隱祕、懼怕和退縮的意識，在驚人的景色面前去掉謙卑的意識。一位婦女的胸部要用一柄電刀局部切除，電刀是燒穿切除部位的。當炙燃肉塊的芳香氣味溢滿室內時，做手術的醫師對他的切除方式做出毫不動心的「冷靜的」和隨便的解釋，全不注意患者在痛苦中衝出屋子。然而醫師卻把那塊肉從空間拋出，噗通一聲掉落在對面地板上，它已經由一個神聖的東西變成了一塊被丟棄的肥肉。自然，沒有眼淚、祈禱、儀式或任何禮節，像在大多數文字前的社會中肯定會有的那樣，有這一切都是以一種純技術的方式處理的 —— 無感情的，平靜的，甚至略帶傲慢的色彩。

然而，我第一次被帶到手術室，第一次聽到讓我解剖死者時，那氣氛也與這沒有任何區別。於是，我不得不自己詢問死者的姓名。弄清他是一個伐木者，在一場爭鬥中被殺害。我不得不像任何別人一樣學會如何處置他，不是作為一個死人，而是作為一具「屍體」，沒有任何禮儀地處置他。對於幾隻狗也同樣如此，那是在我們完成表演和實驗以後不得不在生理課堂中殺死的。

醫學新生們自己也力求使他們的深沉情感變得可以排遣和可以控制，抑制著他們的畏懼、他們的同情、他們的溫情，在赤裸裸的生命和死亡面前的

敬畏，在他們完全和驚恐的病人打成一片時的同情的眼淚。由於他們是青年，他們是以年輕人的方式這樣做的。例如，坐在一具死屍上並吃著一片三明治照一張像；偶而在餐桌旁從公文皮包中拉出一隻人手；拿人身幽隱處作為醫學話題的笑料等等。

　　這種對抗恐怖的頑強、隨便、不動感情和掩蓋著它們的對立面顯然被認為是必需的，因為溫情可能干擾醫師的客觀性和無畏態度。我自己常常懷疑這一去聖化和反淨化是否真正必需。至少有可能的是，較多牧師般和較少工程師般的態度也許更有助於改善醫學訓練，或至少不致於把「較溫柔的」候選者逐出醫門，可能這種「頑強」訓練對於外科是必需的，那是可以商榷的。但對於一位心理醫師呢？一位「人際認知者」難道不需要關心和愛嗎？顯然那是一種反心理學的訓練？在此，我們還必須進一步討論一個隱含的設想，情感不一定是真理和客觀的敵人，有時它是，有時它不是。

　　另外，還有一些人把去聖化作為他們的防禦方法。我們都熟識那樣的人，他們不能忍受親密、誠實、無防禦，他們對親密的友誼深感不安，他們不能愛或被愛。避開這種打擾人的親密或美是一種常見的解決辦法，或保持「距離」，甚至離開一臂遠。或者最後可以抽去它的主要內容，剝去它打擾人的特性，弄成不自然的。例如，純潔可以說成是愚蠢，誠實可以稱為容易受騙，坦率變成缺乏常識，慷慨被貼上無主見的標籤。前者使人不快，後者不致如此而且容易對付。請記住，實際上沒有什麼辦法可以「對付」偉大的美或耀眼的真理或完善或任何終極的存在價值，我們能做的一切不過是沉思，感到歡樂，「有趣」，激發愛慕之心等等。

　　隨著對「反向的價值」對真、善、美、完善、秩序的深入研究，我大都發現這些最高的價值往往能使人更意識到他自身內和這些價值對立的每一事物。許多年輕人覺得和一個不太漂亮的女孩相處更自在，美麗的姑娘容易使他自慚形穢、靦腆、笨拙、自卑，似乎他是站在某一皇族或神的面前。去聖

化能成為一種防禦方法抵制對搖搖欲墜而急需保衛的自尊的不斷衝擊。

在臨床醫師看來同樣明顯和同樣熟悉的是，某些男子沒有能力和一個姣好或美麗的女子性交，除非他們首先使她受到屈辱或至少使她不再是一位女神。男子在性行為中會把他的角色等同於骯髒的插入動作或支配動作，但他很難對一位女神或聖母或女祭司 —— 很難對一位神聖的、可敬畏的教母做出這樣的行動。因此，他必須把她從高高在上的座位上拖下來，拖入骯髒的人的世界，使他自己成為主子，或許以一種無故施虐的方式提醒自己，她也要拉屎、撒尿、出汗等等，或她是可以用錢買來的等等。於是，他不再需要尊重她；他解脫了敬畏感，解脫了溫柔、崇拜、褻瀆或自卑感，不再像一個嚇壞了的小男孩那樣覺得自己笨拙、不匹配了。

動力心理學家研究較少，但或許也很常見的一種現象是女方對男方的象徵性閹割。當然，這至少在我們的社會中是人所共知的廣泛發生的現象，但它常常被賦與或者是純粹社會學的或者是純粹佛洛伊德學說的解釋。也很有可能是為了去聖化和反淨化而「閹割」男方，就像古希臘哲學家蘇格拉底之妻，以凶悍潑辣著稱，她對蘇格拉底的撒潑也可能是為了防禦她對蘇格拉底的極度敬畏感會把她自己淹沒。

從這樣的觀點看，我們常常認為是一種「解釋」的東西與其說是一種理解的努力或理解的交流或充實理解的努力，不如說是一種抑制敬畏、讚歎和驚奇的努力。看到雨後彩虹，十分激動的孩子可能會聽到大人以一種略帶輕蔑和揭穿真相的口吻說：「哦，那不過是水珠把白光分成了彩色，就像稜鏡的分光作用那樣。」

這能貶低經驗的價值，類似以高人一等的態度嘲笑孩子和他的幼稚。它能具有扼殺經驗的作用，使經驗較少可能再次到來或表露出來或受到認真對待；它能使生活失去敬畏感和驚奇感。

我發現這也適用於高峰經驗。高峰經驗很容易而且常常被「解釋掉」而

不是真正被解釋明白。我的一個朋友，在手術後的寬慰和沉思中忽然閃現一個經典式的重大啟示，深刻而震撼人心。他的意外發現給我留下很深的印象，過後我想到這種體驗可能為我打開極佳的研究前景。我問外科醫師是否其他病人手術後也有這樣的洞察。他漫不經心地說：「哦！是的！Demerol（一種止痛的商標）你知道。」

　　自然，這樣的「解釋」對於經驗本身的內容說明不了什麼，和引爆器說明不了爆炸的效應一樣。而這些毫無意義的解釋本身必須得到理解和解釋。

　　簡化的努力和「不過如此」的態度也需要解釋。例如，「一個人實際不過是 150 元藥品的價值」；「吻是兩個胃腸道上端的並列」；「一個人等於他所吃的東西」；「愛是對於你的心上人和其他姑娘之間差別的誇張」。我有意選錄這些少年男孩的例子，因為我相信這是去聖化作為一種防禦方法的最高利用。這些男孩力圖成為強硬的或「冷靜的」或「長大成人」，就不得不向他們的敬畏、謙卑、愛、溫柔，以及同情和他們的奇蹟感宣戰。他們這樣做，把「高的」拉下來，拉到「低的」地方，拉到他們覺得是他們自己所在的地方來。這些「觀念論」的年輕人不停地奔忙，向他們的崇敬衝動作戰，力圖貶低神聖的東西，褻瀆每一件事物，像「正常」成年人的所為。

　　一般原子論的分解技術等等也可能用於同樣的目的。你想說一朵美麗的花或一隻漂亮的昆蟲或一首精彩的詩等等的面前避免吃驚，避免自慚或產生無知感，辦法很簡單，只要把它劈開，並再次感受到自己有本事。歸類、分類、劃分範疇、制定規程一般也是如此。這些也是使可敬畏的事物世俗化、便於處理和日常化的方式。任何能迴避整體性的抽象形態都可能服務於同一目的。

　　因此，我們必須提出這樣的問題：是否科學或知識的根本性質在於它必須去聖化？或在現實的領域中是否有可能把神祕的、引起敬畏的、存在幽默的、震撼情感的、美麗的、神聖的事物也包括在內？假如可以承認它們的存在，我們怎樣才能取得對它們的認知？

在外行人眼裡，使生活去聖化是科學家的必然責任。這種看法通常是錯誤的，他們對於最優秀的科學家研究工作的態度有誤解。這種態度的「統一」面 —— 同時領悟神聖的和世俗的生活 —— 太容易被忽略，因為大多數科學家都羞於表現出這一點。

客觀實際的情況又是如何的呢？事實上，真正優秀的科學家往往確實以熱愛、獻身和克己的態度研究他的工作，似乎他正在進入一個神聖的殿堂。他的確達到對自我的超越 —— 完全的忘我精神；他的態度確實可以稱為一種「宗教式」的 —— 具有絕對真誠和全面真理的品德，而他的激動或高峰經驗，在他所研究的偉大神祕現象面前時時由於敬畏、自卑和自覺渺小而戰戰兢兢 —— 所有這些也可以稱為神聖的。這不經常發生，但它確實發生而且有時是在外行人難以鑑別的情況下發生。

從某些科學家那裡誘出這種隱祕態度是很容易的，只要你設想它們存在並嚴肅對待。假如科學能丟掉這一非必要的「對溫情的禁忌」，科學將較少被誤解並將在它自己的領域內發現較少需要去聖化和僅僅進行褻瀆活動。

我們也能從自我實現的、高度發展的人那裡學到許多東西。他們的眼光長遠；他們的思維邏輯廣闊；他們能以一種更廣泛包容和整合的方式看問題；他們告訴我們，在謹慎和勇敢、行動和沉思、活力和思辯、堅強和溫情、認真和奧林帕斯式的幽默等等之間並沒有真正的對立。這些都是人的特性，它們在科學中都有用。

在這些人身上沒有必要否認超越性體驗的真實或把這樣的體驗看作是「非科學的」或反理智的。也就是說，這樣的人覺得不需要否認他們更深層的情感。的確，我的印象是，如果有什麼可說的話，那就是他們更傾向於享受這種體驗的樂趣。

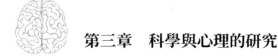

好心情的科學家

批評傳統科學和科學家的另一個原因是，他們過於相信他們的抽象，過於肯定這些抽象的價值。在這樣的主觀條件下，他們很容易失去他們的幽默感、他們的懷疑態度、他們的謙虛，並且不能恰當地意識到自己缺乏更深刻的知識，不能扼制自己的狂妄自大。很顯然，這一批評特別適合心理科學和社會科學。

確實如此，自然科學家能誇耀他們的顯著成就和他們對物體和無生命自然的控制。但心理學家有什麼可以驕傲的呢？他們真正懂得多少有益於人的事情的道理呢？傳統科學在一切人的和社會的領域中一直是一種失敗。當然，我們確實有許多關於人和社會的有益知識，但我仍堅持認為，很多這樣的知識來自「異端」，也就是來自於人本主義科學而不是機械主義科學。我在此不談來自原子彈的所謂「成功」問題，原子彈現已掌握在心理上和社會上原始的個人和社會的手中。科學的右臂已生長到巨人水準，而左臂卻在它的生長中落後這麼遠，這難道不危險嗎？

假如我是正確的，科學家的明智和仁慈（甚至是在最真確的意義上的「科學化」）當然便於他們拒絕「方法崇拜」的樂趣，即拒絕變得驕橫、霸道和自以為是。能拯救他們的恩典寧可說是這樣的一些品性 —— 謙遜，嘲笑自己的能力，和模糊狀態共處，經常意識到對於任何一組事實都存在多重理論解釋的可能性，對語言、抽象和科學本身的內在限度有明確的認知，承認經驗、事實、描述優先於一切理論，懼怕在理論的上方稀薄空氣中生活太久而不能返回地面。最後我還要附加一條，對於個人自己科學研究工作中無意識和前意識決定因素的經驗知識是最大的謙卑生產者。

為了與權力主義性格的不能等待和不能暫時擱置判斷的傾向做一比較，我們還可以進行一項有啟發意義的研究實驗。有廣泛的臨床印象 —— 實驗資

料仍然是模棱兩可的 —— 表明，他們就是不能容忍等待，他們的大部分緊張和焦急來自於等待。因此，他們通常在不成熟的認知下就跳向一個結論 —— 任何結論，而不是停留在被他們視為感情懲罰的狀態。

缺陷還不止於此，而且他們一旦委身於一個結論，他們還往往長時間地依賴它，即使面對著矛盾的資料也沒勇氣去修正。

較明智的、奧林帕斯型的沉思者，較有興致和好取笑的沉思者都已意識到，科學理論的存活時間比人們所期望的短命得多，也正因為如此，他們可能會覺得完全「忠於」牛頓定律和忠於霍亨索倫王朝同樣可笑。

這一更試驗性的態度能牢固地建立在經驗的基礎上。假如你仍然接近具體客觀的世界，便不可能否認事實的多重性 —— 它們的矛盾，它們的模糊性。你會意識到我們關於這一事實世界的知識的相對性，相對於世紀、文化、階級和階層，相對於觀察者的個人性格。你很容易感到肯定無疑卻又很容易弄錯。

所有的科學都只是一種權宜之計，一種達到某一目的的方法，但這一目的從來沒有達到過。一切說明都要推延到我們了解了整體以後，但那時科學自身將被拋在一邊。但任何自然物引出的我們的愉快的自發表現都是既完滿又徹底的，因為一切自然的東西都被視為和人有關；誰又知道這種無意識的肯定可能多麼接近絕對真理？假如我們要了解我們看到的是什麼，我們將所見甚少。一個人用其理解的捲尺能測量的東西太少啦？

當你意識到這些對立力量時，你仍義無反顧地進入這個世界，這一過程的本身就是勇氣甚至高尚的一個標誌。科學家應該深感幸運，並喜愛他們的生活，因為他們發誓終身從事的那種永恆的事業肯定是值得他們為之付出最高努力的。

有一種方式使我們可能成為依據經驗的，推進知識的高度評價這一知識，而又對人類知識的貧乏和不可靠抱現實主義的態度，這種方式就是對它超然一些，像上帝那樣，抱著懷疑的態度而興致盈然又有深厚感情，嘲弄、

寬容並驚嘆不已。正當的笑是對付難解問題的一個好辦法，同時也是保存力量堅持研究下去的好辦法。對於既要謙遜又要自豪、驕傲和堅強（足以對付重大任務）的存在主義問題，幽默感是極佳的解決途徑。以這種方式我們既能意識到我們懂得火箭和抗菌素，同時又意識到我們不懂得戰爭與和平，偏見或貪婪。

　　所有這一切都是關於現存混亂狀態的沉思形式，都是一種溫和的享受，而且使我們能繼續堅持嘗試較多一點解開扭結而不致失去信心。你能熱愛科學儘管它不完善，正如你能愛你的妻子一樣，儘管她不完美。而且，幸運的是，科學和愛侶有時確實能變得十全十美並使我們大吃一驚，雖然美麗只能停留片刻，而且是作為一種令人意外的、受之有愧的獎賞。

　　這樣一種態度對於超越另一些問題是很有助益的。一個重要的問題是有一種隱蔽的觀點把科學和完成的知識畫上等號。例如，我曾聽到心理學家遭受物理學家的嘲笑，物理學家這樣嘲弄心理學家：「你們知道多少？你們的知識是高度抽象並數學化的嗎？」他們甚至這樣問：「你稱它為科學嗎？」這裡暗含的意思是，科學是進行認知活動的，而不是提問的。於是，後方部隊的士兵嘲笑前方的戰士太髒，而財富繼承者嘲笑汗流浹背的賺錢謀生者。事實上，在科學中有兩種評價的層次系統（不是只有一種）：一種是整合得很好的知識層級；另一種是我們選定研究的重要問題層級，正是這些選定要研究重要的、未解決的人的問題者才真正把人類的命運放在自己的雙肩上。

　　大多數科學的定義，尤其是非科學家所定義的，是根本不正確的。通常，科學被說成是一種功能自律的事業，局外人是無法真正理解的。例如，假如你稱它是「不斷增加的訊息集成」或「實驗操作規定的概念系統」，一般人會詫異為什麼人們應該獻身於這種不能鼓舞人的目的。

　　對於科學研究的成果或對於作為社會事業的科學的這種說法，或為此目的所進行的有關科學的討論而不是有關科學家的，往往都把科學家生活中的

趣味、激情、興奮、勝利、失望、感情和意動的成分排除在外，更不用提那些審美的、「宗教的」、或「哲學的」躁動。頗為類似的是閱讀西洋棋規則，它的歷史，研究個別比賽等等。但所有這些都不能解答這樣的問題：「人們為什麼要下西洋棋？」如果你對他們的感情、動機和滿足毫無所知，他們將永遠不可理解，像鬥牛士不能被非鬥牛愛好者所理解一樣。

我認為，非科學家透過了解科學家的目標和滿足有可能得到對科學家生活的某些感受，而且這些心理上的真正滿足在一定程度上是人人所能體驗到的。

透過對高峰經驗的調查研究，我得知這些體驗是非常相似的，遠非激發這些體驗的外部誘因之間的相似可比。例如，在我發現婦女描述她們最高幸福時刻大體和男子的描述相同以後，我覺得和婦女更接近了，儘管婦女受到激發的情境可能對男子毫無觸動。只要牽涉到個別科學家的內在生活，這些高峰經驗和詩創作中激發詩人的體驗就非常相似等等。

從我自身的經驗而言，我想我曾從我自己和別人的研究工作中得到過比從詩歌欣賞中更多的「詩意」體驗。我從科學雜誌的閱讀中也曾得到過比研究和閱讀「聖書」中更多的「宗教」體驗。創作某種美麗事物的激動心情來自我的實驗、探索和我的理論研究，而不是來自繪畫、譜曲或跳舞。科學可以成為一種與你的所愛相結合的方式，與使你著迷的東西以及與你用你的生命表達你為之傾倒的神祕的東西相結合的方式。

接下來，我們繼續我們的類比。如果你能求得有關你研究的主題愈益增多的知識，並在 50 年的學習後上升到一定的高度，那麼你可能花費一生的時間，甚至會覺得淹沒於它的更深的神祕之中了，不過卻以求解這個問題為樂。

很顯然，與最初的無知的空白神奇感相較，這時它已是一個豐富多彩的「高級」的神祕和奇蹟。這兩種過程似乎是同時並平行地進行著，即知道得越多越覺得神祕。至少這是在我們的優秀人物、賢者和最好的科學家身上發生的現象，他們仍然是完整的人而不是偏癱的專家。這些人也是能夠得

第三章　科學與心理的研究

到詩人理解的科學家，他們反過來也能把詩人看作是一種合作者。正如德瑞爾（Sidney Drell）所說，科學能成為「理智的詩歌」。這一對於優秀科學家內在生活祕密的探索能成為某一全球運動的基礎，它將使科學家、藝術家、「宗教」人士、人道主義者和一切其他認真的人團結在一起。

傳統的科學家認為，科學研究或詳盡的認知是和神祕感對立與矛盾的。但實際情況並不需要如此。研究神祕並不需要褻瀆它。實際上這是趨向更高的尊重、更深的理解、在豐富多彩的高水準上的更加神聖化和淨化的最佳方式。必須清楚地意識到這一點：最聰明的人，正是那些最大智若愚、最不傲慢和最「興致勃勃」的人。

如果你想使樹木變得更美麗，那麼，唯一的辦法你必須對樹木有更多的知識 —— 弄清樹木生長的道理。我總是注視並讚美的樹，現在更有一點助益，因為我懂得一點植物學。假如我對它的機能作用的細節知道得更多些，這一知識將能使它變得更加神奇而美麗。

例如，我一生最深刻的美感經驗之一是很久以前在一次組織學課堂上得到的。那時我一直在研究腎臟生理學、化學和物理學。我越學越驚嘆腎的美，它那令人難以置信的複雜而又簡單，在機能上有完美的形態。它的形態是順應它的機能構成的，兩者的相隨像雕刻般精細，遠遠超過格林諾夫的夢想，例如腎的進化。對於我來說，胚胎學家所知的是一個奇蹟，它顯得是那樣的罕見，任何人也難以預先想像。正是在這樣的時刻，我在研究、學習和了解以後，觀看了顯微鏡下的一個完美染色的切片並得到一種美的體驗。

對於這樣的問題，非科學家不會懂得，而科學家呢？又羞於在大庭廣眾面前談論它，除非他們變得年長成熟而且不怕羞時才不會如此。在科學的最高水準上，它最終能成為對驚奇、敬畏和神祕的整合編排，系統追求和欣賞享受。

上述這些的高峰經驗和存在認知，正是科學家能夠得到的最高獎賞。但這些體驗同樣可以稱為宗教體驗，詩意體驗或哲學體驗。科學可以成為非宗

教人士的宗教，非詩人的詩作，不會作畫者的藝術，嚴肅人的幽默，受壓抑而畏縮的人的求愛。科學不僅始於驚奇，它也終於驚奇。

心理學的原始資料

要想準確地說出這種原始資料究竟是什麼，確實很難；但卻能很容易地說出它不是什麼。許多人試圖說它「只不過」是某物，但這些簡化的嘗試卻總是歸於失敗。眾所周知，原始的心理學資料不是什麼肌肉痙攣、反射作用、基本感覺、神經細胞之類，甚至也不是能觀察到的一點外部行為。它是一個大得多的單位，越來越多的心理學家都認為它至少同一個知應性或應對性行為一般大。它必定無疑地要涉及到一個有機體、一個情境、一個目標或目的。從有關非誘導性反應和純粹表達的論述來看，即使這樣，這種說法也顯得有點狹隘了。

總之，我們最終得出了這樣一個自相矛盾的結論：心理學的原始資料正是心理學家們極力要分解成各種成分或基本單位的那種原本所有的復合狀態。假如我們非要利用一下原始資料這個概念的話，那麼它無疑會是一個頗為獨特的概念，因為它指的不是一種單純形式，而是一種復合形式：是整體而不是局部。

假如我們仔細審察這一悖論，我們很快就會理解，這種對原始資料的尋求本身反映的就是一整套世界觀，即一種將世界基於原子論假說之上的科學哲學 —— 強調在這個世界中，複合物都是由單一元素所構成的。因此，抱有這種世界觀的科學家的首要任務就是將所謂的複合物還原為所謂的單一物。這得靠分析來完成，而且得進行越來越細微的分解，直至無法再分。這一任務在科學的其他領域完成得不錯，至少在一段時期內是這樣，但在心理學領域卻並非如此。

這一結論揭示了整個還原分析努力在本質上所有的理論性質。但必須明白，這一努力與科學總體的根本性質無關，它只不過是一種原子論、機械論的世界觀在科學上的反映或內涵，而且對於這種世界觀我們是很有理由加以懷疑的。因此，抨擊這種還原分析的努力並不是抨擊一般科學，只不過是抨擊對待科學所可能採取的多種態度。然而，我們最初面臨的原始問題仍然存在。現在，讓我們來換一個說法，提出的問題不再是「什麼是心理學的（不可再分的）原始資料」，而是要問：「心理學研究的內容是什麼？心理學資料的性質是什麼？應該如何研究這些資料？」

整體分析的方法論

假如我們不將我們研究的個體分解為一個個「簡單局部」，我們又何以對它進行研究呢？我們現在已證明，這一問題比一些人所認為的要簡單得多。

首先，我們必須搞清楚，我們反對的並不是一般的分析，我們只是反對被稱之為還原的那種特殊類型的分析。否認分析、部分等概念的有效性是完全沒有必要的，我們只是需要將這些概念重新定義一下，使它們能讓我們的行為更為有效、更富有成果地進行工作。

舉一個例子，比如說臉紅、顫抖、口吃等，我們可以很容易地用兩種不同的方式來研究這一行為。一方面，我們可以把它當作一個孤立的、分立的現象來研究，在自身範圍內可以獨立存在並可被獨自理解；另一方面，我們也可以把它作為整個有機體的一種表現形式來研究，試圖在它與有機體以及有機體的其他表現形式之間、豐富多彩的相互關係上來進行理解。

我們也可以用一個比喻來進一步說明這一區別，即用兩種方式來研究胃這樣的器官：既可以從人體內取出，再置於解剖臺上進行研究；也可以讓它處於自我狀態來進行研究，即在有生命、有功能的有機體內進行研究。從多

方面來考察，這兩種不同方法的取得的結果是截然不同的，而且解剖學家已經認知到這一點了。透過後一種途徑所得到的認知比試管方法的等同物所獲得的結果要有效而且有用得多。

當然，現代解剖學並沒有拋棄對胃的解剖和孤立研究。這些技術方法仍在使用，但只能是在一個相對廣闊的背景下使用。這一背景包括對人體自然狀況的認知以及人體並不是單個器官的組合，可供解剖屍體組織與活生生的人體組織也並不一樣等等的認知。總之，解剖學家現在所做的一切過去都已做過，但是他們現在的態度不同；他們現在做的事比過去要多——除了傳統的技術之外，他們還使用了很多附加的技術方法。

正因為如此，我們才能以兩種不同的態度回到對人格的研究上來。我們既可以設想研究的是一個分離的實體，也可以設想研究的是整體的某一局部。前一種方法可被稱為還原分析法；後一種則被稱為整體分析法。對人格的整體分析的實際運用中的一個基本特徵：首先必須對整個有機體進行初步研究或了解，然後才能進而研究那個整體的部分在整個有機體的組織和動力學中所起的作用。從某種特定的意義上來講，還有必要把每一局部研究對象都作為一個完整的、不斷發展的個體理解，然後才能試圖找出關於這一主體的自尊的一切細節。

實際上，這些結果與其說是對自尊心或安全感本身的研究，還不如說是對自尊心或安全感在整體人格中的作用的研究。於是，在具體提到有關自尊心的問題之前，就已經對研究對象跟我的家庭、我所生活在其中的亞文化群的關係、我應付主要生活難題的一般方式、我對自己前途的希望、我的理想、我的挫折、我的矛盾衝突等進行了探索。這一過程就這樣一直進行下去，直到我們覺得自己在使用簡單技術方法的情況下，最大限度地了解了研究對象。只有在那時，我們才覺得自己可以理解自尊在各種具體行為片段中的實際心理含意。

第三章　科學與心理的研究

為了正確解釋某一具體行為，我們用實例來證明這種理解的背景是很有必要的。一般說來，自尊心弱的人比自尊心強的人更易於有對宗教的虔誠。但顯而易見，另外也有好多因素來決定宗教虔誠的程度。為了弄清在某一特定個體身上宗教感情是否意味著需要依賴自身外的力量源泉，我們就必須了解對這一個體的宗教培養，即他的宗教感情是膚淺還是深厚，是表面的還是真心的？總之，我們必須了解宗教對他作為一個個體來說意味著什麼。

因此，一個人定期去教堂，但對他的評價可能是比一個根本不去教堂的人更少虔誠態度，這也許是因為他去教堂是為了避免被社會所孤立，或他去是為了討母親的歡心，或宗教對他來說並不是謙恭而是對他人的支配，或這表明他是上層集團的一員，或如同克萊倫斯·德埃的父親所說「有益於愚昧的芸芸眾生，我必須參加」，或諸如此類。從動力學的意義上來說，他也許毫無虔誠之心，但卻仍表現得似乎是虔誠萬分。

很明顯，我們必須首先了解宗教對他做為一個個體來說意味著什麼，然後才能評定它在人格中的作用。單純行為性質的做禮拜幾乎可以有任何一種含意，因而對於我們來說顯得非常模糊。

另一個例子也許更引人注目，因為同樣的行為在心理上可以有兩種完全對立的含意。在這裡指的就是政治經濟激進主義，如果只涉及它本身，也就是說，只涉及行為，使它分立，和上下文脫離，當我們要想研究激進行為和安全感的關係時，我們會得出最為混亂的結果。一些激進分子走在安全感的極端，另一些激進分子則走在缺乏安全感的極端。

不過，如果我們把這種激進主義放在它的全部背景中進行分析，我們就不難發現一個人成為激進分子的大概原因 —— 他的生活不怎麼如意，他抱怨、失望、心灰意冷，他從未獲得他人所擁有的東西。對於這類人物的詳細分析常常表明，他們對自己的一般同類懷有很深的敵意，有時是有意識的，有時是無意識的。這樣形容這種人真是再貼切不過：他們傾向於將自己的困

境領悟成一種世界性的危機。

然而，還有另外一種激進分子，他們跟我們剛剛描述過的那種一樣投票、一樣行動、一樣講話，但卻是一個截然不同的個體類別。對他來說，激進主義可以有一個完全不同甚至截然相反的動機或含意。這些人無憂無慮，生活幸福，就其本身來說，真是事事稱心如意，但他們卻出於一種對同類的深愛，覺得有必要改善不幸之輩的命運，因此，不得不向非正義宣戰，哪怕非正義並未直接觸及到他的利益。這類人可以在許多方式中選擇任何一種來表達這種迫切的願望：可以透過私人慈善事業，或宗教規勸，或耐心的教導，或激進的政治活動。他們的政治信仰通常不受收入多少、個人災難之類因素的影響。

總之，激進主義是一種表現形式，可以來源於完全不同的潛在動機，可以來源於完全對立的性格結構類型。在一個人身上，它可以主要是來自於同類的恨，在另一個人身上，則可以是來自對同類的愛。

如果以激進主義本身進行研究，就不大可能得出這樣一個結論：一個頗為常用的整體方法（通常並未標明是這種方法）是用於整合人格實驗的重複方法。我在對人格症候群的研究中也使用了這種方法。從一個把握到的含糊整體出發，我們將它的結構分解為小類、部分等等。透過這種分析，我們發現先前對於這一整體的看法是很難成立的。於是，這一整體便被認為更為準確，更為有效地重新整合，重新界定，重新描述，並同從前一樣經受分析。這一分析再使整體有可能更完善、更準確，就這樣一直循環下去。

整體動力學的觀點

這裡所要闡述的一般觀點是整體論的而不是原子論的，是智慧型的而不是分類型的，是動力學的而不是靜力學的，是目的論的而不是簡單機械論的。儘管一般人都認為這些對立的因素是一系列可分的二歧對立，但我對此卻不敢苟同。

第三章　科學與心理的研究

在我看來，它們結成一種既合為一體又恰成對照的世界觀的趨勢極強。似乎別的學派也持這種觀點，因為以動力學的方式思維著的人們發覺，這樣整體地而不是原子論地、有目的地而不是機械地思維，將給研究工作帶來很多便利，並且顯得更加自然。這種觀點我們將稱之為整體動力學的觀點；它也可以被稱為戈德斯坦意義上的有機體論觀點。

同這種闡釋相對立的是一種有機論的、一元論的觀點，這種觀點集原子論、分類說、靜態論、因果論和簡單機械論於一身。原子論思想家們發覺，他們能更自然地進行靜力學思維而不是動力學思維，機械思維而不是有目的地思維。我可以果斷地稱這種觀點為廣義上的原子論觀點。毫不懷疑，我不但可以證明這些片面的觀點趨於一致，而且可以證明它們在邏輯上必然走向一致。

在這裡，有必要特別談一下因果概念的問題。在我看來，一般廣義上的原子論觀點具有舉足輕重的意義，但它卻被心理學論者搞得含糊不清甚至完全被忽略。這個概念在一般原子論觀點中處於核心地位，是這一觀點自然的甚至是必然的結果。

如果把世界看做是一些在本質上相互獨立的實體的集合，那麼便有一個非常明顯的客觀事實有待解釋，即這些實體之間為什麼是彼此相互連繫的。解決這一難題的最初嘗試導致了簡單的撞球式的因果論看法。在這種因果關係中，一個分立物體對另一個分立物體產生了某種作用，但所有被牽涉到的實體卻都繼續保持著它們各自的基本特徵。假如我們的宇宙觀仍歸物理學統治，這種觀點很容易被人接受，而且實際上也似乎是絕對的。但是，物理學和化學的進展卻使這種觀點有必要得到修正。

例如，那種通常更為複雜精密的描述用的都是以多重因果關係為依據的。大家普遍承認，世界內部固有的相互連繫過於錯綜複雜，因而不能像描述撞球在檯桌上相撞擊的方式來描述，但最常見的解決辦法只是以多重因果關係為依據。

人們已完全認知到，世界內部持久存在的相互關係太錯綜複雜，不能以我們所說的檯桌上的球相撞的同樣方式來說明。但是答案中最常見的只是原始看法的一種複雜化，而不是一種根本的改造。代替單因的是多因，但據設想它們的作用是完全相同的 —— 彼此分離而互不依賴的。正如韋特墨所說，基本的過程仍然是將單獨的實體相加的「算術和」。我們覺得沒有任何必要來改變對這種複雜事件的基本看法，不管現象多麼複雜，本質上也沒有任何新事物出現。

就這樣，因果觀念被不斷地延伸以適應新的需求，以致於它有時似乎與那些舊有概念只有歷史上的關聯而並無其他關係。但實際上，它們雖然貌似不同，本質上卻仍然相同，因為它們照樣是同一種世界觀的反映。

特別是一涉及到人格資料，因果理論便會徹底破產，這很容易證明。在任何一種人格症候群中，都有因果關係之外的關係。這就是說，如果我們非得用因果概念，我們就應該這樣說：症候群的每一部分都是所有其他部分以及這些其他部分的所有組合體的因和果。此外，我們還得說，每一個部分都是這個部分所屬的整體的因和果。如果我們只用因果概念，便只有可能得出這樣一個荒謬的結論。即使人們試圖採用循環因果和可逆因果這種比較新的概念來滿足這一情境的需求，我們仍然無法完整地描述症候群內部的各種關係以及部分同整體的種種關係。

這還不是我們必須論及到的因果理論的唯一缺陷。描述一個完整的症候群時，還有一個難題，如何說明症候群和從「外部」影響著它的力量之間的相互作用和相互連繫。例如，自尊症候群已被證明是作為一個整體發生變化的。如果我們想要糾正張三的口吃，並專門致力於僅此一件事，十有八九我們會發現，我們或者什麼都沒有糾正得了，或者不光改變了張三的口吃現象，還改變了他的整個自尊心，甚至他的全部個性。外部影響通常趨於改變整個人，而不只是他的某一點或某一部分。

第三章　科學與心理的研究

不過在這種情況下，還有其他無法用普通因果理論來描述的特徵，特別是有一個現象十分難於描述。最接近於能將它表達出來的說法是：就好像一個有機體（或任何其他症候群）「將原因吞下、消化，排出了後果」。當一個有效的刺激物，比如說一段遭受創傷的經歷，作用於人格，這種經驗便會產生某種後果。但這些後果幾乎從來也不會與最初作為原因的那種經歷構成一對一或直線的關係。所發生的事情是：那種經歷如果確有效果改變整個人格，但這一人格已與過去不同，而且他自身和應對舉止也和過去不同。我們暫且假設這一後果是他的臉部痙攣的惡化。這種痙攣10%的惡化是由受創傷的情況造成的嗎？

如果我們說確實如此，那麼，很明顯，我們要想自圓其說就得這樣說：作用於有機體的每一個有效的獨立刺激物同時導致這一臉部痙攣惡化了10%。因為每一個經歷都被攝入了有機體，這與食物被消化並透過內循環過程變為有機體本身具有同樣的意義。我一小時之前吃的那個三明治是我現在寫下的字的原因呢，還是我喝下的咖啡，還是我昨天吃的東西，或者那是我幾年前受到的有關寫作的教益，還是我一週前讀的那本書？

當然，可以很明顯地看出，任何一個重要的表現，如寫作一篇自己感興趣的論文，絕不會由任何特殊事物引起的，而是整個人格的一種表現或創造；而人格反過來又是所有它所經歷的事情的結果。心理學家會很自然地認為，刺激物或原因是由人格透過再調整而攝入的，正如他認為刺激是撞擊或推動有機體是同樣自然的。這裡的最後結果將是：這絕不會是因與果的依然分離，而完全是出現一個新的人格（不管新的程度多麼小）。

還有另外一種可以證明傳統的因果觀點為不能適應心理學的方法，那就是證明有機體並不是一個原因，也不是刺激物對其產生某種作用的被動因素，而是能與原因建立起複雜的雙邊關係，並也可以對原因產生某種作用的主動因素。對讀過精神分析學論著的人來說，這只不過是老生常談，所以有

必要提醒一下讀者：我們有可能對刺激物視而不見，我們有可能曲解刺激物，而一旦曲解，又有可能將它們重新構造，重新定型；我們既可以選出它們，又可以避免它們；我們可以將它們篩選出，從它們中進行選擇；最後，如果有必要的話，我們甚至還可以創造刺激物。

因果概念依賴於某種原子世界的假設，即認為世界是原子論的，其中的各個實體即使相互作用也仍然彼此分立。但是人格卻並不能同它的各種表現、效果或作用於它的各種刺激物（原因）分離開。因此，至少就心理學資料來說，因果概念必須被另一概念取而代之。這一概念 —— 整體動力學 —— 涉及到對觀點的根本性改組，所以不能簡單地敘述，只能按部就班地進行闡釋。

在這裡，有必要說明一點，比較有頭腦的科學家已經用一種按照「功能性」關係所做的解釋代替了因果理論。這就是說，甲是乙的一種功能，或者說，如果有甲，則須有乙。透過這種做法，我覺得他們已經放棄了因果理論的核心方面，也就是必然性、作用力等。關聯狀況的簡單線性係數是功能性陳述的例子，但它們卻常常被用來同各種因果關係進行對照。如果它現在的意義同它過去一直有的意義恰恰相反，那麼它也並不適合保留因果理論的目的。無論如何，我們那時就會面臨著必然內在的關係，以及發生變化的方式等等難題。這些難題必須得到解決，而不是被放棄、被否認、被消除。

人體心理症狀合理解釋

正是在人體心理學領域，佛洛伊德過於天真的決定論造成的危害最大。佛洛伊德錯就錯在將「被決定」和「無意識地促動」兩者畫上等號，彷彿行為再也沒有其他的決定因素了。例如，將所有的遺忘，所有的失誤都看做是由無意識的動機所單獨決定的。誰要是探究一下遺忘等是否可能有別的決定

第三章　科學與心理的研究

因素，就會被他斥為非決定論者。

時至今日，除了無意識的動機之外，大多數精神分析學者好像想像不出再有其他的解釋。這種觀點在精神疾病學領域裡還可以站得住腳，因為事實上幾乎所有的精神疾病症狀都確實有無意識的動機（當然也有其他決定因素）。

然而，很多相對而言屬於人體的反應，根本就沒有目的和功能，也沒有意識的或無意識的動機，因此，以上的觀點在人體心理學領域造成了很多混亂。諸如血壓高、便祕、胃潰瘍之類的反應，更有可能是一系列複雜的心理和人體過程的副產品或附帶現象。沒有人會希望（至少沒有人會一開始就希望）有潰瘍、高度緊張、冠心病發作等等（暫不考慮間接導致的問題）。一個人所希望的──對外界隱瞞消極的傾向，壓抑胡作非為的欲望，或者努力達到一種理想中的自我，這一切都只有用身體付出很大的代價才能得到。但這種代價總是出人意料的，肯定是盡量避免的。換句話說，這類症狀通常不會像一般精神疾病症狀那樣有直接的益處。

鄧巴的故事中描述的現象就是一個極好的例子。他們的懶散、粗心草率、遊民性格，當然更容易發生骨折，但這些骨折現象卻不是他們的目的。這種骨折發揮不了任何作用，沒有任何益處。可以暫且假定，有可能（即使這種可能性不大）將上述的人體症狀作為精神疾病的直接益處製造出來。在這種情況下，最好按照它們的實際情況來加以命名，將它們稱為變形表現症狀或者更概括地稱為精神疾病症狀。如果人體症狀是精神疾病過程中所意料不到的人體代價或附帶現象，那它們最好被賦予其他名義的精神疾病，或者像我們已經建議過的那樣，稱之為表現性人體症狀。一個精神疾病過程的副產品不應當與該過程本身相混淆。

在結束這個論題之前，可以提一下最明顯的表現性症狀。這些症狀是一種極其普遍的有機體狀態，即壓抑、健康、能動性、冷漠等的外在表現或真實部分。一個人如果受到壓抑，那就是整個身心都受到壓抑。便祕在這樣一

個人身上顯然並非應對，而是表現（雖然，它在另一位病人身上可以很明顯是一個應對性症狀，例如在一個拒絕排便的孩子身上，他以這種行為向討厭的母親表示他的敵意）。在冷漠中失去胃口、喪失語言功能，健康狀態中的肌肉萎縮，或者感情不穩定的人所表現出來的神經質等都是如此。

桑塔格（Susan Sontag）的一篇論文可以用來證明，對同一種人體心理紊亂可以做出各種互不相同的解釋。這是一位婦女的病歷報告，這位婦女患有嚴重的臉部痤瘡。這種狀況的最初出現以及分為 3 個週期的復發，都與由於性的問題所引起的嚴重的感情壓力和衝突恰好吻合。皮膚病在 3 個週期的發作，恰好使這位婦女得以避免進行性接觸。可能是出於厭惡性生活的心理，才在無意識之中鬼使神差般生出痤瘡來；這或許也像桑塔格所認為的那樣，是她對自己的過失的自行懲罰。換句話說，它可能是一個有目的性的過程。要想根據內在的證據來確定這一點是不可能的；連桑塔格自己也承認，整個事情也有可能是一系列巧合。然而，它也有可能是帶有普遍性的有機體失調的一種表現，這種有機體失調涉及到衝突、壓力、焦慮，也就是說，它可能是一種表現性症狀。

桑塔格的這篇論文有一個不同尋常的方面是，我清楚地認知到了這類病例中的基本矛盾，即痤瘡既可以被解釋為表現性症狀，也可以被解釋為應對性症狀，有兩種可供選擇的可能性。大多數研究者所掌握的資料並不比桑塔格多，但他們卻允許自己沿著一個單一的方向得出確定的結論，即在一些病例中確信是精神疾病症狀，在另一些病例中則確信絕非這種症狀。

我們必須警惕不要把出於偶然的事情強說成是目的性的。我想像不出比下面的病例更好的方法來說明這種必要性，不幸的只是我未能追蹤到這一病例的來源。病例所涉及的是一位接受精神分析治療的病人，他是一位已婚男子，因為暗地裡與情婦發生性關係而正在忍受著嚴重的負罪反應。他還敘述說，每次與他的情婦見面之後都會生出嚴重的皮疹，不去見她時倒也沒有這種反應。

按照人體心理醫學界的現狀來看，許多醫師都會把這當成神經過敏反應，因為那是自我懲罰性的，所以也就是應對性的。然而深入調查之後卻發現了一個極其普通的解釋：原來患者情婦的床上生滿了臭蟲？

症候群概念的界定

　　假如有一種更行之有效的分析方法，我們又怎樣才能使這種對整個有機體的研究更進一步呢？很顯然，這一問題的解決必須取決於分析資料的結構性質，而我們必須問的是：人格的組織結構是如何構成的？作為完整地回答這一問題的第一步，必須先分析一下症候群概念。

　　為了描述自尊和各種相互關聯的特徵的方便，我借用了症候群這一醫學術語。在我討論的領域中，它被用來指一種多種症狀的複合體，這些症狀往往同時在一起出現，因而給予一個統一的名稱。由於這一層含義，這一術語既有長處也有短處。首先，它通常帶有疾病和反常，而不是健康與正常的含義。我們將不把它用在任何此類的特別意義上，寧可把它當作一個一般的概念，這一概念僅僅與某種結構有關，而並不涉及這一結構的「價值」內涵。

　　其次，在醫學上，它常被用在一種純粹相加的意義上，作為一系列症狀，而不是有機、有結構、相互依賴的一組症狀。我們自然將在後一種意義上使用這一概念。

　　最後，在醫學上，它是以一種因果關係為背景的。據設想，任何一種多症狀的症候群都有一個假定的、單一的原因。

　　例如，一旦發現了肺結核中的微生物以及諸如此類的東西，研究者們便會感到滿足並認為他們的工作已經大功告成。這樣做，他們忽略了許多我們認為至關重要的問題。

　　可以舉幾例這類問題，第一，結核桿菌無所不在，但肺結核卻並未因此

而更為常見；第二，症候群中的許多症狀常常並不出現；第三，這些症狀的交替出現；最後在個別人身上這種疾病無法解釋，不可預測的傾向或嚴重等等。總之，我們應該研究與肺結核發病有關的一切因素，而不僅僅研究最明顯或最為強大的某一個別因素。

我們對一種人格症候群的初步定義如下：它是顯然不同的各種特徵（行為、思想、行動的衝動、感覺等）的有結構、有組織的複合體。但在有效而仔細的研究下，這些特徵便會發覺它們具有共同的一致性，這種一致可被分別稱為相類似的動力意義、表現、「韻味」、功能，或目的。

既然這些特徵具有同一的來源、功能或目的，它們便可以互相替換，並且實際上可以被認為是彼此同義的概念（指的都是「同一件事」）。例如：一個孩子的暴怒症和另一個孩子的遺尿症可以是源於同一情況，如遺棄；也可能是達到同一目的的嘗試，如得到母親的關注或愛。這樣，儘管它們在行為上大不相同，在動力學意義上卻是一致的，可以從目標的行為區別和動力性類似這些主要方面來界定互換性，也可以從或然性這一方面來對它進行界定。在一個個別例子中，如果症狀甲和乙有在症候群症中被發現或不被發現的同樣或然性，它們就可以被說成是有互換性的。

在一個症候群中，我們會有一組在行為上似乎並不相同，或者至少具有不同名稱的感情或行為，但事實上這些感情或行為卻互相交錯、糾纏、依賴，可以稱它們為動力學意義上的同義詞。因此，我們既可以在它們作為部分或特徵來研究它們的多樣化，也可以在它們作為整體或統一體來研究。在這裡，語言是一個很棘手的難題。我們應該如何來稱呼這一寓於多樣性的統一體呢？有各種可能的不同的說法。

我們可以採用「心理的韻味」這一概念，用這樣一個例子來說明問題：一份菜由各種不同的成分所構成，但卻有它自己的特色，如一碗湯、一盤燉肉等。在一盤燉肉中，我們用了許許多多原料，調製出了一種獨一無二的風

味。它的風味瀰漫在燉肉的所有原料之中，可以說是與單獨的原料無關。或者，如果我們舉一個人的容貌為例，我們馬上就會發覺，一個人可以有一個奇形怪狀的鼻子、一雙小眼、一對太大的耳，但卻仍十分英俊。說一句時髦的俏皮話，就是「他生就一張醜臉，不過醜臉在他脖子上顯得很漂亮」。

這裡我們同樣既可以考慮逐個分離元素的獨立部分，也可以考慮雖由部分構成，但卻有一種「韻味」的整體，這種味不同於由單個部分所帶給整體的任何東西。我們在這裡可以得出的症候群定義是：它是由多種多樣的特性組成的，但具有一種共同的心理韻味。

我們還能依據心理含意的概念對定義問題做出第二種研究，這是一個在目前的動力精神病理學中極受重視的概念。如果說疾病的不同症狀具有同一意義（夜間出汗、體重減輕、呼吸帶雜音等都意味著肺結核），那就是說這些含義便是它們都是上述統一的假定原因的不同表現形式。或者，在心理學討論中，孤立感或受厭惡感的各種症狀都意味著不安全感，因為它們都被看作是包含在這一更大範圍、更廣的概念之內。

也就是說，如果兩個症狀都是同一整體的部分，它們就意味著同一件事情。這樣，一個症候群就會以一種有點循環的方式被界定為多種多樣因素的有機組合體，其中的所有因素都有同樣一種心理意義。可換性、韻味、含義這些概念儘管有用（例如用於描述一種文化模式），但卻有些理論上和實際上的具體困難，迫使我們繼續探尋一個令人滿意的措詞。如果在我們的探討中採用動機、目標、目的或應對目標等功能性概念，其中的一些困難就可能得到解決。不過，仍有一些難題需要用表現或無動機等概念來解決。

從機能心理學的觀點考慮，統一的有機體總是面臨著某種難題，總是試圖以有機體的性質、文化和外界現實所允許的各種方式來解答這些難題。於是，機能心理學家們是依據有機體在一個充滿難題的世界中進行解答的角度來看待所有人格組織。

也就是說，人格的組織結構要依據它所面臨的問題以及它如何對待這些問題來理解。大部分有機行為肯定是針對某些事情而做某些事情。在討論人格症候群時，如果某兩種特殊的行為對某一個難題有著同樣的應答宗旨。也就是說，他們正在就同一件事和同樣的某些事，我們就應該將它們說成是同屬於一個症候群。這樣一來，我們就可以將自尊症候群說成是有機體對於獲得、喪失、保持、捍衛自尊的問題所作的有機解答；同樣，也可以將安全感症候群說成是有機體對爭取、喪失、保持他人的愛的問題所作的解答。

我們在此並沒有最終的簡單答案。這一點已被下述事實證明：首先，如果用動力學的方法來分析一個單獨行為，通常會發現它不只有一個，而是有幾個應對目標。其次，有機體對一個重要的生活難題一般都有一個以上的解答。

我們還可以附加說明一點：除性格表現方面的事實以外，目的在任何情況下都不能被當作所有症候群的主要特徵。

我們不可能討論一個有機組織在有機世界中的目的。格式塔心理學家們對這一事實進行過大量的論證，在觀察到的、已知的、被考慮過的資料中，組織結構無所不在。就我們採用這個詞所內涵的意義來說，這些資料當然不可能都說成具有應對目標。

我們對症候群的定義和韋特墨、克勒、卡夫卡等提出的關於格式塔所提供的各種定義有某些明顯的相似之處。在我們的定義中，艾倫費爾斯的兩項標準並行不悖的。

艾倫費爾斯給一個有機精神現象所下的第一個標準是：分別提供給一些人的單個刺激因素，如一支樂曲的單個音符，缺乏一個被賦予刺激因素的有機整體，不如整支樂曲的人所可以體驗到的一些東西。換句話說，整體不同於部分相加的和。同樣，症候群也不同於其孤立的、被分解的部分相加之和。但是，症候群究竟是不是它的各部分被整體地理解為相加之和，這一說

法尚處在懷疑階段。部分透過分解只能加成一個加法和，然而一個整體的各個部分當然可以被認為是加成了一個有機整體，如果這一說法中的各個術語都得到了明確界定的話。

但這裡還有一個重要的不同。在我們的症候群定義中，作為整體特徵的主要品格（含義、韻味，或宗旨）能夠在它的任何部分中看到，如果它的部分不是被分解地研究，而是整體地理解，則可以透過它的任何一個部分來觀察這一品格本身。當然，這是一個理論性的陳述，可以預料它會遇到實驗上的困難。當然，在大多數情況下，我們只有透過理解整體而理解作為整體的一個特殊行為，才能發現這一特殊行為的韻味或宗旨。然而，這一規律有足夠的例外能使我們相信，宗旨或韻味不光是整體所固有的，也是部分所固有的。

例如，我們常常可以從一個特定的單個部分來推斷、演繹某個整體。比如，我們只需要聽一個人笑一次，便幾乎可以肯定他覺得有什麼事靠不住；再者，我們能從一個婦女對衣服的選擇，就可以知道她的一般自尊心的許多特徵，大體上當然也得承認，這樣一個從部分得來的判斷通常不如從一個整體得來的判斷概念充分。

艾倫費爾斯的第二個準則是整體內部各種元素可以互換。在這樣的情況下，一支樂曲可以使用兩種不同的調子演奏，它的單個音符在兩種情況下各不相同，這支樂曲也仍然保留著它的同一性。這類似於一個症候群內各種成分的可換性。有同樣宗旨的元素是可以互換，或者在動力學意義上彼此都是同義的；在一支樂曲中發揮著同樣作用的不同音符也是如此。

總體上來看，格式塔心理學家大多都同意韋特墨最初的定義，即只有各個部分之間存在著一種可以證明的相互依賴關係，整體才有意義。整體不同於部分之和這一說法儘管非常確切並常常可以證明，但作為一個有效的實驗室概念卻用途不大，而且常常被一個不同傳統的心理學家們認為是過於含糊；因為即使整體的存在已被證實，對它的定義與特質說明還依舊是一個難題。

很明顯，我們還不能認為對一個格式塔的肯定性定義的問題還不能徹底解決，除非我們不要求這一定義是可行的、具體的、啟發的以及強迫屬於不同傳統的心理學家們（堅持原子論者，堅持機械世界觀者）接受它。有很多原因造成了這一困難，但我只想討論其中的一個，即對曾經用過的論據的選擇。格式塔心理學家主要是研究現象世界的組織結構，研究主要是有機體外的物質「場」。

應該指出，他們往往否認這一斷言。但是，正是有機體本身才有最嚴密的組織結構和內部的相互連繫，像戈德斯坦所充分證明的那樣。要探求組織結構法則的證明，有機體似乎是最理想的研究對象。從這樣一種論據選擇，可以得到的另一優勢在於動機、意圖、意向、表現和方向的基本現象，在有機體中都能更清楚地顯示出來。依據應對意向給症候群下定義立即創造出一種前景，能把那些相互隔離的各種理論統一起來，包括機能論、格式塔心理學、意向論（不是哲學目的論）、心理分析家和阿德勒學派所提倡的心理動力學以及戈德斯坦的有機體整體論。那就是說，正確定義的症候群概念能夠成為統一的世界觀的理論基礎，後者我們曾稱之為整體動力觀，並用它和廣義原子觀進行比照。格式塔概念也能成為這種世界觀的理論基礎，只要它能像我們所指出的加以擴充，只要它更著重研究人的有機體和它的內在動機。

人格症候群的特點

可互換性

一個症候群的各部分是可以互換的，或在動力學的意義上是相等的，這意思是說，兩個在行為上不同的部分或徵兆，由於有同一的意向，能夠相互替代，能夠做同一工作，有相等的出現可能，或可能以相等的機率或信心加以預測。

第三章　科學與心理的研究

　　在一個歇斯底里的患者身上，病症從這個意義上講顯然是可以互換的。在傳統的病例中，一條麻痺的腿可以被催眠術或其他暗示療法所「治癒」；但後來卻幾乎是不可避免地要被其他症狀所代替 —— 或許是一隻麻痺的手臂。在佛洛伊德學說的全部著述中，也可以遇到許多對等的症狀。例如，對一匹馬的恐懼可能意味著或代替著壓抑下的對父親的恐懼。

　　對一個有安全感的人來說，在表現同一件事，即安全感這一意義上的所有行為表現都是可以互換的。在前面所提到的安全型激進主義的例子中，幫助人類的一般願望最終既可能導向激進主義，也可能導向慈善或對鄰居的仁慈或對乞丐和流浪者的施捨。在一個待測的病例中，如果只知道被測者有安全感，我們就可以肯定無疑地預言，他會有某些仁慈或社會公益心的表現，但卻無法確切地預測表現情況或表現方式。這種對等的症狀和表現形式可以說是具有互換性的。

循環的決定作用

　　來自於精神病理學的研究是對這一現象的最好描述。例如霍尼（Karen Horney）的惡性循環概念，就是循環決定的一個特殊例子。霍尼的概念試圖描述症候群內部動力性相互作用的不斷波動之流的運動，任何部分都以此來不斷地以某種方式影響所有其他的部分，而這一部分反過來又被所有的其他部分所影響，整個行動就這樣不停地同時進行。

　　極度的精神官能症依賴必會受到預期的阻撓。完全的依賴本來就內含著對軟弱無能的承認，而這種必然的挫敗則使很可能就是在早就存在的怒火上加油。然而，這種怒氣的發洩對象往往正是他們所依賴、所希望透過其幫助而避免災難的人，因此，這種憤怒的感情馬上就會導致內疚、焦灼不安和對報復的恐懼。而且，這些心理狀態原來正是造成對完全依賴的因素之一。對這樣一位病人的檢查將會表明，不管在什麼時候，這些因素中的大多數都是

共存於不斷波動和彼此加強的長河中。

如果遺傳學的分析可以證明一個特徵較之另一特徵在時間上領先，動力學的分析卻永遠也不會證明這一點。同樣的，所有的因素都既是因又是果。

或許可以這樣說，一個人可以採取一種傲慢專橫、高人一等的態度以求保持自己的安全地位。除非他感到被遺棄、被厭惡（不安全），否則他絕不會採取這種態度。然而，這種態度卻恰恰使人們更加厭惡他，但這又反過來增強了他對專橫傲慢態度的需求。

在種族歧視中，可以很清楚地看到這類的循環決定。懷有種族仇恨者會表露出很多讓他們討厭的性格以發洩自己的仇恨，但這些厭惡性種族的性格卻恰恰又全都要被部分地歸結到這種仇恨和遺棄上。在此註明一點：在這些例子中，我們描述的只是同時動力學。整個症候群的起源或決定的問題，首先是循環決定是如何形成的問題，是一個歷史性問題。既使這樣一種發生分析證明一個個別因素在鏈條中一直處於首位，也根本就不能保證這同一種因素在動力分析中會有基本的或首要的重要性。

如果我們想用更熟悉的因果理論來描述這一概念，我們就應該說甲與乙是雙向關係 —— 互為原因，互為後果，或者我們也可以說它們相互依賴或相互支持，或是相互補充的變量。

結構良好的症候群有抗拒變化或保持原狀的趨勢

不管安全的水準如何，但要想將它提高或降低都是困難的。這一現象有點像被佛洛伊德描述為抗拒的那種東西，但卻可以得到更廣泛、更普遍的應用。在健康的人中，我們也會發現在不健康人身上發現堅持某種既定生活方式的傾向，傾向於相信人本善的人和相信人本惡的人將會對改變各自的信念表現出同樣的抵抗力。在臨床上，可以根據實驗心理學家試圖提高或降低一個人安全感程度來界定這種對變化的抵抗。

在最驚人的外部改變條件下，人格症候群有時也會保持一個相對的恆常量。在流亡者中，有許多經歷了最痛苦的折磨但卻仍在保持著安全感的例證。對被轟炸地區士氣的調查也向我們證明，大多數健康人對外界的恐怖具有驚人的抵抗力。

統計數字表明，經濟蕭條和戰爭並沒有造成精神變態病例的大量增加。這種資料通常都受到誤解，既然它們常常被用來反駁精神病的環境或文化決定理論。這種論點只是表明了對動力心理學的一種誤解。被提出來的真正觀點是：精神病症是內部衝突和威脅，而不是外部災難的直接後果。或者至少，外部災難只有在涉及個人的主要目標和防禦系統發生關聯時，才會對人格產生動力學的影響。安全感症候群方面的變化通常同環境的變化極不成比例，有時似乎根本就沒有發生人格上的變化。

德國有一位極為富有的人，移居美國後被剝奪得一貧如洗。然而根據診斷證明，他具有安全感的人格。仔細的詢問表明，他對人的本性的最根本看法並未改變。他仍然認為，如果能給予一個機會，那麼人的本性從根本上講畢竟是健康和善良的；他所經歷的各種齟齬可以用各種方式解釋為一種外部引起的現象。透過了解熟悉他的人則證明，他在財政失敗之前差不多也是完全同一類型的人。

從病人對心理療法的抵抗中也可以得知這一點，還有許多其他例證。有時，經過一個階段的分析療法，可以發覺病人對自己某些信念的錯誤概念和有害後果有了驚人程度的洞察。但即使這樣，他也可能不屈不撓地堅持自己的信念。

結構良好的症候群有在變化之後復原的趨勢

如果一個症候群的水準被迫改變，即使這樣，人們也只能暫時注意到這種變化。例如，一種遭受創傷的體驗，往往只有極為短暫的影響，然後會出

現一種自發性的重新調整,繼而回歸到最初的狀態。或者,創傷所引起的症狀會被輕而易舉地消除。有時,也可以推斷症候群的這一傾向是一個更大變化系統中的一個過程,這一變化系統之中也包含著其他症候群趨勢。

下面是一個典型的病例。一位性知識貧乏的婦女嫁給了一位性知識同樣無知的男人。婚後的第一次性經驗使她受到了很大震動。她的整個安全症候群的水準發生了明顯的變化,即從一般安全感降到低安全感。調查表明,在症候群的大多數側面都發生了不少的變化,如在她的外部行為、人生觀、夢幻生活、對人的本性的看法等諸方面。當有人以一種非技術性的方法討論了這一情況,在四五個小時的談話中,給予她一些簡單的指點。於是,她受到鼓勵,消除了疑慮。她慢慢地復原了,也許是因為這些交談吧,變得越來越富有安全感,但她卻再也沒有達到她從前的安全感水準。

她的不愉快的經驗遺留下一些輕微但卻是永久的影響,這種影響的後果部分是因為她丈夫的自私。比這一永久的後遺症所更令人驚奇的,無論發生什麼事,她婚前的思維模式和內心堅定的信念始終如一。在第一個丈夫精神失常後重新結婚的婦女身上,也可以看到類似的、伴隨著緩慢然而卻是徹底的恢復感的急遽變化。

對於一位在正常情況下被認為是身心健康的朋友,我們一般會期望他可以從任何震盪中恢復過來,如果給他足夠的時間;這也說明這種傾向無所不在。妻子或兒子的死亡,財政上的崩潰,以及諸如此類的其他創傷性經驗,可以使人們在一定時間內完全失去平衡,但他們一般都可以差不多完全恢復過來。假如想在一個健康的性格結構中造成永久性的變化,只有長期惡劣的外部環境和人際關係,除此之外,其他的因素都不會產生如此後果。

症候群作為整體發生變化的趨勢

復原的傾向也許是最顯而易見的。假如一個症候群無論是在哪一部分發

生了變化，適當的調查總是表明，在症候群的其他部分伴隨同方向的變化。很普通的是，這種伴隨變化在症候群的幾乎所有部分都可以見到。這些變化常常被忽略，原因卻再也簡單不過。沒有期待它們，因此也就沒有尋找它們。

應該強調的是，這種整體性變化的趨勢，跟我們所論述的所有其他趨勢一樣，只不過是一種趨勢，但絕不會成為一種終局。有一些病例，其中的個別刺激物有特定的局部效應，但卻察覺不到普遍效應。然而，如果我們將明顯的表面化精神錯亂排除在外，這種病例就極為罕見了。

1935 年進行了一次利用外部方法來增強自尊心的試驗，實驗測試者指示一位婦女：在大約 20 個特定的、極其平常的情況下以一種主動的方式行事。例如，她得堅持要某一牌子的商品，而以前總是商店的老闆替她做決定。她遵循了這些指示，3 個月之後，又對她進行了一次廣泛的人格變化調查。毫無疑問，她的自尊發生了普遍性的變化。例如，她的夢的特徵發生了變化；她第一次買了能襯托出體形、顯出線條的衣服；她的性行為變得富有主動性，連她的丈夫也注意到了這一變化；她第一次與別人一起去游泳，而從前她卻不好意思穿著泳衣出現在大庭廣眾之中。在其他許多情況下，她也覺得非常自信。這些變化並不是由暗示所引起的，而是自發的變化。被測者本身根本不會覺察到自發的重要性。行為的變化可以導致人格的變化。

一位原先安全感極差的婦女，婚姻極為成功，幾年之後見到她時，她在安全感方面已有了普遍向上發展的趨勢。在她結婚之前，我第一次見到她時，她覺得孤獨，無人愛也不可愛。她現在的丈夫終於能夠使她相信他愛她 —— 對一位缺乏安全感的婦女來講，這並不容易 —— 於是他們就結了婚。現在不光覺得丈夫愛她，還覺得自己可愛。她過去不能接受友誼，而現在卻接受了。她對人類的普遍仇視大部分已經蕩然無存。她變得溫柔和藹，心地善良；而這些品格在我首次見到她時，與她並沒有絲毫的關聯。某些特別的症狀 —— 重複出現的噩夢，對晚會和其他聚會的恐懼，長期的輕度焦躁

不安，特別害怕黑暗和某些令人不快的力量，以及對殘酷行為的幻覺 —— 都減弱了或消失無蹤了。

內在一致的趨勢

　　即使一個人在大部分情況下缺乏安全感，也可能由於各種原因而一直保持著一些具有安全感特徵的特殊行為、信念和感情。在這種背景下，儘管一個極其缺乏安全的人往往會做噩夢 —— 焦躁不安的夢以及其他不愉快的夢，但這一類型的人通常並沒有認為噩夢的生活不太愉快。不過，相對說來非常輕微的環境變化，也會使這類人做此類不愉快的夢。在這些不一致的成分上，似乎有一種特殊的壓力在不斷作用著，以迫使它們用症候群的其他部分趨於一致。

　　自尊心差的人一般比較謙虛和害羞。這樣，在通常情況下，他們中的許多人不願穿著泳衣出現在大庭廣眾之中，或是穿了也覺得不自然；然而卻有一位自尊心確實很差的姑娘，不但身著泳衣出現在浴場上，而且穿著的還是一件只能勉強蔽體的輕薄泳衣。後來在幾次訪談後發現，她認為自己的身體完美無瑕，對此十分自豪。對一位自尊心差的婦女來說，這種想法與她的行為一樣，是極不尋常的。

　　然而，她的報告也表明，這種對游泳的看法並不是前後一致的：以前她老是覺得不太自然，她總是在身旁放著一件浴衣以遮蓋身體，如果有人不太掩飾地盯著她看，她就會匆忙地從游泳池中逃走。各種外界的意見使她確信，她的身體確實有吸引力；她從理智上覺得應該對此採取某種行為方式，並極力要實踐這種行為方式，但她的性格結構卻常常使她為難。

　　儘管安全感極強的人一般很少有什麼畏懼的表現，但他們身上卻常常有特殊的恐懼。不過，擺脫這些恐懼是沒有什麼困難的。簡單的重新調整，榜樣的力量，告誡他們要意志堅強，付諸於理智的解釋，以及諸如此類的表面

化的心理治療措施，就已經足夠了。然而，對確實缺乏安全感的人的恐懼來說，這些簡單的行為療法收效就不會那麼顯著了。我們可以這樣說，同人格的其他部分不相協調的恐懼易於消除；同人格的其他部分協調一致的恐懼很難根除。

換句話說，一個缺乏安全感的人趨於發展成一個完完全全的人或一個更不安全的人；一個自尊心強的人趨於發展成一個自尊心更強的人。

症候群的極端趨勢

和我們已經說明的保守傾向並列的傾向，至少還有一個來自症候群內部動力學的對立力量，這一力量有助於變化而無利於恆常不變的。這個趨勢就是一個人從缺乏安全感發展到極端缺乏安全感，一個人從相當安全感發展到極富安全感。

在一個相當缺乏安全感的人身上，每一個外部的影響，每一個觸及有機體的刺激物，都或多或少地更易於以一種缺乏安全感的方式解釋，而不是以一種具有安全感的方式解釋。例如，咧嘴一笑很可能被當作輕蔑，遺忘很可能被解釋為侮辱，冷漠很可能被看作厭惡，溫和的感情則成了冷漠。於是，在這種人的世界裡，不安全的影響比安全的影響會更多。

我們可以這樣說，在他看來，證據的份量是偏向不安全的一邊的。因此，他被一點一點地不斷拖向越來越極端的畏懼地帶。這一因素理所當然地被以下事實所加強：缺乏安全感的人趨於以一種缺乏安全感的方式行事，這促使人們對他厭惡、將他遺棄；而這又使他更加缺乏安全感，使他以一種更為缺乏安全感的方式行事。就這樣，他在一種惡性循環中不斷發展下去。由於自身內在的動力學，他帶來的往往正是他最懼怕的。

最明顯的例子是妒忌行為。一位男人是這樣來解釋他的妒忌的：「我深深地愛著我的妻子，如果她一旦離開我或不再愛我，我會垮掉。很自然，她與

我同事的友誼使我心神不寧。」於是，他就採取了許多措施來阻擾這一友誼
（全都是愚蠢的措施），結果逐漸失去了妻子和同事的愛，這自然又使他更加
頭腦衝動、滿心醋意。在一位心理學家的幫助下，這一惡性循環才被打破。
這位心理學家首先告誡他，即使感到妒忌，也不要有妒忌的行為；然後才開
始以各種方式消除不安全感這一更為重要的工作。

在外界壓力下症候群發生變化的趨勢

專心考慮症候群的內部動力學時，很容易忘記所有的症候群都自然是要
對外部情況做出反應的。在此提出這一很明顯的事實只是為了全面的理解，
同時也是為了提醒大家，有機體的人格症候群並非一個孤立的系統。

症候群的變量

最重要和最明顯的是症候群水準這一變量。個體的安全感或高、或中、
或低；自尊心也有強、中、弱的不同。我們的意思不一定是說這一變化是一
個單一的連續統一體。我們所說的變化只有從多到少、從高到低的含意。

在討論症候群的品格時，主要是著眼於自尊或支配症候群。在各種似人
靈長目動物中，支配的現象處處都可以見到，但它在每一種類中都有不同的
表現品格。在具有高度自尊心的人類身上，我們一直可以分辨出至少兩種高
自尊品格，我們將其中一種命名為力量，將另一種命名為強權。

一個有高度自尊、卻缺乏安全感的人，感興趣的與其說是幫助比較軟弱
的人還不如說是支配他們，傷害他們。一人有很高自尊心又是安全型的人，
他會以愛、合作和友善的方式表現這一自信的力量，兩種人都具有高度的自
尊，但卻由於有機體的其他特徵，而以不同的方式來表現各自的自尊。

在缺乏安全感的人身上，有許多方式來使不安全感付諸於表現。例如，
如果他的自尊心低，他可能帶有隱居和退避的品格；如果他的自尊心高，它
或許帶有敵對、攻擊和招人討厭的品格。

文化對症候群表現的決定作用

不言而喻，文化和人格之間的關係極為深刻，極為複雜，不可泛泛而論；更多的是為了全面的理解而不著重於其他個別的問題。我們必須指出：大體來說，達到主要生活目的的道路往往是由特定文化的性質所決定的；可以表達和獲取自尊的方式，在很大程度上（儘管不是全部）是由文化來決定的；愛情關係也是如此。我們透過文化所首肯的管道來贏得別人的愛，來表達我們對他們的喜愛之情。事實常常可以改變人格症候群的表現形式。

例如，在我們的社會裡，具有高度自尊的男人可以比有高度自尊的女人以更多、更明顯的方式來表達這一症候群。同樣，兒童只能得到極少的直接表達自尊的機會。

還應該指出，每一個症候群往往有一個文化所首肯的症候群水準，例如，安全感、自尊心、社會態度、主動性等等，都是如此。這一事實在交叉文化的比較中，在歷史的比較中，可以看得最為清楚。例如，一般的達布居民不光是而且還被期待著要比一般的阿拉派會居民更不友好。今天的普通婦女被期待著要比 100 年前的普通婦女有更高的自尊心。

人格症候群的組織結構

我們似乎把症候群的各個部分說成是均勻的，就像霧中的微粒一樣燻熏，但事實並非如此。在症候群的組織裡，我們發現有不同重要程度的等級以及部分的聚集。這一事實已經在自尊症候群中用最簡單的方式得到了證明，即透過關聯作用的方法。如果症候群內各個因素是未分化的，它的每一個部分同整體發生關聯的程度都應當像所有其他部分一樣密切。但事實上並非如此，自尊（作為一個整體來衡量）同各個部分發生的關聯並不相同。

例如，透過社會人格表所測定的結果表明整個自尊症候群同煩燥發生關

聯：r = 0.93；同異教的性觀念發生關聯：r = 0.85，同許多能意識到的自卑感發生關聯：r = -0.40；同各種情況下的窘迫感發生關聯：r = -0.60；同許多能意識到的恐懼發生關聯：r = -0.29。

對於這些資料的臨床審查還表明，有一種各個部分群集成組的傾向，而且這部分似乎在本質上有密切連繫的群體的趨勢。例如，因襲舊俗、道德感、拘謹、照章辦事等，似乎可以很自然地劃歸或屬於一類；與另外一組聚集在一起的各種品格，如自信、沉著、無窘迫感、不膽怯和羞怯等，恰成對照。

這種聚集的趨勢使我們從一開始就有可能在症候群內部進行分類，但當我們開始著手這項工作時，卻會遇到各種困難。首先，我們遇到了所有分類都會碰到的難題 —— 分類應基於什麼原則之上。當然，如果我們已經知道全部資料和它們之間的相互關係，事情就會容易很多。

然而，在我們的例子中，我們是在部分無知的情況下進行分類。於是，我們就會發現，無論對資料的內在本質多麼敏感，有時也不得不武斷地下結論。這種內在的聚集狀態使我們有了一條可以著手的線索，給我們指明了大體的方向。但我們只能依靠這種自發的聚集走下去，一旦我們再也觀察不到它們，我們就只好依靠我們自己的推測而摸索前進。

另外一個明顯的困難是，當我們在研究症候群的資料時，我們注意到，可以將任何一個人格症候群隨心所欲地分為 10 個、100 個、1,000 個、10,000 個主要的群體，一切都取決於我們想要多高的概括度。我們懷疑，通常的分類嘗試只不過是原子論、連續論觀點的另外一種反映。不過，運用原子論的工具來處理相互依賴的資料並不能對我們有多大幫助。通常的分類如果不是把各個部分、獨立項目的分離，那又是什麼呢？

如果我們的資料之間沒有本質上的不同和彼此分離，我們又該怎樣分類呢？也許我們應該拋棄原子論的分類原則而尋找某種整體論的分類原則，正如

我們發現必須拋棄還原分析而接受整體分析一樣。我們提供下面的類比，以便指明一個方向，我們很可能必須沿著這一方向來尋找這樣的整體分類方法。

放大倍數

　　這一說法是一個來源於顯微鏡工作方式的物理學類比。在觀察承載著組織結構的玻片時，我們將玻片拿起，對著光線用肉眼觀察，以便將全景盡收眼底。這樣，得以了解的是整體特徵、總的結構、全構造和所有的相互關係。對整個切片有了整體的印象，我們再審查這一整體的某個局部。我們現在開始研究每一個細節，但卻沒有對它進行孤立的研究，而是牢記它同整體的關係。然後我們就用一個放大倍數更高的物鏡（比如 50 倍）來進一步對整體內的局部進行更為嚴密的觀察、分析。在儀器容許的範圍內，逐步提高放大倍數，便可以更進一步、更為細緻地分析整體的各個細節。

　　當然，我們也可以這樣設想，相關的資料並不是按直線式排列的、分離局部進行分類的，這一系列也不可以按任何順序重新排列；這整體或許像疊放著的盒子一樣「被包含在內」。如果我們將整個安全感症候群稱為盒子，那麼 14 個亞症候群便是其中包含著的 14 個盒子。在這 14 個小盒子中，每一個都還包含著另外的盒子 —— 也許一個包含著 4 個，另一個包含著 10 個，或者一個包含著 6 個等等。

　　用症候群研究的觀點來解釋這些例子。我們可以將安全感症候群作為典型，並將它作為一個整體進行審查，即在 1 號放大倍數上進行檢驗。說得具體一點，這意味著將整個症候群的心理韻味或意義或宗旨作為一個統一體來研究。然後，我們就可以從安全感症候群的 14 個亞症候群中提取一個，在按我們的說法是 2 號放大倍數上進行研究。這樣一來，這一亞症候群就會被當作一個個別的整體，在它同其他 11 個亞症候群的相互依賴關係中進行研究；但卻總是被理解為整個安全感症候群的局部。

我們可以舉一個例子，即屈服於強權這一亞症候群在缺乏安全感者身上的表現。一般缺乏安全感的人需要強權，但這一需求卻有許多種表現方式和許多種表示形式，例如過分的野心、過分的敢作敢為、占有欲、對金錢的貪婪、過分的競爭性、易於產生妒忌和仇恨等等；或是上述形式的明顯對立面，例如卑躬屈膝、拍馬屁、性受虐狂傾向等等。但這些特徵本身顯然也是很籠統的，可以被進一步分析和分類。對於其中任何一個的研究都必須在 3 號放大倍數上進行。

我們或許可以選擇歧視性的需求或傾向，其中種族歧視便是一個極好的例子。如果我們以正確的方法研究種族歧視，就不能只研究它的本身或把它作為孤立的研究對象。更詳細地說，我們是在研究朝向歧視發展的傾向，它是強權的亞症候群，而需要強權又是總的缺乏安全感症候群的亞症候群，這樣的研究就精細多了。

我毋須指出，細緻的分析會把我們帶到第四級，第五級等等。例如，我們可以研究這一個別複合體的一個方面，像利用某些特別之處 —— 膚色、鼻子的形狀、言談等 —— 來作為方法支撐自己對安全感的需求。這種利用獨特之處的趨勢被整合成一個症候群，可以作為一個症候群來研究。講得更具體一點，在這種情況下，它可以被劃到一個亞 —— 亞 —— 亞 —— 亞症候群，它是一疊盒子中的第五層。

總之，這樣一種分類方法是基於「包含在內」而不是「分離出來」這一根本概念建立起來的，它向我們提供了我們一直在尋找的線索。它使我們能同時對細節和整體都有充分的了解，但不至於陷入毫無意義的拘泥於細節或含糊其詞、毫無用處的概括之中。它既是綜合的又是分析的，而且最後，它使我們可以頗有成效地同時研究特性和共性。它拒絕接受二歧式，拒絕亞里斯多德式的 A 類和非 A 類的劃分，但依然能向我們提供了一個在理論上令人滿意的分類和分析原則。

症候群密集度的概念

從理論上講，如果我們尋找一個帶有啟發性的標準來區分症候群和亞症候群，我們就可以從密集度概念中找到這一標準。什麼是自尊症候群中的各個自然群體之間的區別呢？可以看到，因襲舊俗、道德感、拘謹和照章辦事等聚集成為一個群體，而這一群體可以同另一個由自信、冷靜、泰然自若、膽大妄為等特徵所構成的群體區別開來。當然，這些群體或亞症候群是相互關聯的，這一整體之間都有關聯。而且在每一個群體中，各種因素也相互關聯。

也許我們對聚合的理解，對於各種成分自然而然地聚集起來的主觀感覺，將被映在各種相互關係之中，而我們一旦測量這些成分就會看到這種相互關係。也許自信和冷靜比冷靜和不落俗套更為密切地相互關聯。從統計學角度來看，也許一個聚合的群體意味著群體內各個成員之間關係的高平均值。可以假定，這一相互關係的平均值高於兩個沒群體內部成員之間的平均值。如果假設群體內部的相互關係平均值 $r = 0.7$，也許接近於 $r = 0.6$ 的相互關係平均值。隨著我們從亞 —— 亞症候群推進到亞症候群，再推進到症候群，可以預料，相關之間關係的平均值將下降。

這一變化我們可以稱為症候群密集度的變化，由於它向我們提供了一個有效的工具來檢驗臨床觀察的結果，所以我們也頗有理由強調這一概念。整體心理學家傾向於懷疑關聯方法，但我覺得這是因為對這種方法的用法碰巧無一例外都是原子論的，而不是因為它的本質同整體理論有什麼衝突。例如，即使各種自我關聯受到了一般統計學家的懷疑（彷彿還能指望有機體內會有什麼別的東西），它們也不必非受懷疑不可，如果考慮到某些整體性事實。

因此，從動力心理學的基本假設來看，可以並且應該互相連繫的不是作為行為本身的行為，而是行為的意義。例如，謙虛這一品格完整無缺地見於它同有機體其他部分的關係。

另外，必須認知到，甚至連動力學的變量也未必沿著一條單一的連續統一體發生變化，而是可能在某一點突然劇變為完全不同的東西。在對愛的渴望所引起的後果中，可以發現這種現象的典型例子。如果我們將年幼的孩子排列成從被完全接受到被完全遺棄這樣一個系列，我們就會發覺，隨著我們逐漸走向標度的低端，孩子們就會越來越熱切地渴望愛；但當我們接近於標度的最低端時 —— 從生命的開始就被完全拋棄 —— 我們發現的不是對愛的巨大渴望，而是完全的冷淡和缺乏對感情的欲求。

最後，我們自然必須運用整體論的資料，而不是原子論的資料，換句話說，要運用整體分析的產物，而不是利用還原分析的產物。這樣，單個的變量或部分之間可以被互相連繫起來，但卻不會造成對有機體統一性的破壞。如果我們對要連繫起來的各種資料適當地謹慎從事，如果我們把所有的統計數字與臨床和實驗知識結合起來，那麼就沒有理由懷疑為什麼相關技術不應該在整體分析方法中得到高度利用。

有機體內相互連繫的程度

在克勒關於物理學格式塔的論著中，他反對過分地概括化的作法，這種概括化甚至不能把一種非常一般的一元論和徹頭徹尾的原子論區分開。因此，他強調的不僅是一個格式塔內部的相互關聯性，而且還有各種格式塔之間的相互分離這一事實。對他來說，他所研究的大部分格式塔都（相對來講）是封閉體系。他將自己的分析僅僅進行到在格式塔內部進行分析程度；他不大討論各個格式塔之間的關係，不管是物理學格式塔還是心理學格式塔。

不過，當我們研究有機結構的資料時，情況就大不相同了。很明顯，在有機體內幾乎沒有封閉系統。在有機體內，每一事物都的確與另外的一件事物有著連繫，儘管有時只是以極其微妙、極其遙遠的方式發生連繫。

第三章　科學與心理的研究

　　此外，作為一個整體的有機體已被證明是與文化有關聯的，並在根本上是和文化相互依存的，和他人的直接立場、特定的情境、物理的和地理的因素等等相連繫。我們至少可以說克勒該做而沒有做的，是將他的概括局限在物理學格式塔和現象世界中的心理學格式塔，因為他的責難當然並不能以接近於這樣強大的程度而被應用於有機體內部。

　　如果我們想要圍繞這一問題進行爭論的話，也有可能超越這一最低限度的說法。實際上，我們也能提出很好的例子證明整個世界內部在理論上也是相互連繫的。如果我們從存在著的無以數計的類型中進行選擇，就會發現宇宙的任何一部分同所有其他部分都有著某種關係。

　　只有在我們著眼於實用時，或是只談某一領域的問題而不以包括各領域的總體為話題時，我們才可以假設各個系統相對地彼此獨立。例如，只從心理學的觀點來看，普遍的連繫性發生了斷裂，因為世界的某些部分與宇宙的其他部分並不是在心理學上相互連繫著的，儘管它們可能在化學上、物理學上或生物學上彼此有關。而且，世界的內在連繫性也會不無道理地被生物學家或物理學家或化學家以一種完全不同的方式所割斷。

　　在我看來，最好的說法是：存在著相對封閉的系統，但這些封閉系統有一部分是觀點的產物。目前是（或者目前看來是）一個封閉系統，一年之後就可能不是，因為一年之後的科學方法有可能被改善得足以證明。的確有這種可能。如果有人回答說，我們應該加以證明的是掌握世界所有部分的實際物質過程，而不是它們之間更帶理論性的關係；那麼，回答就肯定是這樣的：一元論哲學家們雖然談論過許多其他類型的連繫，但卻從來不聲稱有這樣一種普遍的物理的相互連繫。然而，由於這並非我們闡述中的要點，所以不必做過細討論。將有機體內部的（理論上的）普遍連繫性這一現象指出來也就足夠了。

各種症候群之間的關係

在研究工作的領域，我至少可以提供一個經過細心研究的例證給讀者。它到底是一個範例還是一個特例，尚有待進一步研究才能確定。

定量地看，也就是說從簡單的直線連繫上講，在安全水準和自尊水準之間有一種明確的正相關係 r ＝ 0.2 或 0.3。在對正常人進行個別診斷的範圍裡，這兩種症候群明顯的是兩種幾乎各自獨立的變量。在某些群體中，兩種症候群可以有特殊的連繫。例如，在 40 年代的猶太人身上，有一種高自尊心和低安全感並存的趨勢；而在天主教修女身上，我們常常可以發現低自尊心同高安全感結合在一起；在精神疾病患者身上，兩者的水準都一直偏低。

比這兩種症候群的水準之間的連繫（或缺乏連繫）更令人吃驚的是，安全（或自尊心）水準和自尊水準（或安全）性質之間的密切連繫。要想證明這種關係極其容易，途徑是把兩個都是高自尊但在安全量表上處於對立兩極的人做一對比，某甲（高自尊心，高安全感）和某乙（高自尊心，低安全感）有以極為不同的方式來表現自尊心的傾向。某甲既有人格的力量又有對同類的愛，將會很自然地以一種關懷、友善或保護的態度來運用自己的力量。某乙儘管有著同樣的力量，但卻對同類懷有仇恨、輕蔑、恐懼，他將更有可能把自己的力量用於傷害、支配、或是減輕自己的不安全感。他的力量肯定是對於同伴的一種威脅。這樣我們就可以說有一種高度自尊心的缺乏安全感特質，並可以將它同高度自尊心的安全感性質進行對比。

以此類推，我們也可以區分出低自尊心的缺乏安全感特質和安全感特質，即一方面是性受虐狂和拍馬屁者，另一方面是溫和、甜蜜、或順從、依賴的人。安全感性質的類似不同的和自尊心水準的不同有著連繫。例如，缺乏安全感的人，即有可能安於緘默，不願拋頭露面，也有可能公開尋釁，敵視一切；有安全感的人，由於自尊心水準有從低到高的不同，不是謙卑就是

傲慢，不是追隨別人就是自做領袖。安全感特質的水準高低完全取決於他們自尊水準的高或低。

人格症候群及行為

　　總體來看，在做出具體的分析之前，我們可以說症候群與公開行為之間的關係大致如下：每一行為都傾向於成為整體人格結構特徵的一種表現形式。說得更具體一點，這意味著每一行為都趨於受每一個症候群的決定（除下文還要談及的其他決定因素之外）。從理論上講，當張三對一個笑話做出反應時，我們就可以從這單一行為的各種決定因素中分析出他的安全感水準、他的自尊、他的精力、他的智力等情況。這樣一種觀點同早已過時的品性論明顯對立。在那種理論中，典型的例證是一個單獨的行為動作被一個單獨的特徵所決定。

　　我們的理論性敘述可以在某些活動中找到最好的例證，這些活動被認為是「更為重要」，像藝術創作之類，例如在創作一幅油畫或一支協奏曲的過程中。很顯然，藝術家將自己的全部精力完全投入到這項活動中，因而它必定成為他整體人格的表現。但這樣一個例子，或者可以說，對一個無結構情況的任何創造性反應 —— 就像在羅夏墨跡測驗中 —— 都位於連續體的末端。在另一端則是孤立的、具體的動作，那和性格結構很少或沒有什麼根本的關係。這種動作的例子有：對一類事例的某一瞬間的情境所做出的直接反應（躲避一輛卡車）。對大多數人來說，早已喪失了心理上的純屬習慣的和文化的反應。例如，當一位女士進入室內時男士要站起身來；或者最後，是條件反射行為。

　　此類行為幾乎根本沒有向我們提供有關性格的情況，因為在上述情況下，它作為一個決定因素是可以被忽略的。在這兩極之間，還有各種層次。

例如，有趨於幾乎是被僅僅一個或兩個症候群所完全決定的行為。一個特別的善意行為比其他任何行為都更密切地與安全感症候群相關聯。謙虛的感情是由自尊所決定的，諸如此類。

這些事實可能引起一個問題：既然存在著這麼多類型的行為 —— 症候群關係，那麼在一開始為什麼要說行為一般是由所有的症候群決定？

顯而易見，那是出於一種理論的要求，整體理論必須從這樣一種陳述出發，而原子論的方法則必須從選擇出的孤立、游離的行為出發，這種行為與有機體的所有連繫都被割斷 —— 比如只是一種感覺或受制約的條件反射等。從「整體是由什麼組成的」這一觀點出發，這只是一個「集中」的問題。從原子理論來說，最簡單的原始資料是透過還原分析所獲得的一個行為片段，即一個有機體切斷了它和其他部分的一切連繫的行為。

也許更為中肯的是這樣一種論點，即第一種症候群與行為關係更為重要。孤立的行為往往是處於生活主流邊緣的行為。它們之所以孤立，只不過是因為它們並不重要，也就是說，同有機體的主要問題，主要解決辦法，或是主要目標幾乎毫無關係。的確，我的膝節腱受擊時小腿就會踢出去；或者我用手指抓橄欖吃；或者我不能吃煮洋蔥，因為我習慣上對它厭惡。當我有某一種生活哲學，我愛我的家人，或者我喜歡做某種實驗。很顯然，後一種事實並不比前一種事實更真實，但後者顯得更為重要一點兒。

雖然有機體的內在本質是行為的一種決定因素，但並不能說本質是唯一的決定因素。文化背景也是行為的決定因素，機體是在文化背景中活動的，而文化背景對於決定機體的內在本質已經充分發揮作用。最後，另外一組行為的決定因素可以被統劃到「直接情況」一類。行為的目標和宗旨是由機體的本性決定的，通向目標的途徑是由文化決定的，而直接情況卻決定著現實的可能性和不可能性：哪一種行為是明智的，哪一種不明智；那一個局部的目標可以達到，哪一個不能達到；什麼能提供一種方法用來達到目的。

第三章　科學與心理的研究

　　在多方思考以後，就很容易理解，行為為什麼並不總是性格結構的有效指標。因為行為如果受外部情況和文化決定的成分與受性格決定的成分同樣大，如果它只是三組力量之間的一個妥協構造，它就不大可能成為它們心中任何一個完善的指標物。這同樣也是一種理論性的陳述。實際上，透過某些技術方法，例如，透過行為決定因素的情況變得足夠模糊，就可以把它抑制掉，正像在各種投射實驗中。或者有時，有機體的要求是如此不可抗拒，如在瘋狂狀態中，以至於外部世界被否認、被藐視，文化被蔑視。部分地排除文化因素的主要方法是精神分析學的談話關係和感情轉移。

　　在某些其他情況中，文化的強制已被削弱，如在酩酊狀態，狂怒狀態，或其它無控制行為的狀態中。同樣，也有許多文化沒有能夠調節的行為，例如各種由文化所決定的主題的變化，即表現性運動，這些微妙變異是下意識地覺察到的，或者我們也可以研究相對來說不受抑制的人所具有的行為。在文化的強制尚不強大的兒童身上，在幾乎可以被忽略的動物身上，或者在其他社會中，這樣我們就可以透過對照來排除文化的影響。這為數不多的幾個例子表明，一種高明的、在理論上站住腳的行為研究能夠告訴我們一些有關人格內部組織的情況。我們可以「抑制掉」或消除掉文化和環境的影響，因而在實際運用中，行為有時可以成為性格的有效指標。

　　在性格和行為衝動之間可以建立起緊密得多的相互關聯。的確如此，這種關係緊密得足以把各種行為衝動本身看做是症候群的一部分。這些衝動所受的外界和文化的制約要比外部行為活動少得多。我們甚至可以這樣說，我們之所以研究行為，是因為把行為當作行為衝動的一個指示標準。它如果是一個有效指標，就值得研究；如果不是，就不值得研究 —— 如果我們研究的最終目的是了解性格的話。

症候群資料的邏輯表達和數學表達

據我所知，還沒有什麼數學或邏輯上的符號適合於表達和處理各種症候群資料。這樣一個符號體系無論如何也並非是不可能的，因為我們知道我們可以建立數學和邏輯學以適應自己的需求。然而，各種可供運用的各種邏輯和數學體系都是建於我們已批評過的一般原子論世界觀之上的，並且是這種世界觀的表現形式。

亞里斯多德作為其邏輯學的基本原理之一提出的 A 和非 A 之間的明顯區別，儘管亞里斯多德的其他假設已被拋棄或否定。舉個例子來說，我們在朗杰的《符號邏輯》一書中看到，這個被她描述為互補類別的概念，被認為是一個不必被證明，但卻可以作為常識而被理所當然地接受下來的基本假設。每一類別都有一個補充物；類別及其補充物相互排斥並將它們之間的整體類別挖掘一空。

對於症候群資料來說，論據的任何部分都不能和整體截然分開，或任何一項單獨的資料和症候群的其他部分之間，也不可能有如此鮮明的區分；這一點已經非常明顯了。

當我們將 A 從整體割下，A 就不再是 A，非 A 也就不再像過去一樣。將 A 和非 A 簡單地相加，當然也並不會還給我們最初所有的整體。在一個症候群內部，症候群的每一個部分都與所有的其他部分相互交錯。如果我們無視這些交錯狀況，那麼，我們將不可能割開任何一部分，而且心理學家擔當不起這種忽略。互相排斥對於處在孤立狀態的資料來說是可能的。但如果它們處在關係網路中，而在心理學中必定要有關係網路，這種兩分法就是極不可能的了。例如，甚至連想像都無法想像我們能夠將自尊行為從所有其他行為上割下，因為道理極為簡單：幾乎沒有只是自尊而不是其他任何行為的行為。

如果我們拒絕接受這種互相排斥的概念，我們所懷疑的就不僅僅是部分

第三章　科學與心理的研究

地基於這一概念之上的整個邏輯，而且也將懷疑我們所熟悉的大部分數學體系。現有的大部分數學和邏輯所涉及到的世界，個別相互排斥的各種實體的組合，就像是一堆蘋果一樣。將一個蘋果與蘋果堆中的其他蘋果分開，既不能改變蘋果的性質，也不能改變蘋果堆的本質特徵。但對有機體來說，情況就會截然相反。割下一個器官既改變了整個有機體，同時也改變了被割下的那一部分。

在一個四則的算術運算中，也可以得出另外一個例子。這些運算很顯然，採用了原子論數據。將一個蘋果同另一個蘋果相加是可能的，因為蘋果的特性允許這樣相加。人格的情況就不一樣了。如果我們有兩個都有高自尊心但缺乏安全感的人，我們又使其中的一位增強了安全感，那麼，其中的一位就很可能會樂於同人合作，而另外一位則會有成為暴君的傾向。一個人格中的高自尊和另一個人格中的高自尊並不是有同樣的性質。在那個被加上了安全感的人身上，發生了兩個變化，而並不僅僅是一個。他不光獲得了安全感，自尊心的性質也發生了變化 —— 只不過是因為同高安全感結合起來。這是一個複雜化的例子，然而在設想任何類似人格中的相加過程的情況時，這又是我們能夠得到的最好的例子。

很明顯，傳統的數學和邏輯儘管有著無限的可能性，但事實上只是原子論和機械論世界觀的一種工具。甚至我們可以這樣說，在接受動力論和整體論方面，數學已遠遠地落後於現代物理學。物理學理論的基本性制裁已發生根本性的變化，而且不是由於改變數學的根本性質所造成的，而是由於擴展了它的應用範圍，由於與它耍了花招，由於盡量地使它在根本上的靜止狀態不發生變化。只有進行各式各樣的「似乎」假設才能造成這些變化。

在微積分學中可以找到一個極好的例子。微積分學聲稱是研究運動和變化的，但只是透過把變化轉變為一系列靜止狀態來完成這項工作。一條曲線下的面積是透過將它分割成一連串的橢圓來測量的。曲線本身則被當作「似

乎」是有著極小邊的多邊形。微積分行之有效,並且是一件極為有用的工具。這一事實證明:它一直是一個正當的運算過程,對此我們不能提出根本性的疑問。但不正當的是,它之所以行之有效,是因為有一連串的假設,一連串的迴避或花招,一連串明顯地並不同心理學研究一樣和客觀世界打交道的「似乎」假設。

下面所引用的一段話證明了我們有關數學傾向於靜止和原子論觀點的論點。據我所知,引文的主旨還沒有受到其他數學家的詰難。

難道我們以前不是狂熱地宣稱我們生活在一個靜止的世界中?我們不是曾經屢次借助於芝諾(Zeno of Elea)的悖論證明運動是不可能的,飛矢實際上是靜止的?很顯然,我們該將這一逆反觀點歸結到何處呢?

此外,如果每一項新的數學發明都必須依賴舊的既定基礎,在靜態代數和靜態幾何理論中,那又怎麼可能提取出一種能解決涉及動態實體的問題的新型數學呢?

對於第一組問題來說,並不存在著觀點的反覆。我們仍然堅定地抱著這樣一個信念:在這個世界裡,運動及變化都是靜止狀態的特殊情形。假如變化意味著一個從本質上與靜止不同的狀態,那麼就不存在什麼變化狀態的特殊情形,也沒有什麼變化的狀態。被我們辨認為變化的,只不過是我們曾指出過的,在比較短的時間間隔中所觀察到的一系列許許多多不同的靜止形象。

由於我們在實際上看不到飛矢在它飛行中的每一個點,於是就本能地相信一個運動物體的運動有連續性;在這樣情況下就有一種不可抑制的本能想把運動的概念抽象出來作為不同於靜態的事物。但這種抽象是由於各種生理上和心理上的局限所造成的;邏輯分析絕不會證實它的正確。運動是一種位置和時間的相互關聯。變化只不過是函數的別稱,是同一種相互關係的另一個方面。

第三章　科學與心理的研究

至於其餘的問題，微積分學作為幾何和代數的後代產物，而且它未發生任何基因突變——它的父母所未曾有的任何特徵。在數學中，突變是不可能的。不可避免地，微積分便如同乘法表和歐幾里德幾何一樣，具有靜態的特性。微積分學只不過是對這個靜止世界的另一種解釋，雖然我們不得不承認這是一種巧妙的解釋。

讓我們再重複一遍：有兩種觀察各種因素的方法。例如，臉紅可以是獨立的臉紅（一個還原論的原素），也可以是在某種網絡中的臉紅（一個整體論的原素）。前者涉及到某種「似乎」假設，似乎它在世界上是完全獨立的，同世界的其他部分沒有關係。這是一種形式上的抽象，在科學的某些領域可能有很大的作用。無論如何，只要記得它只是一種形式上的抽象，這種抽象當然就不會有什麼害處。只有當數學家或邏輯學家或科學家在談論獨立的微笑時，忘記了他是在做一件人為的事情時，才會出毛病，因為他不得不承認，在現實世界中沒有什麼臉紅之類的事情讓人做出來的，沒有什麼臉紅不是有原因的。

這種人為的抽象習慣或對還原元素的研究一直作用很大並且已經根深蒂固，以至於要是有人否認這些習慣在經驗上或現象上的有效性，抽象和分解者往往會感到驚奇。他們漸漸地使自己確信，世界實際上就是這樣建造起來的。同時他們發覺，可以很容易地忘記它儘管是有用的，但卻仍然是人為的、約定俗成的、假設的，總之，它是一個被強加於一個處於流行狀態、有著內部連繫的世界之上的人造系統。如果只是為了討論的方便，這些有關這個世界的特殊假設才有權在現實面前公然露面。如果它們不再有方便可言，或者如果它們變成了累贅，則必須被拋棄。在世界上看到我們放進去的而不是原先就在那兒的東西，是很危險的。

讓我們說得直截了當一點，從某種意義上來說，原子論數學或邏輯學是一種關於世界的理論，用這種理論對世界進行的任何描述，心理學家都可以

因為不符合自己的目的而加以拒絕。很清楚，方法論思想家們有必要著手創立一些與現代科學世界的性質更為協調一致的邏輯和數學體系。

可以將這些話擴展到英語語言本身。這也勢必反映我們文化的原子論世界觀。不足為怪，在描述症候群資料和症候群時，我們不得不求助於最稀奇古怪的類比、比喻和各種其他的歪曲和拐彎抹角的說法。我們有和這個連詞來表達對兩個分立實體的連接；但我們卻沒有一個連詞來表達對兩個並不分立、一旦連接起來就組成了一種二元性的實體的連接。對於這個基本的連接詞，我能想出來的唯一替代物就是一個笨手笨腳的「有結構的跟」。有的語言同一種整體動力世界觀更為和諧。在我看來，膠合語言比英語更適於反映一個整體的世界。

另一點，我們的語言與大多數邏輯學家和數學家一樣，將世界整合成各種成分和關係，以及物質和物質發生的事情。對待名詞就彷彿是物質一樣，對待動詞就彷彿它們是物質對物質採取的行動一樣。形容詞描述物質的類別更準確，副詞描述行動的類別更準確。整體動力觀點不會這樣一分為二。無論如何，單詞即使在試圖描述症候群資料時，也要被串成一條直線。

第三章　科學與心理的研究

第四章　生存與價值的轉向

科學是一種人的事業，作為一種社會事業，它應具有目標、目的、倫理、道德、意圖等因素；科學本身就是一部倫理學法規，一種價值系統；將價值如事實般得到科學的研究，將價值研究作為一種科學研究，將價值研究轉向人性內部，使價值研究深深植根於人性現實的土壤。

—— 馬斯洛

使價值具有生命力的模式

兩類價值

價值是人類需求滿足的衡量標準,這個簡短的定義儘管抓住了核心意思,卻不足以描述附著於價值一詞的全部意義。比如,它撇開了人們經常稱之為內在價值的東西,亦即那種與其說依賴於業已實現的滿足,倒不如說依賴於獲得價值客體過程中所遇到的困難的特點;它主要忽視了那些雖然顯而易見,卻很少為人反思的效用因素,因而低估了像空氣這類我們天天呼吸的事物的價值。更為重要的是,在估價類似忠誠、友誼以及像生命這一類獨特的與其餘事物缺乏共同衡量基礎的事物時,上述定義只是提供了一種難以利用的方法。

與此不同的見解則試圖透過對那些包含價值的實體,亦即價值所依附的實體進行分類來理解價值概念。首先,有所謂普通的物質客體;其次,還有像其過程和目的在於獲得和利用這些客體的人類活動,以及隨之產生根據愈益增值的抽象方式而實際體驗到的各種關係或條件(友情、父母身分、自由等等);最後,則是像真理、善和美之類的觀念。所有這些均可以由一個共同因素而連結一起。那就是說,它們都是可以為人所希冀或拋棄的。

不過,這種交流的目的並不是在不同價值中向確立起統一性,充其量不過是一種人為的和學究氣十足的嘗試。可以說,這樣做的用意是要在一開始就指出:上述定義掩蓋了價值作為一種不確定的綜合體的真相,它蘊含著一種深刻的分裂,這種分裂在無法比較的情況下區分開了兩種價值,一種是事實的價值,而另一種則是規範的價值。兩者的差別可以粗略表述如下:事實價值是指可以觀察到的偏愛物、估價以及具體的人在特定時間的願望;規範價值在某種意義上是只有作進一步分析才能闡明的,根據事物的級別、品格

對價值客體所做出的分類。乍看起來，第二個範疇似乎完全是虛幻的，它只是指出了一個不存在的類。

　　無論如何，這種概念上的區別是清楚明確的，大多數的哲學著作都承認這一點。規範價值較之事實價值更難以建立，這篇論文將著重說明，可以怎樣來做到這一點。只要指出一點就夠了，事實價值既無所謂正確也無所謂錯誤，它是觀察到的事實；它們因時因地而發生變化；對它們的斷言只有在考慮到流行情形和持續性才有可能。然而，規範價值則對合法性做出了深刻的斷言，它假定具有說服力和調整作用。就此而言，它是唯一的，儘管常見的一個錯誤看法往往將流行的誤以為就是規範的。人們不應僅僅將此視為一個偶然的失誤，因為相當數量的現代社會理論就建立在它之上。

　　一種行為之所以不對是因為它受到廣泛的實行；一個命題之所以不真實則因其得到廣泛的信任；一個對象之所以不美乃是因為它受到廣泛的期望 —— 假如這種說法是正確的，則真和美就要被認為是指示著規範價值。在我看來，這種錯誤實出於一種犯罪心理學的事實：如果我們發現自己不過是一大群犯罪者中間的一個，則對於自己所犯過失的感受就會稍稍輕鬆些，而自責意識也就相應減輕。

　　用一種不完全準確的話說，一種規範價值就如同一種自然規律 —— 它是理想化的、玄虛的和具有普遍意義的，而事實價值則像觀察一樣 —— 它是原始的、到處存在的和特殊的。自由落體規律為不同物體的行為制定了一種規範，而實際觀察資料與這種規範是有很大差別的。倘若將這些觀察結果予以記錄並在缺乏理論預見的情形下對其進行分析，那麼這些觀察資料很可能會導出亞里斯多德物理學中早已得出的概括，而不是導致伽利略的定律。從這裡我們可以發現科學中的一條線索，由此出發我們或許可以描述出事實價值與規範價值之間的重要區別。鑑於這種情況，我們的論述將暫時轉向另外領域。

第四章　生存與價值的轉向

兩類科學

　　地理學和物理學都屬於自然科學，不過，它們所用的研究方法卻是大相逕庭。地理學需要觀察、描述、製表、繪製地圖或圖表，物理學除此之外還要做出預見，亦即基於縝密的理論程式之上的預見。地理學的主要任務是收集事實資料並詳細予以描述，然而，物理學的重點則由描述轉至理論上的理解以及由此做出的預見。誠然，地理學家也能做出預見，不過主要是依靠歸納已有觀察資料得出的，它所使用的典型方法是統計學方法，它能產生新的只有或然性的結論。例如，對未曾勘探岩層拓撲特徵的預言。

　　另一方面，物理學家則往往由某些一般前提出發進行演繹推理，透過有時稱作因果的或動力學的方法獲得相對而言是確定性的知識。一旦他的預言失敗，則他的推理過程必定有失誤；而當地理學家錯誤地猜想了南極的地貌特徵時，由於已經研究過周圍的地區，因此，錯誤便不能被歸結為他的推理，相反，這種結果只能被視為對於預期結果的可以接受的背離。

　　地理學和物理學分別代表了描述科學或分類科學、演繹科學或理論科學的典型。前者精確地描述其特點，並建立在觀察的基礎之上，而後者則以理論性闡釋為其特點，並且也建立於觀察基礎之上。對於事物的歸納是首要的目標，而諸前提的演繹則是透過事實為次一級的範疇提供基礎來實現的。為了簡捷起見，讓我們由此看看描述科學與理論科學之間的差別，以及這種差別所包涵的東西，然後撇開大量曾被用來標誌這種差別的其餘看法。儘管這兩類科學的方法論特徵極其明顯，這些科學本身卻時常兼有這兩種方法論的因素，並且或多或少將其自身置於從描述的一極到達測量的一極之間連續性的紐帶上。

　　歷史表明，這些科學總是不斷地從一極發展至另一極。在目前，這種紐帶從地理學、植物學、動物學、濟生物學、社會學、經濟學、心理學一直延伸到化學、天文學和物理學。物理學在目前是典型的理論科學，儘管它的一

些主要內容在亞里斯多德時代都是描述性的。今天的地理學仍然是描述性的，不過，透過與地質學、天文學和原子物理學的連繫，它將會使自身發展成為一門理論科學。這種趨勢很可能將會改變它的名稱，正如同植物學和動物學發展成理論科學時便改稱生物學一樣，這種由描述性科學向理論性科學的發展，或許可被視為對於我們上述區分所作的無意證明。

事實價值與規範價值之間的差別類似於描述科學與理論科學之間的差別，更進一步講，使一種描述性科學轉變為一門理論科學的同樣方法論因素也能夠使事實價值轉變為規範價值。這個至為重要的最初任務，首先是更加縝密地考察規範價值的性質，然後再考察精密科學的性質。

作為指示或命令的價值

事實價值有其固定的住所，它就存在於人類行動、固有的偏愛和民意測驗的明確特徵中，並且可以由認知和一致同意的途徑予以揭示。因為這種緣故，假定規範價值也在人類思維中有著確定的住所，在邏輯中有其固定基礎和先天起源，那就會犯下過失。因此，對價值的探索曾經深入到哲學的深度和廣度中，人們常常要不是斷言發現了價值自身，就是聲稱價值現象形形色色以至於無法測量。然而，這些努力儘管常常是十分虔誠的，但最終往往都被證明是不足信的（我懇求讀者原諒這種教條式的斷言，因為字數的限制不得不如此）。

法則一旦令人信服地表明缺乏真理的內在性質，並且透過嚴密的檢查將法則僅僅歸結為由假設前提得出的結果；而且這些假設儘管是基本的，但在某種程度上卻是取決於選擇的，那麼，這些人就會受到對數學和邏輯的、內在的、不變的法則抱有信念的人們的同樣不幸的折磨，並因此而感到苦惱。價值──我這裡所談到的是規範價值──只要它們仍然缺少別的根據，也同樣是獨斷的。說生命無價值或是有價值，並且賦予維持生命的行動以價

第四章 生存與價值的轉向

值，並不是一件孤立的經驗事實，也不是一種生存的自明事實。

在這個意義上，對於一個蓄意破壞生命的人來說，生命與他確實是無價值的。在戰爭期間，一個敵人的生命是無價值的，可是倘若你篤信基督十誡中所說的先驗格言——「勿開殺誡」，那麼，生命的價值就會被當作一個源於一種假設前提的定理來遵循。這與忠誠、誠實、友誼、人類之愛以及所有別的類似現象也是同樣的：他們從一個人所服從的命令或指示中汲取和指明了他們的價值。價值總是與命令相連繫的；價值命題就等於人們所服從的勸誡，排除這種服從，否認這種命令，就會破壞或改變價值的標記。

價值理論之所以一度停留在毫無結果的哲學水準上，是因為人們試圖以一種實質語言來分析一種虛無飄渺的東西。假如人們當初研究的是那些在某些神聖場合下照耀著歷史的規範命令之光，並且考察官在按照這些命令行事的人類行為小滴之中的折射情況，那麼，將肯定會對價值之謎有更好的理解。

價值命題往往被表述為一種省略的形式，這種情況易於掩蓋它與信奉之間的關係。我們常說：忠誠是好的品格，並且由此強調了好的意思，「好」自然是一種價值用語，不過它確實又是一種最為模糊的用語。如果我們將其改成「有益的」，那麼該陳述就不完全了，因為「忠誠是有益的品格」這個句子缺少規範的內容。為了使之完全，我們必須加上「我樂意做有益的行為」這一句，它與「忠誠是個有益品格」一起，使得忠誠對我來說是有價值的。對於好所作的任何其他解釋，例如，凡是能導向幸福、某種完美和長壽，都需要完全的價值句子。「忠誠是好的品格」，它是達到幸福、完美或長壽的類似奉獻，這種奉獻也就等於接受我為了簡便起見所說的一道命令：為了幸福！如此等等。

因為含義模糊的緣故而將一種不相干的因素包括到勸戒語句中，只會使問題變得愈加混淆起來。人們常聽到「科學顯示忠誠是好的品格」，在這

裡，科學絕對沒有提出規範的要求，除非將其與某種命令合起來考慮。它本身只能表明行為的一種特定原因的結果；在目的確定的情況下，它容許在方法上有所選擇，它告訴人們怎樣破壞和維持生命，怎樣減輕和怎樣製造痛苦。可以相信，科學或許會證實，只有忠誠才能導致人類集體幸福，然而這種幸福卻是永遠不合乎需求的。只有當我使自己信奉「你將會幸福」這一命題，並且為此加上科學的合法方法，這一段開始所提到的那句話才會具有規範的意義。

但是，生命科學又怎樣呢？它們難道不包含價值定向的動力嗎？人們已經從進化論中引申出許多價值見解，並且試圖以科學人道主義的形式為價值下定義，「合乎需求的東西是進化過程中人類種族的目的」。這樣，價值便透過一種自然過程得到定義，它與以上所提到的看法是明顯矛盾的。

不過必須注意，既然這裡所斷言的情況極為模糊，易於被否定，因此，這種看法仍然不能使我們免除下述一致性看法，即價值是進化過程進步的產物，對此所作的隱祕允諾只存在於實際情形之中，如同箭在一項命令的指引下具有了方向。就這方面講，訴諸於進化並沒有給我們帶來什麼益處，相反，它甚至揭示出一個更為嚴重的缺陷，因為，當我們將進化論視為價值理論的基礎時，進化的目的並未得到說明，而且會產生一種不堪忍受的模糊。的確，在某種倫理的或美學的意義上，存在著種種人類進步的徵兆，而且這些可能被當作信奉的對象，不過，最適生存的主旨，達爾文主義關於牙齒和腳爪的學說同樣是合適的，它們導致所有合理價值的顛倒。

人的本性有時被用於定義和暗示著價值，他的自然傾向（渴望生存、愛、為幸福而鬥爭）為那些被廣泛接受的價值判斷提供了明顯的標準。這種觀點十分接近於這篇論文的主題，然而，它的現有形式是不值得考慮的。對一種命令判斷的信奉 ——「按照你的自然願望行動」—— 仍然是需要的；人類自然傾向在一個人身上常常是互相衝突的，而在不同的個人那裡又有不

同的表現。應當找到這樣一些途徑，它們使得信奉清晰明白；消除在人與人之間以及人的內心中自然傾向表現上的差異。

命令的根源

倘若規範價值建立於命令的基礎上，那麼，誰是命令者？或者說，它的起源是什麼？如果對於一個發揮作用的價值理論來說，它的種種命令必須保證有信奉者的話，則上述問題就極端重要了。這裡需要強調指出，凡是在歷史上獲利最大成功的價值理論，緣由恰恰就是那些命令可以一目了然，並且其理論可以毫無疑問地被接受的價值理論。

它們首先是植根於神啟學說的不同倫理體系，在這裡，上帝是命令者，其次則是各種法規體系。君主這個被委任的或被選擇的人 —— 不過總是一個眾所周知的和特定的起源 —— 提出這些命令。同樣，對命令的信奉或者是自動的或者是被迫的，如果命令所蘊涵的價值是有效的話，那麼，信奉將被認為是必須的。

這裡涉及的一個術語應當加以說明。人們或許會說，一個命令往往定義了一種價值，然而，履行命令則使之成為有效的。既然在接下去的內容裡它的興趣將集中在既被定義又有效的價值之上，所以，這裡將不再反覆地說明。

今天，宗教作為價值的源泉似乎是過時了，而法規因其範圍過於有限以至於不能建立包羅萬象的道德、美學和邏輯的價值，更不用說至今仍然蒙著一層陰影的反覆無常的哲學。在這種困窘的情況下，我建議再度看看科學，不過不是重複那種徒勞無益地根據科學來理解價值的企圖，而是努力理解這麼一個問題，那就是，建立於它本身諸前提之上的科學，怎麼能令人信服地為它的結論下定義（因為科學諸前提的本質是非價值的），而且還抱著一種捕獲的希望，以為或許能將形式特點移植到價值理論中，而正是這種形式特

點使得科學成為普遍接受和有勸說力的。

確實，我希望能表明，對行動所提出的一種命令的力量。往往被認作是價值的構造者，實際上就如同理論科學命題是一樣，是透過同一方法論途徑所產生的。

然而，進行科學判斷的說服力與價值命題的勸說力的對比從一開始就遇到了主要的障礙，因為它必須戰勝一個根深蒂固的信念，那就是，科學命題在原則上是普遍有效的，可以由每個人予以檢驗的、「客觀的」，與命令和信奉無關，同時也沒有什麼可以適用於價值。幸運的是，這種障礙已經為科學本身克服了。上個世紀的種種進展，多值邏輯、非歐幾何、非交換代數學的出現，甚至像物理學這樣的應用科學的發展，都清楚地顯示出所有超出描述特徵的陳述的科學斷言的限度，以及由公認假設所制約的條件，只有在科學的某些深奧領域內，這些性質才是不明顯的。對於任何一個願意反思的人來說，它們在最簡單的情形下是顯而易見的。

「1＋1＝2」能被視為不可能反駁的事實嗎？毫無疑問，答案是肯定的，不過有其條件，那就是，這個定理是由特定的算術假設推出的。作為一個假言陳述，如果某種算術公理是公認的，則「1＋1＝2」是明顯真實的，是一種分析真理——不過，這也恰恰就是價值與命令之間的實際關係。作為綜合命題，「1＋1＝2」在我們大多數經驗場合下都不可能是真實的。當一加侖水加上一加侖酒精時，這一公式就不能成立了。而當該公式被運用於計算雲層和觀念時，一般都是錯的。因此可以謹慎認為，這個定理並不適用於計算液體這樣的整體，不過卻適用於組成這種整體的分子量計算。但是我們遲早會學習量子力學，運用其新的方法來修改算術規則，並且最終不得不承認，就像一種輕蔑的批評所說的那樣，科學定理和價值「乘的都是同一條漏船」。倘若這對科學的讚賞者是一個衝擊，則他將會在一種更為重要的思想中找到安慰；他在科學中所發現的可讚賞的東西也許同樣會出現於價值理論中。

第四章　生存與價值的轉向

科學判斷力的起源

對精密的科學方法進行充分說明於這裡的意圖是很不必要的；我們這裡只需要對從假設到證實這種演繹活動作概括了解。讓我們重溫一下一種被精心建立起來的自然科學理論，亦稱牛頓的萬有引力理論（我們必須承認，根據愛因斯坦廣義相對論來看，牛頓的理論就顯示出某些失誤；後者能夠更好地用來解釋，不過它涉及一些不必要的複雜問題，儘管如此，它仍然能很好地解釋科學假設伴隨時間流逝的變異性）。

很多教科書往往缺乏根據地斷言：在直接觀察概括的水準上，物質粒子之間相互吸引遵循著反二次冪定律。人們看到蘋果下落，目睹一件投射物體或砲彈的拋物線運動，看到月球和某些行星的運動，然後就以某種方式提出某種結論（公式裡的字母都表示其通常的含義）。但是這在邏輯上是不可能的，即便牛頓這樣的天才也不能解決這個問題。如果它是可能的，則它必定是錯誤的，因為對這個問題的回答並不是唯一的，簡言之，解決這個問題的公式不可能從任何一組確定的觀察資料引申出來。

牛頓做的恰恰相反，他為這個問題假設（「使他自己相信」）了上述公式，爾後從中演繹出某些它所包含的唯一性定理。這些定理包括開普勒的行星運動定律，地球表面物體的自由落體定律，以及無數別的定理。對於它們來說，共同的都是遵循著方法論上的特質，它們包含著某些可以測量和觀察的參數和變量，既然這些定理表示這些變量間的數學關係，對某些變量的測度就會導致預見另外的變量。

當這種預見由進一步的觀察予以檢驗時，理論 —— 亦即假設和定理 —— 就能夠得到證實，而在證實之前，假設和定理既不是真的也不是錯的。對假設的信奉為定理作了定義，確實，在證實之前，往往存在許多可能的假設，正因為如此，奉獻才表現為似乎是合理的真理。假設的力量，就來自於假設所包含的與所觀察到的東西之間的某些一致性。從演繹過程挑出一

些突出的因素來說：演繹總是開始於一種假設，然後應用分析的方法將假設的結果形成為種種定理（有時稱作法則，人最後在證實過程中根據直接經驗來檢驗這些定理）。

證實並不是一個理想化的、適用於描述演繹過程最後階段的字眼，因為它往往只是暗示著最終意義上真理的贈予。科學真理是沒有終結的；後來的觀察或許會與由演繹獲得的定理相衝突，因而要求改變假設。也許，人們應當因此而更有節制地在面對當下觀察時根據一種假設的當代力量來談論，以確證來代替證實。但是，由於我自己確信不會導致這種誤解，我將撇開這種謹慎，繼續討論證實問題。

科學中的證實絕不能被視為簡單的和明顯的，相當多的科學家忽略了演繹過程階段所提出的內在的和困難的問題。忽略了這麼一件事實，在這裡加入了一種選擇的因素。舉例說，倘若一個人要求在預見和觀察之間有精確的一致，則證實永遠不會有結果。倘若我們需要在測量的可能誤差內，或者一個業已被廣泛採納的專斷測量上保持一致，證實雖然是可能的，但仍然是困難的；別的慣例可以被設想為使證實非常容易，因此也更少差別。

最後，有這麼一些科學，例如精神病學，在某種程度上還有心理學，是完全不同的，並且記在某些更為主觀的方法來證實理論。老實說，我們應當因此否定這麼一種常見的斷言，即所謂證實是一種明顯的和簡單的調查手續，應當允許選擇的干預以及所謂已有的證實原則。

使勸說具有充分說服力的模式

我認為，由假設到形成種種定理，以至於後者與觀察經驗的對照這一過程、可以得出價值理論上的一個嚴肅結論。這裡有必要提出一個命令（假設人嘗試接受這個命令並加以研究，或者將其結果與人的行動連繫起來。這種程式並不新穎，儘管它因為有詭辯論之嫌而被置入冷宮，最後，這些結論必

第四章　生存與價值的轉向

須得到檢驗（如果不是不合適的話），或者就像我在涉及價值問題將指出的
那樣，必須被證實（如果不是不能證實的話）。這最後一個階段證實，又一
次包含著一些往往被人忽視的問題。

為了明確起見，讓我用一個簡單模式來說明上述評價過程，但是讀者不
應當過分重視這一模式的簡單化特點。與這裡提出的見解密切相關的，是兩
個與科學中的假設和證實原則相對應的初始選擇。在該模式中，我們選擇聖
經十誡為一方，選擇篤信篤行這些組織信條生存為另一方，由於有了這種限
制，現在得到了一個工作系統。從聖經十誡出發，我們為實踐處境引出了種
種行為規則，這些規則如同科學定理一樣需要詳加解釋。最終的價值系統，
亦即由於對種種道德命令作選擇而形成的倫理規範，便成為我斗膽稱之為一
種實驗室戒律的東西，不過這正是它的實質。因為我們必須遵循該模式思
維，並且假設，在一個被據此建立起來的社會中，這些規則（十誡）已經
為所有公民試嘗性地採納，而且與其他社會之間只有微不足道的相互作用。
我們必須花費足夠的時間來觀察該社會（我敢擔保，這意味著許多世紀的時
間），看看它是否能生存下去。

這只是眾多模式之一。該模式中最令人討厭的因素，特別是對於證實原
則所作的簡單選擇，可以由組織中所有成員最大限度的幸福來取代，亦可代
替以某種功利上的需求，物質財富的獲得，如此等等。而命令則可能是黃金
律，可能是道家所津津樂道的靜，也可能是孔子的實踐概念。這裡的任何一
對都可以與前面的證實原則結合起來，而最終則會產生一種完善的和有效的
倫理系統。

我們這裡的模式適用範圍還比較狹窄，它只適用進行倫理評價。然而，
這裡所提出的方法，以及對於證實原則和戒律的適當選擇，則可以被推廣到
審美觀念上，它不需要被延伸到真理領域中，正如我們已經看到的那樣，它
已經在那裡得到應用並有成功的表現。

　　在這裡並未推薦任何選擇，而是主要集中於價值理論必要的方法論的一些形式因素上。主要這種方法論常常引起爭議，而且這種普遍的爭議持續動搖著價值的基礎。因而在缺乏文化內紐帶的情況下，極需一種穩定性和完整性，鑑於這種狀況，方法論上的一致性，甚至在其對於方法論進行明確的陳述，對於建立這種紐帶就是至為關鍵的了。

　　然而，由這種見解所能帶來的哲學成果絕不是微不足道的，它給傳統的混亂和困境帶來了條理性。透過揭示兩個關鍵條件、命令和證實，透過對其加以明確的區分，它表明，為什麼建立在享樂主義、幸福論和功利學說基礎上的倫理學系統從不能真正確立？因為這都是些缺少命令的證實原則。同樣，它也解釋了為什麼恪守聖經十誡或黃金律 —— 除了那些拋棄價值方法論全部範圍的信仰者之外 —— 將不可能建立具有確定性的價值系統。換言之，它是規範的。

　　由於這種見解同時考慮到了責任和利害兩方面，因而解決了倫理學中責任和利害誰先誰後這個歷史難題；因為責任往往需借助命令才能得以實行，而利害在某種意義上也需要透過證實的原則來判別。最後，它也表明，當康德（Immanuel Kant）致力於透過他所謂絕對命令來提出一種倫理學時，是如何導致失誤的。這個絕對命令對於事實上只是經過模糊表述的證實原則來說，只不過是一種最不適宜的名稱，價值不是由單性生殖而產生的，而是根源於由一組命令所確定的證實原則的產物中。

作為價值實驗室的人類歷史

　　這裡提出予以討論價值模式的人為性質是令人厭倦的，它要求進行一種社會試驗，要求進行對話式的交流，要求建立一種國際空間。它似乎是打算進行一種社會活體解剖，然而在這方面尚未作過任何嘗試，那種尋求價值的人與天文學家需要一種特殊的宇宙試驗一樣，需要一種社會實驗室，由於世界就是他的實驗室，所以人類歷史就是價值的實驗場。一旦能認知到這

一點，那麼，我們這裡所提出的圖式的人為性就會立刻煙消雲散，因為，我們難道不是一直在關注 —— 儘管不一定是正確的，而且缺少方法論的信念 —— 人類學的教益，關注於「顯現其自身於歷史之中的人的自然」，以便支持我們的價值選擇的嗎？進而言之，難道我們對於命令和證實原則的選擇果真是如此反覆無常嗎？

我敢說，在這個地球上，人們對於這些問題的看法比對於有關價值方法論的看法存在著更大程度的一致性。我認為，黃金律和最大限度的幸福已經到處為歷史所證明，儘管這種結合不甚完善，但已提供了整合的基本價值。因此，我希望能仔細地想想，看看價值理論能從科學那裡學到些什麼。

人的價值科學的可能性

價值哲學的提出

歐洲人的癖好是，只有首先對一種思想進行了歷史考察分析之後，才能對其加以思考探討，我當然也很難跳出這種模式。因此，我們首先對現代化思潮中價值哲學的提出作一個簡單的回顧，並陳述一下我本人對這種哲學的看法。

某些歷史學家把洛采（Rudolph Lotze）稱為德國古典哲學的繼承人。如果我們把一個在戰敗以後集合殘餘去頑強地作一次竭盡全力的最後抵抗的將軍稱為這支部隊以往具有赫赫戰功的將軍們的繼承人的話，那麼，這種說法就無可非議了。洛采恰恰是這樣一個人。

在 19 世紀中葉，他把價值概念作為一個重要概念引入到當時的價值哲學的討論之中。他所以這樣做，是要把人的尊嚴在還原主義者和唯物自然主義的猛烈攻擊下解救出來。他成功了，這個成功使他在哲學史上贏得了更高的地位。許多價值哲學流派沿用了他的原則。100 多年來他的影響始終未被泯滅。但是，洛采及其追隨者須得付出相當高的代價。他們必須把我們面對的

世界與價值世界完全割裂。在他們看來,存在與價值沒有共同之處:價值不包含存在,存在也不包含價值。在「是什麼」和「應該是什麼」之間,在「是什麼」和「什麼是好的」之間,都存在著不可踰越的鴻溝。因此,他們認為形而上學呈現出的危機表明,任何欲從存在中發現價值因而彌合這種鴻溝的企圖必然會失敗。那些被擊敗了的哲學隊伍的首領們放棄了收復失地的企圖,他們全力以赴地進行防禦。公正地說,他們對人的價值的捍衛正是他們的偉大之處。

我個人強烈地拒斥價值哲學是出於神學的考慮。繼史萊馬赫(Friedrich Schleiermacher)之後的 19 世紀最偉大的系統神學家里奇爾將古典神學的斷言還原為價值的判斷。他仰仗洛采,在神學領域做了洛采在哲學領域裡所作的事:打了一場撤退和防禦戰。在他之前以及他生前的部分時間中,以謝林和黑格爾為首的哲學神學控制著歐洲的高等學府。

由於所謂黑格爾體系的崩潰,確切地說,由於西方思潮向科學、政治和嚴格的實證主義的轉變,這些神學家在多數歐洲學府,後來在美國的許多新教神學院喪失了權威地位,被里奇爾主義者的理論所取代。所謂里奇爾主義者,是指那些將價值理論作為神學基礎的神學家們。

1904 年,我開始進行神學研究時,他們是所有重要神學院的大師,但我們年輕人在理智上和感情上都反對他們。我們不接受形而上學的失敗,不甘心最後遁入價值理論的庇護之中。「我們要存在」。作為「在」的力量的「在」的經驗變成「存在」的經驗,後來我的很多思想都源於此。今天,歐洲的哲學院和神學院中的這種舊的價值理論已經蕩然無存了。

價值的主觀性

現在我得離開這些歷史的自傳式回顧回到論題上來了。價值哲學家們為克服價值理論中的一個重要缺憾,主觀性和相對性的嘗試的確值得同情。他

們意識到這樣的事實：從其本意上講，價值觀念是與評價主體有關的。他們無法迴避這樣一點：價值理論不可能比實際的評價理論帶來更多的東西。為了避開落入這種結論的陷阱，他們談論作為價值體系標準的基本價值，他們談論終極價值的先驗性和絕對性，他們把評價的心理學和社會學條件僅僅解釋為客觀價值迫使我們承認的途徑。根據這種解釋，價值不是被創造出來的，而是被發現的。

按照明斯特伯格（Hugo Münsterberg）的觀點，世界的價值亦是如此，它是絕對的。所有的評價都可以從完全現實性的需求中得到。M·舍勒（Max Scheler）和N·哈特曼（Nicolai Hartmann）在這方面作了頗有啟發的工作，因而使價值哲學逐漸接受了這樣一種觀點：本體論問題再也不容迴避了。他們都不再否認關於價值及其層次的情感的人類學條件。但是他們都堅持認為，這種情感及這種情感產生的人類的存在並不是價值的原因，只是價值的價值層次得以發生作用的場所和情景。他們誰也沒有根據其與生活的關係而確認價值真理。因為，生活本身處在價值層次中，但並不處於價值的最高層次。較高的價值可能需要生活的犧牲。根據哈特曼的觀點，價值是有其自身定律的力量。它們具有存在的特徵，這一特徵與體驗著價值主體的願望和興趣無關。它們在它自身中具有理想的存在。

考慮到這些價值哲學家們的努力，我的結論是：全部理論失敗於相對價值和絕對價值的必然劃分。前者可以還原為評價過程，後者卻需要其他的基礎，因為它支配著評價過程。

顯然，實用主義不能提供這樣的基礎。徹底的實用主義根本不能接受絕對價值的概念，因為這個概念使一切價值從屬於永無止境的經驗的檢驗，不論賦予「經驗的檢驗」以怎樣的含義。幸而，多數實用主義者並非如此徹底，而是屈服於變相的形而上學。諸如，生活即生長（如杜威），超越於主觀性和客觀性之上的神祕領域（如詹姆士），意志的自我肯定（如尼采）。

如果我說他們熱衷於形而上學，那可能有失公正。他們之所以不能避免形而上學實在是由於形而上學是不可避免的。

只有透過揭示存在結構自身中的價值起源，才能從單純的評價中區分出有效的價值。如果對檢驗標準本身可以進行實用主義的檢驗的話，那麼，實用主義的檢驗便導入了一個循環論證。但是，如果標準是用非實用主義的方法得出的，那麼，它們便導向本體論。我們要問的是：「人的價值的科學是可能的嗎？」這個問題與下面的問題是相一致的：「價值觀念的本體論探索是可能的嗎？」

我的回答是肯定的。甚至在這種本體論的範圍內，我們常常取得成功。把這種途徑稱之為科學恐怕欠妥，況且，它在語義學方面蘊涵了實質問題。因此，我要就此作一解釋。如果像近年來的討論中所被賦予的含義那樣，科學被理解成為德語所說的「科學」的意思，那麼，價值科學是可能的，在這個意義上。本體論也是一種科學。然而，如果科學被理解成為一種根據物理模式確定的認知方法，那麼，只有實際評價的科學是可能的。價值科學則是不可能的了。

價值的本體論基礎

我們要問：什麼是價值的本體論基礎呢？怎樣從我們所面對的現實中去發現存在中應該與是的根源？第一個回答必然是否定的：價值不能從存在中得到，這是實用主義失敗了的企望。價值只能從表現於存在中的「在」的基本結構中導出，儘管在這種表現中可能存在著扭曲。

如果我們判斷一棵樹的價值不是根據它的本質或它為我們遮蔭納涼的功能，而是根據樹自身的潛在功能，那麼，我們就可以把它的實際狀態與一種我們關於它的基本特徵的想像、意念或設想作比較。比如，我們可以把它稱作一棵瘦弱、病萎的或傷殘的松樹。這種獲得並檢驗關於樹木的多於其概念

第四章 生存與價值的轉向

規定的想像或本性的方式，和在這個領域中了解客觀價值，即樹本身的價值的方法是相同的。

這種方法把直覺因素與經驗因素相結合，直覺是對某些存在模型之特徵的直觀，它已被現象學派重新發現；它在諸多古代與中世紀哲學中占統治地位，後來被作為唯名論的實證形式而被拋棄。重新被發現的直覺方法在正統哲學中未獲得很大成功（儘管實際上連懷有敵意的哲學家們一直都在使用它），因為它不能夠、也不願意將直覺方法與實驗科學方法連繫起來。一棵樹的基本特徵可以成為一個研究問題。在這研究中，想像了一棵完美的樹的生物學狀態，而研究結果則可能改變對這棵樹的基本特性的直覺想像。這即是說，經驗的分析不能夠創造出對完美的樹的想像。

讓我們回到人和道德價值的領域中來。人是評價的主體，從我們的預先假定來看，人亦應當成為特殊價值獲得其本體論基礎之所在，道德價值是從人的基本特性中導出的命令，人性是其本體論之所在。所以，我說我們對價值的認知與我們對人的認知是一致的。這裡對人的認知不是對人的存在而是對人的本性的認知。

如果真的如此，那麼，作為一種關於人的哲學學說的道德價值論就可以被還原為人類學，蘊涵在客觀價值中的「就應該是」就植根於人的本性之中。這點不乏例證。如果說人是靈魂和肉體的合成物，且對於靈魂和肉體來說這種合成都是偶然的，那麼，隨之而來的便是一種禁欲主義的價值理論。因為在這個合成物中，靈魂總是被視為較高級的一方，它必須壓抑肉體的價值的獨立發展來扮演其自身的角色。對人的本性的這種理解造成了巨大的歷史影響，每個熟知倫理學和歷史學的學生都不陌生。

另一方面，如果說像《舊約全書》和真正的新教所說的人是靈魂與肉體的統一體，那麼，就必然導致一種強調人的生命力，強調將人從禁欲主義的壓抑價值體系中解放出來的價值體系。再者，如果強調人格的動力中的無意

識作用，對他的智力與意志力的評價就會降低。相應的對影響無意識的生活的象徵意義的估價就會提高。而相反的觀點認為，意識中樞對一切負有最終責任心這種觀點認為，智力價值發揮支配作用，無意識的作用並不重要。

沒有關於人的個體性和社會性兩方面的意向，就無法比較這兩種價值觀念的有效性。這就是說，個人的獨特性在某些方面是有效的，但它要受到某種限制，因為只有透過與他交往，一個個別的人才能成為人。在個體性與社會性問題上的服從派與叛逆派之間的衝突中，這兩種傾向之間的張力是顯而易見的。

只有建立在本體論基礎之上的價值理論才能解決倫理學和神學中出現的愛與公正的衝突。如果有人要問哪一個的價值更高些，是愛還是公正？那他就毀掉了兩者的真正意義。然而如果有人要問，在現實本身中，它們根植於何處？那麼回答便是：愛的動力與公正的形式兩者互為條件。

如果把愛理解為從分裂走向重新聯合的普遍的生活動力，那麼，公正就可以理解為重新聯合所呈現的形式。當然，這種公正超越了那種用懲惡揚善來報應的均衡型的公正。它是一種創造性的公正，它因接受了不可接受的東西而得以轉變。創造性的公正就是愛。自然，這也是基於愛的觀念是情感內涵的釋放的假設之上，基於愛的純粹主觀性的假設之上。只有當愛具備了本體論基礎時，它與公正的統一才是可能的。

價值的本體論基礎保證了自主過程，在這個過程中價值才能被發現。價值是人的基本存在，它被作為制約規則而強加於人。道德制約不是卓越君主任意的法規，也不是功利的算計或民俗公約。它們由人的根本特性來確定。道德律是以命令權威形式展現出來的人的本性。如果人與他的自我和他的本性是結為一體的，就不存在著命令關係。但是，人從自我中分裂出來後，他的經驗價值就展現為律令，展現為自然的和規定的律令、要求、威脅和承諾。

然而，它不是賦予律令以權威性的陌生的不可支配的力量，它正是人自

己的本性。由於這是律令的最終源泉，所以，儘管律令可以改變內容，但它卻具有無條件的絕對效力。

從這裡就產生了最後一個問題，即認知價值的方法問題：一個人的價值知識與他關於自身基本存在的知識是一致的。這種一致性發生於兩種互補的方法 —— 直覺的方法和經驗的方法之上了。人們運用直覺方法，觀察到人的本質是什麼和人的實際是什麼的差異。直覺認知方法具有顯著的否定性：良心的基本功能是審判，只是間接地表明贊成與肯定。

關於價值知識的直覺方法，包括「良心發現」在內，是可能出現錯誤的，需要受到經驗的批判。這些經驗不僅包括個人經驗，也包括著展現在人類道德傳統中的人類經驗。它們是智慧的展現，是人類從肯定的和否定的經驗中獲得的智慧的展現，並沒有什麼外在的標準可以檢驗這種可以被任意運用的規範的有效性。在價值認知中，直覺與經驗之間總會存在張力。沒有一種計量和測算方法能夠改變這種狀態。一個人不能迴避獲取價值知識過程中所承擔的存在的風險，但也不乏存在著生活的各個方面特點的安全之地。

建立科學的價值觀念

確切地說，人是在兩種不同的意義上運用「科學」一詞的。當談到一種價值科學時，他們是指一組先驗絕對判斷，這些絕對判斷被結合在一個形式系統中。可是當他們談到有關其外部世界的科學時，他們所指的正是能幹的亨利·馬格瑙（Henry Margenau）博士所描繪的：一種不斷變化著的概念複合體的唯一現實性，就在於賦予經驗、自然、事實以秩序並由之檢驗。沒有什麼絕對不變的自然科學概念，它們相互連繫，一起構成一種可塑的框架，亦即兩種總是在建構卻又一再被重構的框架。不過，該框架必須適合的就是事實。

這種所謂事實的強暴不是因為它們應當如此，而是因為憂心忡忡的人們擔心，科學的擴散正日益剝奪其某些判斷的自由。他們感到，科學家們既無精神上的衝動也無人類道德方面的基礎，因為科學所承認的唯一成功便是成功地與物質世界的事實相符合。

科學實踐

無論何時只要論及價值，總會顯出與科學相比的潛在徵兆。為了使這種比較公開化以便理解它，我曾設想分析價值的本質，表明在各種對立價值觀之間經常出現的豐富多彩而又必然的緊張狀態。我曾打算證明，由於存在這種緊張，無論人們以何種方式估量這些價值間的連繫，儘管它也許是真實而意義深遠的，都沒有任何理由將這種價值的兩面性稱之為科學。然而這些考慮比對那種有可能使之分化的問題作直截了當的討論就是次要的了。

在這種時刻，探索一種價值科學的可能性比起現實地討論什麼是科學的價值，是微不足道的。正是由於這個緣故，我將把科學的價值作為討論的主題。

為了表達這樣的希望，我將把範圍限制在某些人類價值，某種意義上涉及影響和支配人們之間關係的社會價值上，尤其是限制在由我們生活於其中的文明所產生的價值中。這種文明的典型特徵，亦即人們普遍奉行的特殊活動，就是科學實踐。

亨利·馬格瑙博士已經明確揭示了這種實踐的原則，科學是根據普遍概念為已知事實分類的活動，而這些概念是由以此為基礎而展開的行動的實際後果予以判決的。所以，在所有實際事務中，屬於我們的都是這種借助它所激發的行動的結果來判斷信念的社會。正如同馬格瑙博士所說，人們之所以相信引力，因為由此能導致一種通行於我們這個世界的行為方式。他同時也指出，如果我們相信某種價值觀念，則其必定導致一種行為方式，一種通行於希望借其生活和生存的社會中的行為方式。

第四章　生存與價值的轉向

　　從本質上講，引力概念是一種描述物體如何降落的堅實而有規則的方法，在這個意義上，科學的所有概念均為描述事物如何發生的方法，因此，對科學的批評往往將它說成是一種中立的活動，因為，無論人類將這些概念弄得如何精緻，它仍然只能告訴我們發生著什麼而不是它們設想應當發生些什麼。

　　這種令人不快的混雜語言混淆了科學的活動與科學的發現物之間的關係。如果說科學的發現物意味著它們只是描述而不是勸戒，那麼，它確實是中立的，很難設想還有別的科學發現，除非批評者仍像煉金士一樣相信，科學應當命令和制服自然。如果對於科學的批評僅限於抱怨它只是發現事實而非拼寫事實，那麼我樂意接受這種看法。

　　然而，毫無疑問，事實的發現不應與發現事實的活動混為一談。科學活動並不是中立的；它有固定的指向和嚴格的判定，我們從一開始就接受了為我們而規定的結果。由於科學的目的在於發現有關世界的真理，所以科學活動的方向也就在於那個真理，而這是由符合事實的真理標準予以判定的。

作為價值觀念的真理

　　如果我們要對真理做出評價，則我們只能實踐科學，無論是批評家還是科學家本身，都沒有足夠清晰地意識這一基本點，這是由於他們一心關注的只是科學的發現，而忽視科學活動與其發現物之間的差別。當我們實踐科學的時候，我們總是期待新的事實，透過將其分類於一些概念，就能在這些事實中發現某種規則；透過檢驗這些概念的涵義是否符合其他新的事實，對概念做出判決這種程式是毫無意義的，而且如果我們不考慮什麼是真的，什麼是假的話，它確實也不能得到實行。

　　當批評家說科學是中立的時候，他們是指科學的種種發現本身既無所謂好的也無所謂壞的；然後他們接著斷定，這些發現的用途必須由與這些發現無關的價值來予以確定。至此為止的論證是無可挑剔的；馬格瑙博士自己在

其議論中表明了這一點。事實的用途必定由產生於事實之外的價值所確定。但是這樣一來，批評家們便將論證變為一種文字遊戲。

為了運用科學的一系列發現，我們必須經由這些發現之外來確定其價值。可是批評家們卻若無其事地將這一點解釋成我們必須由科學的外部來尋求價值。即使這是真的，它也肯定不是為上述論證所包含著。

當然，這些批評家急於述說的是，我們生活於其中的科學文明並不能透過它自身的科學告知我們以任何價值觀念，況且我們不是透過科學所發現的事實獲得價值觀念的，也不是透過它所建造的機器，甚至於它所開拓的視野。這些事實、機器和視野仍然需要由一種一直被稱作規範命令的東西來指導，或者是我所寧願稱之為一種一致性目的來指導。但是，儘管這些事實不會提供這麼一種命令或目的，科學的活動卻能夠做到，科學活動就是以真理作為其自身目的的。

這裡批評家能夠公正地爭執道：人們早在聽說科學很久以前就相信，真理是一種價值了。不過，我可以同樣說，這種信念曾經常給真理以離奇古怪的定義；真理，或像我所定義它的一事實的真理，並不是以教義社會的名義來估價的；任何一種將物質事實視為真理仲裁者的社會，都能使之成為一種科學的社會。但是，這都是爭議中的問題。它們是離題的，爭論作為一種價值的真理史是與主題無關的。誰發現了真理，誰把它融合到我們的文明中。

真正的問題，也是唯一的問題，在於真理是科學的中樞。一種像我們一樣的科學文明除非把事實真理視為其基本價值，否則就不可能生存下去，假如我們的文明缺少這種價值，那麼就得發展這樣的價值，因為舍此便無法延續下去。

我曾證實，科學活動是以真理是其自身目的作為前提的，從這一基本命題可能引出不同的方式。舉例說，有可能對下一說法的含義進行討論，即如果一種科學描述符合於事實，則它是真的。因為，正如馬格瑙博士所指出的

那樣，這種一致性確實不可能盡善盡美。在物質自然界中，這種描述只能在某種粗糙性和工程師稱之為某些容限度的前提下符合於事實，如果一位科學家還想得到什麼結論的話，他就必須確定何種誤差是可以接受的。這個決定本身就是一種判斷行為，我懷疑是否總有這樣一些敏感的方法告訴我們如何判斷和如何估價。它肯定會借助別的說話者告知我們的疏忽是什麼，使我們明白科學包括著作為人的科學家。一種發現必定是由人做出，而不是由機器做出，因為每種發現都取決於批判性的判斷。

社會領域的真理

但是，根據我所說的科學必須對真理做出評價這個基本命題，我要從另外的方面談談。我打算在超出單個科學家的範圍上來理解該命題，進而追問，這個命題對於由類似科學家構成的社會意味著什麼？這是一個很自然的延伸，我們所有人都不僅僅關心著我們個人的價值，而且也關心著整個社會的價值。不過，從別的理由考慮，這也是一個重要的延伸。一個人的許多價值選擇往往就是在他作為個人的意願與他作為共同體的一個成員所盡義務之間的選擇。社會價值就是在這種個人意願和公共意志的遭

遇中產生的，在人不得不找到他對社會所取的態度之前，在社會不得不確定它對他的態度之前；直到每一方面都不得不根據他方調整自身之前，都不存在所謂社會價值問題。

因此，當我們發現科學必然要對真理做出估價時，我們其實不過是從闡釋現代價值觀開始的，因為真理屬於個人價值，它支配著科學家本人及其工作的行為，僅當整個社會接受了這樣的假設，亦即當該假設與事實真理相牴觸而任何信念都將不可能存在時。這種真理才轉化為社會價值的源泉。這是由我們的社會所做出的不公開假設，這就等於將真理確立為我們社會壓倒一切的價值，等於同意真理的發現是其自身的目的、最高的目的，不僅對個

人，而且對整個社會來說也是一樣。由此可見，各種社會價值的全部連繫應當可以從社會有義務尋求真理這一命令出發，透過相應的邏輯步驟引申出來。

我已經指出，我們的科學社會是以應當尋求真理作為不言而喻的前提的。這就描述了該社會的特徵，因為這種描述意味著真理仍然在被追求著，而且必將一直被追求下去；我們並未完全發現真理。一個自認為已經最終發現了真理並將這種真理強加於社會之上的社會，是極權社會，例如政治或宗教真理。與之相比有過之而無不及的另一種社會，則相信真理已被發現或得到揭示，真理是已知的，抵制所有變革；因為還有什麼理由需要變革呢？

當我們說我們的社會總在尋求真理時，我們是指它承認自身必須變革和伴隨真理之進步而進步。我將引申出的社會價值實際上是社會藉以安排其未來的一種結構，它們產生於一個科學社會中對真理的探求，因為這種探求對社會的進步提出了要求。

從真理引申出的價值觀念

一個尋找真理的人必須是獨立的，而一個對真理予以評價的社會必須維護這種獨立性。一個理智的人或許急於勸說非理智的人 —— 而獨立的頭腦總是缺少理智的。但是，更令人焦慮的必定莫過於確保這些人不至過分偏激。

正因為如此，伏爾泰（Voltaire）在其一生中就像為他自己的獨立一樣，為喚醒那些與他信念不同的人們的獨立意識而孜孜不倦地戰鬥。一個科學昌盛的社會必須給予精神之獨立性以極高評價，而不論擁有這種獨立性格的人對於我們其他人是如何生硬和麻煩。

我們這個社會賦予獨立性的價值與別的社會賦予權威的價值相比是大相逕庭的。如果我僅僅指出某些早期思想家的權威性作為我的根據，這甚至就某些較為傳統的價值領域來說，也是如此。這次會議也許會對我有關 G・E・摩爾（George Edward Moore）的回憶感興趣，也許會為我所斷言的一些摩爾

第四章　生存與價值的轉向

或許會提出的看法所吸引，但這並不意味著會議會將摩爾視為權威，或者將我作為他的闡釋者。

何況我的哲學確實與摩爾的有著顯著的不同。不過，倘若說這裡與摩爾有所關聯的話，那正是因為他具有一種獨立的精神，而當我開始談論時所追憶的也正是他的獨立方法。我們這個社會整體在理智上對於方法較之結果更為關注，這是因為發明一種獨創性的方法更能雄辯地表明精神的獨立性。

我們之所以高度評價精神的獨立性是因為它維護著獨創性，而獨創性則是做出新發現的工具。可是，儘管獨創性僅僅是一種工具，它業已成為我們社會的一種價值觀念，因為這對於獨創性的發展是十分必要的。一個科學社會給予獨創性的評價是如此之高，以至於它已經取代了過去藝術賦予傳統的價值觀念。對於我來說，令人驚訝和令人讚譽的結果是，藝術在過去幾百年中已經變得愈來愈具有想像力，變得更加偏執和更加個性化；而這肯定是由追求獨創性並擺脫批評家稱之為科學的非個性領域的壓力所引起的。

我並不想斷言獨創性總是一種美德，我所說的莫過於獨立性是基於真理本身的一種經常可見的品性。我想表明的是，獨創性已經成為我們社會的一種價值，正如獨立性曾取得的地位一樣，因為這兩者都是增進其壓倒一切的價值和無窮地探索真理的方法。

有些時候，獨創性就如同其他價值一樣，成了一種負擔，無論我何時參觀兒童畫展，我總能看到幾百例經過細心雕琢的相同的創造性。我偶爾甚至懷疑，獨創性是否能作為一門科目來向學生傳授？我發現了這裡的單調性，然而，比之 100 年前將傳統作為學校科目來傳授時，人們對兒童畫的精心雕琢和整齊劃一性的發現肯定要遜色多了吧。事實是，就如兒童的文章不是文學一樣，他們的圖畫也不像藝術；這裡所說的單調性和 100 年前的單調性，既不是指獨創性也不是指傳統性，而是指兒童稚性，兒童的圖畫如同一項智力測驗一樣，是無價值的。換句話說，它只是暗示了兒童的精神在將來可能

做的事情。身為一位科學家，使我感到煩惱的與其說是兒童行為將會趨於一致的信念，倒不如說是將會多樣化的暗示。

獨立性和獨創性乃是精神的品格，當一個社會像我們一樣將其提高為價值觀念時，就必須透過賦予它們的表達方式以一種特殊價值來維護它們，這就是我們為什麼高度評價唱反調人士的理由，最重要的唱反調時刻往往表現在某些有永久價值的文獻中，彌爾頓（John Milton）的作品、獨立宣言、約翰·衛斯理（John Wesley）的布道以及雪萊（Percy Bysshe Shelley）的詩。

確實，如果在某些別的地域發生了唱反調的情況，我們會感到更加輕鬆自在，無論是發生在過去或另外某些國家。在這個國家裡，我們最樂意閱讀自從史達林死後，蘇聯知識分子所唱的那些反調；毫無疑問，蘇聯人也寧願讚賞來自西方國家內部的反叛言論。然而，當我們譏笑這些人類怪癖的時候，我們其實承認了，這些怪癖背後的反叛行為是被公認為我們文明智力結構中的價值觀念的，這種價值觀念產生於科學實踐中，產生於這樣的經驗，即進步只有在公開受到挑戰的時候才會到來，無論這種挑戰是由哥白尼、查爾斯·達爾文，或者愛因斯坦提出，而且只有當挑戰者堅信，由於事實的發展業已超出陳舊的概念，因而必須重新看待事實時，進步才會出現。反叛是智力發展的工具。

一個重視唱反調的社會必須為表達這種行為的人們提供庇護，這些庇護往往就是政治演說家詞語庫中的那些盡人皆知的價值觀念：思想自由、言論自由，以及運動和集會自由。不過，我們切不可將這些概念視為理所當然的，因為這方面的口頭表白已經陳腐不堪。而且我們也不可假設，它們是任何社會裡自明的和自然的價值觀念，柏拉圖就不曾在其理想國中提到言論及寫作自由。

只有當一個社會願意鼓勵唱反調行為和激勵獨創性及獨立性的時候，自由才會得到應有的估價。因此，自由對於一個科學社會、一個進步社會而言

第四章　生存與價值的轉向

乃是生命攸關的，而對於一個靜態社會來說，它反倒僅僅是一種令人討厭的和不受鼓勵的行為。然而，自由就是這樣一種基本的允諾，它認為個人比之他的社會更加重要。我們再度看到，儘管科學招惹了某些批評家，但它總是珍視個人的價值，而不像其他系統那樣。

惰性的價值觀念

　　至此為止，我只是根據科學實踐的條件引申出有助於變革的價值觀念，然而，一種社會裡必定也存在著抵制變革的價值觀念；用工程學的術語來說，它必定具有某種慣性，該社會借此來阻礙廢除那些現時被視為真實的信念，並迫使明天的真理不得不為了生存而鬥爭。當然，這些惰性的價值觀念在其他靜態社會中要更為流行。但是，在一個科學社會中，這些惰性觀念也是大量存在並具有重要影響的。

　　尊重、榮譽和尊嚴對於科學的穩定性就如同對於任何別的社會活動一樣，是必要的，因而，它們的價值也可以根據科學實踐的條件，按照我證明進化的價值觀念的同樣方式來予以證明。但是，因為這種惰性價值觀念往往通行於別的社會中，因為它們對於任何社會的生存都是必要的，我這裡將不對其做出進一步的討論。相反，我僅僅就此提出一點，即在一個科學社會中，惰性的價值觀念是透過與它在別的社會中完全不同的途徑達到的。

　　在一個科學社會裡，像尊重、榮譽和尊嚴這樣一些價值觀念是經由容忍的價值而接近的，它可以說是構成由進化的價值觀念到惰性價值觀念的一座橋梁。容忍是一種現代價值觀，它構成黏合一個在其中不同人持有不同意見的社會必要條件，因此，容忍是使一個科學社會成為可能的基本因素，也是連結過去的工作與未來工作的基本條件。然而，這個意義上的容忍卻不是一種消極的價值觀；它必定出自於對他人積極的敬重。

　　在科學中，僅僅承認他人擁有發表意見的權力是不夠的；我們必須相信，

其他人的看法本身是有意義的，甚至當我們認為這些見解是謬誤時也值得我們尊重。而且，在科學中我們可以認為其他人錯了，但這絕不是說他們是邪惡的。相形之下，所有持有絕對教條的人都認為，那些提出錯誤見解的人都是蓄意的和邪惡的，只有讓其受到折磨才能改造他們。當今世界由政治分野所帶來的悲劇就在於人們只有對這種教條主義的容忍。

這裡已經有必要使對於科學的價值觀念的即興式的解說告一段落，我並沒有嘗試引申出我相信是一個社會由其活動本性所產生的所有價值觀念，即便我已經合乎邏輯地發現了所有科學的價值觀念。我也不打算斷言它們窮盡了所有人類價值觀念，也不認為科學實踐向人及其社會提供了他們所需要的全部價值觀念。這從來不是我的目的。

我的意圖是正面應付那種背離科學的傾向，我感到在這次會議上這種傾向的滋長，它滲入到如此多的價值觀念討論中。這種傾向總是在做出某些無害的表白同時，斷言科學是中立的，但是，在這種無害詞句背後所隱蔽的混淆恰恰造成了危害。科學發現是中立的，正如每種事實和每組事實都是中立的一樣，然而，發現這些事實和賦予這些事實以規則的科學活動並不是中立的，科學活動指向一種壓倒一切的目的，那就是發現事實真理，在我們的科學社會中，這個目標被公認為最高價值。

從這個基本價值出發，某些別的價值觀念就必然會引申出來；我的意圖就是要表明，這種情形是如何發生的，它之所以會發生，因為一個尋求真理的社會必須為它自身的發展提供方法，而這些方法便成為它的價值觀念。

價值觀念的研究

在透過例證方式推論出這些價值觀念時，我曾表明，對於研究一個社會的價值觀念來說，確實存在一種經驗的程式，我一直在做的工作就是勾劃出對於某些價值觀念的經驗研究。所有價值觀念都是精巧的，科學的價值觀

第四章　生存與價值的轉向

像別的價值觀念一樣是精巧的。一種價值並非一條機械的行為準則，它也不是一種善的藍圖。一種價值就是將我們社會中的某些行為方式加以歸類的一個概念，在這個意義上，當我說獨創性對我們這個社會來說是一種價值的時候，就如跟我說引力是我們行星體系內的現象一樣，是經驗的和描述的。

當我透過追溯到尋求真理的需求來為賦予獨創性以價值尋找理由時，倘若我正透過更為基本的物質結構尋求引力原因時，這恰恰是我所應當做的事。

這樣講並不意味著，價值觀念僅僅是對我們行為的描述，而是因為兩個理由。首先，價值觀念的相互作用比之任何力的機械復合都更加複雜；它創造了一種構成我們生命要素的張力，而倘若情形與目前有所不同的話，我也許就會將其作為這篇論文的主題了。其次，也是更為簡單的，當我們理解了究竟是什麼因素自始至終指導著行為的時候，價值觀念才是描述我們行為的概念。

科學是由尋求真理的探索指導的，所有社會都是由尋求穩定性的願望來指導的，我們科學社會裡的價值觀念描述著我們的行為，是鑑於它導致一種同樣穩定的進化中的社會。

自從科學家們在英國皇家協會和法國皇家學院裡聯合一直到現在，幾乎有 300 年的歷史了。當時科學家們視為真理的東西對於我們來說，看上去會非常質樸。牛頓那時還只是個青年，人們甚至還沒有料想到有引力存在。而在這 300 年的歷史中，每一科學理論都已發生了多次意義深遠的變化，但是，科學家們的共同體依然如故，它現在往往按照一種精神上的團結，一種比之任何別的人類組織都更為深刻的共同體原則，把英國人、法國人、美國人和（前）蘇聯人連結在一起。

這種感人的歷史難道真的為科學是不人道的和非人格的神話提供了藉口嗎？難道它真的意味著科學活動不能為那些從事該活動的人創造價值觀念嗎？

我分析的要點並不是為科學辯護以避開這種批評，我的論點一直是駁斥

批評家們在方法上的基本錯誤的觀點。我在這裡已聽說過這種錯誤：即在我們的活動之外尋找價值觀念。倘若以一種有效的方式來討論價值觀念，就必須將其置於價值觀念賴以發揮作用的現實世界背景中予以經驗的研究。價值觀念是從每個人與他的社會之間的那種緊張中獲得其豐富性的，一旦這種緊張消失了，則我們將不再成其為人類，我們將會淪為一種機械的昆蟲社會。正因為這種理由，僅僅將價值觀念作為個人的信念行為來討論，而忽視使其得以流行的社會，就是毫無價值的了。假如我們這樣做，我們將總是以輸入某些過時的傳統價值觀而告終，而且會因為它們不能切合我們的實際而惋惜。

在我們的科學社會中，仍然存在某些富有活力的傳統價值觀念；但是無論它們是傳統的還是新鮮的，它們都不是偶然地存在著，相反，這是因為它們是適合現實的；因為它們符合於科學活動，並且正是從科學活動中生長起來的。現在已經是那些討論價值觀念的人研究這種活動範圍以及價值觀念之力量的時候了，這些價值觀念就是從謙虛探索事實真理的過程中成長起來的。

超脫價值的科學

我曾特別強調，傳統科學和傳統宗教兩者都已制度化並凍結為一種互相排斥的二歧結構。這種亞里斯多德式的 A 或非 A 的分割幾乎已經完全定型，恰似西班牙和葡萄牙曾在他們之間的新大陸上求出一條地理的分界線一樣。對於每一個問題，每一個答案、每一種方法、每一管轄範圍、每一任務而言，不是分派給一方就是分派給另一方，兩者之間幾乎沒有任何交搭。

這種二歧式或分裂結構造成的一個最直接的後果就是使雙方都變得病態化 —— 一個成為跛足的半科學，一個成為跛足的半宗教。這一非此即彼的分裂強迫人在兩者間進行一種非此即彼的選擇，似乎我們是面對著一種兩黨

第四章　生存與價值的轉向

制，沒有任何其他的選擇而只能把選票全投給一個政黨的候選人，二擇一，必須把另一個完全拋棄。

由於這種二擇一的強制選擇，致使立志要變成一位科學家的學子放棄了大量的生活，而且是放棄了生活中最豐富的部分。他像是一個僧侶，為進入一座寺院，不得不發誓放棄紅塵一樣，因為傳統科學已經把真正人世的許多部分劃在它的管轄範圍以外。

公布科學與價值無關這一論點是從科學的控制範圍內劃分出去的最主要的部分。傳統科學已被定義為不受價值影響的，對於生活的目的、目標、意圖、獎賞或正義是無話可說的。一個共同的說法是「科學不談為什麼而只談如何」。另一個說法是「科學不是一種意識形態，或一種倫理或一種價值體系；它不能幫助我們在善惡之間進行抉擇」。必然的涵義是，科學只是一種工具，一種技術，好人可以利用它，惡棍同樣可以利用它；納粹集中營就是一個例證。另一個涵義是，成為一個優秀的科學家和成為一個優秀的納粹分子是不矛盾的，一個角色對另一角色沒有任何內在的約束。

當存在主義者問為什麼我們不應該自殺時，傳統的科學家只能聳聳肩說：「為什麼要自殺呢？」正因如此，我們在這裡才不致弄混淆了，請注意我不是在談論先驗的「應該」或「必需」：我們的有機體在生命與死亡之間做出選擇；他們選擇了生命並緊緊把握住生命；但對於氧氣或電磁波或引力卻不能在同樣的意義上說它們也有選擇。

與文藝復興時期相比，現在的情況變得更糟了，因為一切價值領域、一切人文學科和一切藝術都已經包括在這一不科學的世界中。科學起初是從決心依靠人自己的眼睛而不是依賴古人或教會權威或純邏輯而開始興起的。即，它起初只是一種親自的觀察，而不信賴任何他人預先的思想，當時並沒有什麼人說科學是不受價值影響的，這是一種後來的附會。

傳統科學也開始企圖超脫價值、超脫情感，像年輕人會說的那樣，它力

求成為「冷靜的」。那些關於超脫和客觀，精確、嚴密和定量，愛惜物力，合法則，全都表示情感和強烈的情感是對認知的汙染劑。豪無疑問的設想是，「冷靜的」了解和中立的思考對於發現任何一種科學真理都是最好的態度。事實上，許多科學家甚至沒有覺察還有其他的認知方式。這種二歧化的一個重要副產物是科學的去聖化，是把一切超越的經驗從高尚的認知對象和高尚的可知領域中驅逐出去，是否認科學體系中有敬畏、驚奇、神祕、狂喜和高峰經驗的一系列席位。

科學中的價值服務體系

心理學家可以在指定一個人的妄想達到了瘋狂的狀態的同時，對其行為卻不作任何價值判斷。另一方面，任務在於表明價值判斷的哲學家則說明，妄想狂的思考是好還是壞，是真還是假，是合意還是不合意等等。於是，這一區別把哲學和一切其他科學劃分開。哲學家進行評價，他們說明一個人，他的行為或性格，是好還是壞，是對還是錯，是美還是醜。確實，這正是柏拉圖給哲學下的定義，哲學是對真、善、美的研究。科學家不作評價，因為他們認為這樣做是不科學的，而事實正是如此……只有哲學家才進行評價，而科學家則竭盡他們的可能準確地說明真相。

顯然對以上的陳述還需要再作斟酌，以上的區分過於簡單。我們仍有必要進行更細微的區分，儘管我們可以接受這一陳述的基調。一般地說，科學家比非科學家較少進行評價，或許也比非科學家更關心描述——但我懷疑你能否使藝術家也信服這一說法。

作為科學過程本身，它已經將挑選、抉擇和優先的原則連在一起。如果需要，我們也能稱它為冒險，也可以稱為愛好、鑑賞、判斷和行家資格。沒有哪一個科學家僅僅是一個攝影鏡頭或磁帶記錄器，他在他的活動中並不是

第四章　生存與價值的轉向

不加分辨的，他並不是任何事情都做，他研究的是他認為「重要」或「有意義」的問題，並求得「雅緻的」和「漂亮的」解答，他進行「精巧的」實驗，偏愛「簡單」和「清楚」的成果而不是混亂或拖泥帶水的結論。

評價、選擇、偏愛，所有這些屬於價值的詞都表達較合意和較不合意的含義。這些詞不僅在科學家的策劃和方略中有，而且存在於他的動機和目標中。波蘭尼曾最令人信服地提出一個論題，一位科學家無論何時都是一個冒險者，一位鑑賞家，一個善於或不善於品味的人，一個依照信念行動和獻身事業的人，一個有意志力的人，一個負責任的人，一個主動的力量者，一位善擇者，同時也是一位拒絕者。

與那種只知推磨的科學工作者相比，所有這些說法對於「優秀的」科學家都是雙倍重要的。那就是說，在智力持平的情況下，我們讚美和評價較高的科學家和受到他的同胞尊崇、歷史學家褒獎的科學家，他們有更多的特徵表明他們是善於品味和善於判斷的人，是有正確預感的人，是信賴這些預感並能據此勇敢實踐的人，是能設法嗅出重要問題、想出漂亮的方式進行驗證並能得出極其簡明、真確和具有結論性質答案的人。

蹩腳的科學工作者不理解重要問題和不重要問題之間的區別，優良方法和蹩腳方法之間的區別，以及漂亮論證和粗糙論證之間的區別。概括來講，他不知道該如何評價，他缺乏鑑別能力，他沒有將來會得到證明正確的預感。或者，假如他有這些預感，那會使他膽顫心驚，使他背過臉或躲避開。

價值是選擇的原則，而選擇的最終必然取決於選擇的原則。除此以外，甚至更為明顯的是，全部科學事業都是追求「真理」的。真理是全部科學為之奔忙的一切。真理被認為是一種內在的欲求，具有內在價值和美。當然，真理也總是被列為終極價值之一。那就是說，科學是一種價值服務的體系，而所有的科學家也都是如此。

這也就告訴我，有關價值的其他形式也可以融入這一討論中，因為充分

的、終極的「真理」只有完全借助一切其他終極價值才能徹底說清楚。換個方式說，真理是終極的美、善、簡單、廣闊、完善、統一、活躍、獨特、必需、徹底、公正、有秩序、不費力、自足、有趣。假如某個真理缺少這些特徵，它就還不能算是最高度和最優質的真理。

當然，對於價值不能左右科學或不能影響科學的種種論調還包含著其他的意義。對於心理學家而言，這樣的爭端問題已經不再有什麼意義了。現在已有可能以更富有成果的方式研究人的價值。極其明顯，事實就是如此，例如，我們已有奧爾波特 —— 弗爾農 —— 林賽的價值測試，使我們能夠大略地說某人喜愛宗教價值勝過政治或審美價值等等。

同樣真確（雖然不那麼明顯）的是，關於猴子嗜好食物的許多研究，也可以認為是關於猴子認為有價值的東西的描述。對於許多領域中曾做過的自由選擇和自我選擇的實驗也是如此。在特定的和效用的意義上講，任何關於選擇或偏愛的研究上都可以被認為是價值研究，不論是指工具價值，還是指終極價值。

在這裡出現的實質性問題是：科學能否發現人賴以為生的價值？我對此一直抱肯定的信念。我曾在多處提出過這個論題，並用我能收集到的一切論據印證我的論點。這些印證已足夠使我信服，但還不足夠說服懷疑論者。為使它引起注意，最好是把它作為一個題目提出，並要帶有綱領的性質，有充分的理由，但論證還不夠充實，不能作為事實接受。

在這裡，動力論心理治療中總結的經驗是我最注意的論據。從佛洛伊德開始直到大多數的療法，以及同一性或真正自我的發現有關的療法，都有這樣的經驗。我寧願把它們都稱為「揭示療法」或道家療法，強調它們的用意都在於揭示已被惡習、誤解、精神官能症化等等掩蓋的自我，而不是構建最深層的自我。所有這些療法都一致發現，這一最真實的自我在一定程度上是由需求、願望、衝動和類似本能的欲求構成的。這些可以稱為需求，因為它

們必須得到滿足，不然就會產生精神病態。

　　其實，這一發展的歷史順序是另一條途徑的迴旋。佛洛伊德，阿德勒，榮格，還有另一些學者都同意，在他們力圖理解成人精神官能症的起源時，他們最終都發現那是早年生活中生物性需求受到破壞或被忽視造成的。精神官能症似乎在實質上也是一種缺失症，與營養學家所發現的營養缺失症的情況類似。正如後者在一種重建的生物學中最終能夠說「我們有一種維生素B_{12}的需求」；心理治療家在同一種論據的基礎上也能夠說，我們有一種「被愛」或一種「安全」的需求。

　　也正是這些類似本能的需求，給了我們可以設想其為內在固有價值的機會，它們不僅是在我們的有機體尋求它們的意義上的，而且是在它們對於有機體既有益又必需的意義上的。正是這些價值被發現、被揭示出來，或許我們應該說，被恢復——在心理治療過程中或自我發現中恢復。因而，我們可以把心理治療和自我發現的這些技術看作是認知的工具或科學的方法，因為它們是我們今天能夠得到的揭示這些特殊論據的最好方法。

　　至少基於這樣的意義，我仍然要堅持我的說法——科學在廣義上能夠而且確已發現人的價值是什麼，人要過一種美好而幸福的生活所需要的是什麼，要避免疾患所需要的是什麼，什麼對他有益和什麼對他不利。這一類明顯的發現似乎已經在一切醫學和生物科學中大量存在。但在這裡我們必須審慎地進行辯別。一方面，健康人出於他自身最深層的內在本性所選擇、偏愛和珍視的也總是對他有益的；另一方面，醫師可能已經懂得，阿斯匹林對治頭疼有效，但我們對阿斯匹林並沒有先天的渴望，而我們對愛或對尊重確實有這樣的先天需求。

塑造實現價值科學的文化

「我認為，在我決心獻身於小說寫作開始，我就開始承擔一種責任，那是在美國執掌這一行業的人繼承的傳統。為所有的人描寫龐大而多彩的美國經驗中我最了解的那一部分，這樣做不僅使我有可能對文學的發展做出貢獻，而且也將有助於塑造一種文化，一種能夠塑造健康個體的文化。美國的小說在這樣的意義上是前線的征服，它描寫我們的經驗，同時也創造我們的經驗。」這是艾里森在談論他的工作時的一段話。

這段話能很好地表明了認真思考的科學家所面臨的動機情況，也像小說家一樣。當然，對於科學家而言，一項主要的任務甚至是一種必要的條件，是為所有的人描寫世界的一個部分並對科學文獻的發展做出貢獻。科學家這樣做，因為他喜歡這樣做，因為這很「有趣」，因為這使人興奮，或因為他這樣做比開卡車的生涯更容易也更愉快。到此為止，事實上他是為他自己而享受自己的生活，他是為他自己和他的家庭謀生，但人們並不會提出任何反對意見，哪怕他們不理解他在做什麼或為什麼這樣做。

但我不能至此結束，因為那樣我們將不能把他和任何別的由於個人愛好而從事工作的人區分開。例如，一個職業橋牌手、一個集郵者、一個電視播音員、一個模特兒，也可能做他想做的工作並養家餬口。

一般來說，科學家往往會向支持和保護他的社會同時也向他自己、向他的朋友、向他的家庭證明他的工作的必要和正當。他自己一般不滿足於僅僅依據自娛做出解釋。他感到並試圖表明他的工作的價值是超出他個人快樂之外的，雖然不一定這樣說出來。它自身是有價值的，對他人、社會、人類都有價值。相當一部分科學家會對你說，他們也是在「塑造一個他們希望能夠實現的文化」，即，他們也是理想主義者。他們的頭腦中有他們認為至善的自標，那是他們工作的方向，當然，這只對某些人是如此，並非人人如此。

那就是說，他們志願應徵為一樁正義的事業服務，他們不只是自私而已。

　　科學和科學家無法超越價值的另一意圖便讓他們確實看到在一個科學家的工作和做電視廣告之間有一種區別。他們確實覺得應該有道德，有價值觀念，高人一等。舉個例子，他們確實認為自己過著一種高於模特兒的生活。科學是有某種好處的，同時它自身也是有價值的。它自身的價值在於它創造了更多的真理，美、秩序、合乎規律、善、完美、統一等等。當然，能幫助建設這樣一座令人敬畏的大廈也是一種榮譽。因為它能延長壽命並減少疾病和痛苦，使生活更豐富更充實，消除折磨人的勞作，並能大體上造就更好的人。

　　在辯論中，辯護理應因人而異。首先需要辯護理由的「水準」和聽者所達到的發展高度相當。但有些理由是常在的，而且不得不常在。科學是一種人的事業，作為一種社會事業，它有目標、目的、倫理、道德、意圖，概括來說，它有價值。

價值經驗的文化因素

　　本文所要討論的是作為一種價值經驗因素的文化，或者說，我要討論在體驗著價值的個體之間作為一種媒介的文化發生作用的一些方式，討論的主題不是人的價值觀念而是價值本身。我所說的人的價值觀念是指一種價值或一種價值觀念體系。一個人可以據此判斷好壞是非，並指導自己的行為。我們可以談論人的價值觀念，卻不能直接了解它們，我們只能透過它們的行為表現來加以推論。

人的價值觀念與價值

　　我所說的價值（不是一種價值）蘊含於情境之中，蘊含於個體所處的實際場合。我所說的一種價值是文化體系的一部分，我所說的價值是存在於現

實中的，是以文化為仲介的。根據這種觀點，當我們的行為充盈著滿足的時候，當我們發現生活的意義時，當我們感覺良好的時候，當我們不是工於匠心地選擇和為外部目的而行動，而是由於這是我們自己行動的唯一途徑時，我們便體驗了價值。

我認為，只有當主體與周圍環境的關係是直接的，從某種意義上講是能動的時候，只有當自我不反對他人的經驗開放，而且用杜威的話說，是與他人相互作用的時候，價值才可以被體驗。欲在先驗範疇的基礎上體驗他人，那勢必會造成對這種關係的干擾。根據上述價值觀念，預先貼標籤、定性、分析、估價、計算、測量、評價等所造成的干擾，都可能損害甚至摧毀某種情境的價值內容。

我這裡所講的價值經驗涉及到整個現實世界。當自我與社會環境相互作用時，我們稱之為社會價值；儘管這種經驗本身是個人的，但它與相互作用著的另一方的價值獲得密切相關。

社會價值的普遍性

在這裡我所討論的主題將集中於那些普遍適用於任何或絕大多數社會的社會價值，集中於使社會價值得以保持和發展的文化構造方式，集中於文化怎樣以自己的方式為個體的環境提供豐富的社會價值。在為人們所提供的行為模式上，在這些模式的複雜性和有效性上，不同文化之間存在著廣泛的差異。社會價值透過這些模式介入了社會成員的生活。社會價值在其促使成長著的個體得到發展的「自我」的種類上，在它們所形成的感受程度上，在作為交往基礎的「自我」和「他人」概念的定義上，不同文化之間都存在著差別。

不難發現，社會價值可以透過否定方法而得到確認。正如克魯克霍恩（Clyde Kluckhohn）所指出的，任何社會都反對「在自己同類內部殺人、任意撒謊和偷盜」。實際上，任何一種可能給被確認的社會團體帶來糾紛、分

第四章 生存與價值的轉向

裂和破壞的行為都會遭到反對，以便保證良好社會關係的持久發展。然而，那些使社會的連繫得到加強的方式和促進社會福利的途徑如此之多，以致於肯定方面的普遍性並不易被認知到。

另外，在社會環境概念上存在著很大的差別。按照我們的觀點，當社會關係的目的是人時，這種關係才能夠存在。但是，在許多社會裡，人也能與人類以外的東西發生社會關係。例如，奧格拉人和達考塔人，他們把親屬關係一詞引申到水牛、劈雷、地球及其他自然現象上。許多澳大利亞的土著，在其叢林流浪生活期間，不惜歷盡艱難困苦去拜謁與自己有關係的一塊石頭或一棵樹，他們可以從中體驗到社會價值。他們為那些自認為與己有關的動物、植物和其他自然物的成長繁榮而舉行慶典儀式。顯然，主要是企圖用這種方式來幫助那些與己有關的自然自身的繁茂，因為很多自然物質是不能食用的，甚至對人體是有危險的。

要說明文化的仲介價值，首先，我要講到兩種社會，它們各自用不同的方式強調把社會價值灌輸到社會成員的生活之中。其次，我要講到自我的開放性，它使價值的直接體驗成為可能。

阿拉庇斯人的親屬關係

我們先談談新幾內亞的阿拉庇斯人在 1931 年瑪格麗特·米德（Margaret Mead）第一次訪問他們時的情景。這些人對社會價值的強調如此強烈，以至超過其他任何方面。他們獲取食物的全部活動 —— 他們的農業、採集、打獵甚至食物製作過程 —— 都被這種對社會價值的強調所阻礙，都經常承受由此帶來的干擾和破壞，他們這些無效率、浪費時間、耗費能量的做法令人膛目。結果是他們永遠也吃不飽，看起來總是饑腸轆轆的樣子，甚至在他們的豐收時節，在我們看來他們也是淒楚可憐，羸弱不堪，更不用說日常光景了。然而，阿拉庇斯人卻保留著這種近於饑餓狀態的生活模式。他們堅持那

種浪費時間的勞作方式，堅持把他們顯然很小的能量揮霍浪費掉。從食物生產的觀點來看，他們獲取食物的方式也可能是沒有效率的，但從把價值灌輸到他們生活中去的觀點看，它便是非常有效率的。

阿拉庇斯人主要依靠農業獲得食物；但務農非常困難而且無利可圖。那裡地處山區，地勢崎嶇不平，無一塊平地。村子與耕作地點之間被數英里的山地所阻隔。最經濟的耕作方法是一個人耕種一塊地，或自己做或由妻子幫手；然而，如果有 6 個人在一小塊地上工作，他們也都帶上老婆孩子在可怕的山地裡跑來跑去。他們從這塊地跑到遠處那塊地，享受著相互交往的友誼，分擔著彼此的勞累。

這就是說，一個人所種的幾塊地常常被遠遠地分隔開來；在其中一塊地上他是主人，其他人是跑來幫忙他的，在其他地塊上他就是客人，給別人幫忙的。從生產足夠糧食的觀點看來，這是浪費的生產。然而，阿拉庇斯人所求的並非僅僅是生產。

瑪格麗特寫道：「對每個人來說，食物的理想分配方式是吃別人種的糧食，吃別人獵獲的獵物，吃居於遠處的人餵養的豬肉。」

一個男人要扛著他的椰子樹苗到幾英里以外，栽到別人家周圍，他要趕著自己的豬到遠處村落的親戚家給人家餵養，他打獵只是要把自己的獵物送給別人。因為只有人格卑下的人才吃他自己獵殺的野味，哪怕僅僅是一隻小鳥。這種制度實際上禁止人吃他自己獵殺的獵物，但它並不禁止他把他的豬送給他的妻子餵養，也不禁止他把他所有的樹苗種在自己的房前屋後。

崇尚禁忌與偏好融匯成強大的觀念勢力，在所有與所享之間造成很大差距：一個人「所享」並非他「所有」，他將自己所有的送給別人享用。這種差距不斷向人們提供體驗社會價值的機會。可以肯定，阿拉庇斯人幾乎沒有什麼東西吃；但它也意味著，他們所吃的每一口飯都是社會參與的媒介物，都包含著社會價值。

第四章　生存與價值的轉向

　　社會價值透過各種方法、規則、觀念和行為模式為進入價值體驗開闢了途徑。例如，偶然一時有點多餘的食物就造成了請客赴宴的機會。再者，親屬關係像開闢親屬關係途徑的媒介一樣看來已經多樣化了。這種與特定個體的關係常常可以透過形成大量親戚關係的旁蔓別枝勾畫出來。例如，瑪格麗特‧米德講到，當一個婦女向來訪的兄弟奉上食物時，便說成是向她丈夫的內弟或內兄奉獻食物。

　　甚至亂倫禁忌也被說成是增強親屬關係的需要。當瑪格麗特問是否有男子跟自己的姐妹通婚時，被詢問者感到惶惑與驚奇。一他們反問道：「如果我們這麼做，我們到哪裡去尋找姻親呢？」顯然，一個人如果跟自己的親生姐妹通婚，而不是跟別人的姐妹結婚的話，那麼，雙方都會失掉取得姻親的機會，失去一個建立連繫和共同分享價值體驗的寬廣的管道。

　　事實上，社會價值已經深深地滲透到阿拉庇斯人的生活中，需要有意識地努力才能把它從經驗中分離出來。瑪格麗特描述了這種滲透的情形。當一個人獨自行走於叢林中，從某種意義上說，他是跟他的親戚同行的。以致他所看到的不是藤蔓和木頭，而是用來替別人蓋房頂的籐條和木板。甚至，他所走的這條路也可能與一種社會結構有關係。

　　我認為，在這種社會條件下的價值愉悅依賴於直接理解能力的存在。在自我和他人之間沒有障礙，沒有需要架設橋梁的鴻溝。阿拉庇斯人的自我能夠與他人同處。事實上，男人跟他妻子的關係，男人與他孩子的關係都是用這種方式來理解並概括出來的。

　　男人的妻子還是個孩子時就來到他父母家，並被男人「養活」著。他用他種的糧食和獵殺的野味「養活」著她。也就是說，他把自己給了她。一個好父親也用同樣的方法「養活」著他的孩子們。從懷孕期開始，丈夫和妻子就共同養活著這個孩子。孩子出生前後，由父親來準備食物，父親所做的一切以及所禁忌的一切都是為了養活這個孩子。此時，他的時間、他的精力、

他的辛勤勞作、他的美好意願與親情、他的獵獲以及他的全部自我都與他的妻子和孩子們凝結在一起了。

我認為，這種自我的概念是體驗一切社會價值的基礎。在所有這些價值體驗中，包含著食物的分配。「好」食物、有價值的食物是由一個人種出來，送給另外的人的食物。如此看來，瑪格麗特・米德描述的「理想的食物分配」實際上是從「養活」妻子和孩子的原則引申而來的。對於阿拉庇斯人來說，「養活」與價值是同一概念。在他們的語言中，「好」、「好處」和「養活」是同一的。

奧格拉拉人的相互的連繫

美國奧格拉拉印第安人的文化是按不同的方式來解釋價值的，並將其滲透於人的經驗當中。在這裡，人們明顯地將人與人的連繫看作最終價值並加以追求。這種最終價值對於一個不斷成長和強壯起來的人來說，對於一個要與偉大神明的具體化身 —— 大地、植物、動物、星辰、雷電等等 —— 建立連繫的人來說，對於一個追求這種連繫的擴大和強化的人來說是非常必需的，連繫本身是完美的，是一切事物中最基本的，人必須首先是一個稱職的朋友。於是，他們強調一個人要透過連繫和為了連繫而努力地發展自己。而且，由於一個人是他的部落圈的一個相互影響、滲透、貫通的一部分，對於他的社會團體，更確切地說，作為他的社會團體，一個神聖的人最終對於其世界的實現負有責任。因此，提高人的自我，增強人的自我，意味著提高聯合體的元素。

在連繫中，個人的發展開始由母親啟蒙，最終由成長著的孩子來承擔。在胎兒期，母親就開始使胎兒與自然發生連繫，這種影響持續到整個嬰兒期。她把幼小的嬰兒帶到戶外，把自然的現象指給他看，並不作什麼名稱解釋。當嬰兒直接經驗了之後，才把概念告訴他。母親給嬰兒唱歌，把動物比作他的兄弟、堂兄妹和他的祖父母。在他幼年，母親仍然幫助他發展對自然

的感受能力以便使他能夠與自然形成開放的連繫。

斯坦丁‧比爾寫道:「那裡的孩子們受到這樣的教育:當好像什麼都看不見時,要靜坐凝視;當表面上一切都安靜下來時,要專心致志地去傾聽;……要意識到我們生活形式的多種多樣。」

概念化和邏輯並沒有從這種文化中消失,但它們是在對事物進行了直接理解之後才到來的。當兒童開始了解自然之後,就引導他把這種認知作為觀察事實,在此之上由他自己做出結論。邏輯沒有充當引起經驗的媒介,卻在經驗之中建立起來。同時,成長著的個人正在獲得較大的自律能力,正在把自己鍛鍊得勇敢強壯、掌握技能、技巧,能夠忍受難以置信的身體痛苦和危險。從另一方面講,所有這一切都是自我中心化的;然而,它實際上卻是社會化的,因為只有透過個人的強壯與發展,才能使社會集體繁榮昌盛,只有透過個人的提高,個體才值得與偉大聖靈的多種多樣的具體化身發生連繫。

表面上看,阿拉庇斯人和奧格拉拉人傳遞價值的方法截然不同,他們的價值觀也大相逕庭。奧格拉拉人認為,不管是男人還是女人,只要是有男子氣的人就是有價值的人。阿拉庇斯人則認為,那種被米德稱之為母親的人,才是有價值的人。奧格拉拉人獲取食物的效率很高,給人以深刻的印象。如果他們集體去打獵,他們會以獵獲更多的獵物為目標,而不是以人們聚在一起為目的。奧格拉拉人常常獨自一人來消磨時光,在完全的寂寞和孤獨中,沉浸在他欲與之交流的偉大聖靈的具體化身之中,他領悟著宗教經驗。然而,就其個人來講。他代表了他的族人,他對偉大聖靈威坎‧坦卡祈禱。「幫助我即幫助我的族人得以生存。」他把自己的煙斗裝上煙草奉送給偉大聖靈,此時聖靈用難以理喻的神聖的傳統性語言宣示著一切。在他奉獻給偉大聖靈的煙斗中插入了精心製作的象徵物,象徵著四大類動物、主要方向、季節、時辰、大地、天空、地獄。這時這位奧格拉拉人的探求者代表了整個社會群體,他單身獨處,伸出手來與整個宇宙進行交流。這就是社會價值的原始情境。

連繫與開放的自我

顯然，阿拉底斯人和奧格拉拉人的社會價值概念都基於一種開放的自我觀念之上；不然的話，我所提出的價值情境便不會被體驗到。在他們的觀念中，在自我與他人之間存在著一定程度的連續性；自我不是一個核心，不是一個自我完成的元素，它不可能完全與自己的環境相分離。例如，當一個阿拉庇斯人離開他的領土時，他真實自我的一部分留在他的妻子和孩子之中，也在一定程度上留在吃他種的糧食和他獵殺的獵物的親戚們之中。

另一方面，因為阿拉庇斯人具有一種開放的自我，他能夠用這種方式與他的妻子、孩子和親戚們建立連繫，並從這種連繫中尋找到價值。

在我所提到的兩種文化中，開放的自我的觀念既基於個體對社會文化類型的適應之上，也在新行為環境的結構之上。但是，相似性不過如此。就他們向其社會成員呈現開放自我的方式來講，這兩個社會是不相同的。

在阿拉庇斯人的文化中，完全開放的自我是被預先設定的。在相互交往中，為開放自我的實踐提供、發現和創造多樣性的機會。奧格拉拉人所強調的是提高自我的開放程度；強調發展成長著的個人的直接性的理解能力；強調使個人能同不斷增加著的廣闊生活領域相處；強調提煉並加強開放自我的體驗。開放的自我的概念一經提出，我們便可發現，它也許是所有模式化行為的基礎。

在加利福尼亞的溫圖印第安人中間發現了用詞語表達的自我概念。在我的一段記錄裡有這樣一件事。一個人講到他生病的兒子，在「我病了」的動詞（溫圖語）後面加了一個後綴：「我病了我的兒子」；後來他又把同樣的後綴加了動詞「康復」上說：「我想康復我的兒子。」借助這一後綴，首領在向他的部民們講到白人入侵時說：「你將吃了我們的孩子們，你將餓了你們的馬。」當這個後綴出現在「我吃」之後時，會被誤譯成「我餵我的孩子」。

但是，這裡我可能違背了這個溫圖人所講的原意。「我餵」假設了一個

311

第四章　生存與價值的轉向

封閉的自我對另外一個分離開的封閉自我的行為；不管某人希望與否，我卻
為他做了這件事。如果這個後綴的含意有一致性的話，我認為它總是可以這
樣來翻譯的，即它表達了對別人經驗的某種直接參與。因此，我並不是餵我
的孩子，而是「我吃我孩子的那一份。」「我感到我孩子的飢餓。」「在我的
孩子這一方面，我病了。」這意味著我對我的孩子的體驗是開放的。這只是
溫圖人表達他們奇特的自我開放性的語言形式和文化結構的諸多事例之一。

　　說這種自我是開放的並不是說它混同於或淹沒於他人。我所研究的各種
文化均參照於一種特異化了的自我。在溫圖人的語言中，至少在人稱代詞後
面有兩個後綴，它們的功能是區分和強調自我；在前面所列舉的事例中，參
與到兒子病痛中去的父親，在稱謂上是同他的兒子分開的。溫圖人講到兩件
或更多的個別事件時，從來不用「和」；用我們的話說，他們不講：約翰
「和」瑪麗已經來到了，而是說成約翰瑪麗他們已經來到了。這裡包含著約
翰來了和瑪麗來了，他們並沒有被分開，也沒有必要再用一個「和」連結起
來；然而，約翰和瑪麗已被清楚地區分開來了。

　　我想，一個從十幾歲起就經常困擾著我的一個問題絕不會使溫圖人、阿
拉庇斯人和奧格拉拉人感到為難。如果我冒著生命危險去救援一個受到死亡
或傷殘威脅的孩子，我這樣做的動機是出於孩子還是出於自己？我的行為是
利他的還是利己的？關於這些價值我應該選擇哪一種作為我的行為基準？如
果我救他是為了使他高興，抑或我救他只是由於如果我不救他的話，我自己
活著會感到不堪忍受？這些問題當然是基於一種封閉的、局限的、有目的的
相互作用的自我概念的假設之上的。

　　在一個以開放自我為前提建立的連繫的社會裡，這類問題是不存在的。
在這種社會裡，儘管自我和他人相互分離，但並不相互排斥。自我蘊含著某
些他人，參與到他人之中，並且部分地被他人所蘊含。我這裡並不指通常所
說的移情。我要說明的是，在這種自我概念通行的地方，自私自利和他人利

益沒有明顯的區別，以致於我為我自己的利益所做的事情對我的集體和環境來說，亦是必要的、有益的。不管這種集體環境是我的家庭、我的村子、我的部落、我的土地，或是整個自然界乃至全部宇宙，皆當如此。所以，奧格拉拉印第安人能夠把他的全部生活集中於發展他的自我。

發展的途徑包括嚴格的自律和苦行，劇烈的身體疾患之痛苦，為提高感受性而進行的系統訓練等等。借此，使自己成為一個有資格投身於自然和偉大神靈的懷抱中的人。他所做的這一切最終是為了他的部落圈的利益。他向威坎‧坦卡這個偉大神靈所祈禱的是：「幫助我即幫助我的部民得以生存。」此時，他可以說：「我就是我的部民。」這是利己主義還是利他主義？

只有當自我與他人總是相伴共存時，我才可以說；「幫助我即幫助我的部民得以生存。」只有這時，一個人是否造就自己，是否使自己沾染疾病和受到褻瀆，是否讓自己墮落，所有這些都不僅僅牽涉到我自身，甚至也不是純粹影響他人的事；毋寧說，它是一個與他人共享的情境，關鍵在於某種程度上「我」就是「他」。

這種自我觀念的一個必然結果是尊重別人，同時自我也受到尊重。如果他人都是興高彩烈的，那它意味著我肯定是興高彩烈的。我只有愛自己、尊重自己，我才能信任他人、尊重他人。在個人理想而又和諧地與自然和社會乃至宇宙相處的社會中，我們會發現，自我具有巨大的價值。

因此，以那伐鶴人（Navajo，美國西南部的印第安人）為例，他們重視與宇宙的和諧和連繫。他們認為，對牧師裝出祈求和感激態度是對在某種程度上與自己無異的牧師的蔑視和羞辱。奧格拉拉人要透過同自然的統一來尋求力量，就必須「向某些鳥獸證明自己夠得上朋友」。

斯坦丁‧比爾在自傳裡寫道：「於是，這個動物此後將觀察並學習夢想者，而夢想者亦是同樣。」用斯坦丁‧比爾的話來說：一個抱有幻想的奧格拉拉人是「謙卑恭順而不奴顏婢膝，不失精神豪氣。在祈禱時，他總是面對神

靈；他從不下跪，卻仰面朝天向他的神明傾吐真言」。他與「他的神明」處在直接連繫之中；而他又是他自己，有自己的特點，有自己完整的人的價值。

穩定價值科學不平衡性的方法

　　儘管本文的題目是價值科學，但它只是間接地論及價值。價值科學是要像植物科學一樣進行估價，例如，對於一種薔薇做出估價：它沒有氣味；或者像愛因斯坦的符號與原子彈那樣；它們不會爆炸。在一門科學中不會出現爆炸、興奮和充滿戲劇性的事件。也許，除了由精密思維所產生的興奮和由認知上的發現所產生的戲劇性事件之外，價值科學是一種理智的，而不是一種估價的事業，價值分析者並不作估價，而只是分析價值，如同運動分析者本身並不運動，而只是分析運動一樣。

　　因此，價值科學主要是一門科學的問題，一種準確和精確認知的問題，它的對象恰好就是價值。就此而言，價值科學與其他任何科學都是一樣。它有其自身的原理、定義、演繹規則，以及它固有的界限、測度和運算；不過，它所測度的只是價值，而它所要予以運演的，也正是情境中的價值內容。因而，價值科學如同自然科學一樣，是一門潛在的、精確的、確定的和有效用的科學；然而，自然科學的精確性和確定性是定量的，而價值科學的精確性和準確性卻是定性的。

　　自然科學所致力於的測度對象是時空中的存在；而價值科學的測度對象則是意義。誠然，價值科學也像自然科學一樣會改造世界，它的結果將會是人類所希望的豐富生活；它賦予我們以不致失落的保證。因此，價值科學就像自然科學一樣具有潛在效用，而且，如同自然科學的本質。例如帶原子能的科學的本質一樣，後者不過是由五個小符號構成的公式（$E = mc^2$）僅僅這些就包含著從黎曼幾何到橡樹嶺的全部蘊涵。價值科學的本質亦是如此，

假如我們樂意於以符號語言表述它的話,它也可以被規定為由五個小符號組成的公式。

上述兩種公式是同樣有效的;前者表示對物理性質的測度,而另一個則是對於價值屬性的測度。區別只在於,一個是全能的,吸取了概念全部財富,制約著物理學家的運算,並指導著他們的思維,而價值公式對於我們來說,幾乎還處於完全無知的狀態。當然,兩個公式獲得了同等社會價值,如同它們具有同等的邏輯有效性一樣。那麼,價值就會獲得能量及能量價值。而如此一來,我們深受其害的這種不平衡性就會被克服,價值和能量這兩者就會在新世紀的和諧狀態下被結合起來。

自然科學與價值科學

直至目前,我們似乎還與上述目標相距甚遠,但是,現代哲學的發展一直在致力於接近這一目標。很久以來人們就認為,使我們深受其害的,正是在我們的理智視野和道德視野之間的這種不平衡性,然而,自然科學業已創造出使我們足以控制宇宙的方法。

而倫理學,即所謂社會科學和人文科學,迄今則未得到相應的發展。一些時期以來、哲學家們承認,給這些科學的現存渾沌狀態帶來秩序的唯一途徑 —— 因而給人類關係領域帶來秩序的唯一途徑 —— 便是對道德現象及道德哲學做出系統的分析,這種分析已由自然科學的奠基者們在自然現象和自然哲學的領域內做出了。正如自然科學家將數學發展為理解的自然工具一樣,道德哲學家們如今正致力於發展出理解道德本性的工具。這一工具被稱之為價值學。

建立這門新科學的方式有兩種,那就是自然主義的和非自然主義的。這意味著,你既可以嘗試應用自然科學的工具,數學和經驗方法,也可以嘗試發展出一種新的方法,這種新方法與自然科學毫無關涉,只是起源於道德科

學。這兩種方法在哲學史上都曾被嘗試過；前者是由自然科學奠基人本身做出的。笛卡爾（René Descartes）的意圖就不僅僅在於建立一門數學自然科學，而且同時也力圖建立這樣一門道德科學。

「精確的倫理學，那是一個極其大膽的計畫！除非我們理解了這一點，否則，我們將不能領會笛卡爾的體系及其發展。」這是一位笛卡爾傳記作者說的話。對於萊布尼茲（Gottfried Wilhelm von Leibniz）這位微積分的創始人來說，這種運算不過是適用於所有科學和人文科學的一般邏輯運算的一部分，這樣，「兩個對某一觀點看法相左的哲學家，可以拿起筆進行計算，而不至於陷入徒勞無益的爭執中。」

當然，史賓諾莎（Baruch de Spinoza）曾在其《倫理學》（*Ethica Ordine Geometrico Demonstrata*）中將幾何學方法運用於全部倫理學。洛克（John Locke）則將其《人類理解論》（*An Essay Concerning Human Understanding*）一書作為「一個與之關係甚遠的主題」，亦即倫理學和天啟宗教的序言，並且表明，「道德知識可望取得與數學一樣的真實確定性」。休謨（David Hume）所撰《人性論》（*A Treatise of Human Nature*）一書的全部標題就是：「人性論是在精神科學中採用實驗推理方法的一個嘗試。」甚至於貝克萊（George Berkeley）也只是將知識論當作神學倫理學的工具，其規則「與幾何學命題一樣具有永恆的普遍真理性」。

如上所述，近代的偉大哲學家們曾致力於將倫理科學建立於自然科學方法之上 —— 並且失敗了，其原因就在於，價值世界具有數學和經驗方法無法適用於它的特殊性質，否則，倫理學便會成為一門自然科學。例如自然主義心理學或社會學或人類學那樣的東西，總會銷聲匿跡。這樣看來，倫理學便像難以捉摸的遊戲一般，除非及時抓住它，否則，它便會在你手中變成另外一樣東西而消失掉，就像童話中的公主一樣，一旦被「捉住」，就變成了一隻鹿。

　　倫理學的這種自主性，我們稱之為非自然主義的，早已為柏拉圖所見，然而，在近代真正建立了這種非自然主義倫理學的，則是康德，不幸的是，他也使得自然主義與非自然主義之間的混亂更為深刻了。結果，到了 1930 年代，價值理論作為一種進展中的行業，在其鼓噪者中間只有極少的一致意見，後來則幾乎完全消失了。某些自然主義者說，評價不過是一種心身病態的喧鬧而已；另一些人則認為，它只是一種社會學的或人類學的現象。非自然主義者則主張，兩者都不是，儘管很不幸的是，他們從未就此說明其所以然。

　　自然主義與非自然主義之間的這種混亂在 20 世紀達到其頂峰 —— 自然主義者置身於這種不可捉摸的遊戲中，希望能捕獲住「價值」，為此他們運用了銳利而不適當的工具 —— 經驗科學的方法，並且公然炫耀他們的捕獲物，而那實際上只不過是將心理學、社會學或者人類學當作了倫理學。非自然主義者則動用了適當而愚鈍的工具加入到角逐中去，他們毫無任何方法可言，並且從未捕獲住任何東西。

　　由此可見，自然主義者是掠取了錯誤戰利品的好獵手，而非自然主義者則是能攫取正確獵物的壞獵手。道德哲學家要不是獲得了正確獵物，而不知道他們的所獲為何物；就是知道所獲為何物，但所獲的卻不是他們所要獵取的東西。這就如同物理學中的不確定性原理一樣，觀察者永遠不可能以同樣的精確性確定一種基本粒子的位置及衝量。當你觀察一個電子時，它不在你所觀察的視域內，而當它正處於該位置時，你又無法觀察到它。因些，我們可以將倫理學中自然主義和非自然主義的這一分裂稱為倫理學中的不確定性原理。無論你在什麼時候達到善，它總不在那裡，而無論善在何時存在，你卻又不能得到它。

　　不過，正如物理學中的不確定性原理曾得到精確定義，該方法得到發展或正被發展一樣，只有兩種選擇：這就是，或者是分別地達到不能同時達到

的目的，或者是由一種新理論來克服量子物理學中的這一分裂。在倫理學中也是這樣，在自然主義和非自然主義之間的分裂是不必要的，那種足以準確告訴我們何為價值的精確的價值理論是可能的。

G·E·摩爾的價值科學「序言」

價值論的新篇章起始於 G·E·摩爾 1903 年發表的《倫理學原理》（*Principia Ethica*）。當然，這個標題是模仿牛頓 1687 年的《數學自然哲學原理》（*Philosophiæ Naturalis Principia Mathematica*）的，牛頓認為《數學自然哲學原理》是未來所有自然科學的基礎。所以，G·E·摩爾在 1903 年寫道，他的《倫理學原理》可能「成為任何未來可能成為科學的倫理學的序言」。

本書的論點是簡單明瞭的：存在著善，但這不是自然主義意義上的善，而是一種特殊的東西。不過，它究竟是什麼，摩爾並不知道。就像所有非自然主義者一樣，他有很敏感的嗅覺，哲學上稱之為「直覺」（因此他被稱之為直覺主義者），但卻是一種壞的追獵技巧。以下一段文字引自摩爾的這本書：「善就是善，而這就是問題的答案。」摩爾認為，善是不可定義的，一切事物皆是其所是，而不是他物。」因此，這將是「新時代」的經典。

之所以如此是因為兩個理由。就其積極的方面來說，善就是善，而非他物。然而這卻是一個至為重要的命題，這是由於，從柏拉圖直到摩爾的大多數哲學家（這一構成了全部哲學史）都曾將善與好的（或善二的）事物混為一談。他曾說過，善是快樂，善是滿足，善是幸福的生活，善是上帝，善是存在或者進化，如此等等。然而，快樂、滿足、幸福生活、上帝、存在乃至進化等等，均為好的事物。而非善本身。快樂是好的，但快樂並非就是善，如果快樂便是善，那麼也就等於說，快樂是善與快樂就是快樂具有同樣的涵義。

摩爾將此種善與好的事物的混淆稱為自然主義謬誤。消極方面是，透過倫理學的歷史來追溯這一謬誤，以便表明，摩爾以前的所有道德哲學家都錯

了，因此最終應當以正確的方式提出問題，那就是 —— 善本身究竟是什麼？儘管摩爾並未解決這一問題，但他卻使得下述看法明確化，善本身是所有好的事物所共有的東西，而它本身並非是一種好的事物。假如一個人談到一顆好的鈕釦，一條好的航線，一個人自己是一個好人，那麼問題就在於，所有這些好的事物所共有的善是什麼呢？一顆好鈕釦，或一條好的航線與某人作為有德行的人的善，或者與上帝的善究竟有什麼區別呢？這就是問題所在，而就摩爾來說，這只有天知道！

這就是我還是學生的時候倫理學的實際狀況：摩爾曾表明，存在著善，但它是無法定義的，而自然主義所表明的並非真正的善。另一方面，自然主義者則繼續將無論什麼他們所中意的或者他的專業定義為善，也許總是尾隨下列腳註：「哦，這裡所說的被 G‧E‧摩爾稱之為自然主義謬誤，但我仍然執意於此。」由此觀之，摩爾似乎從來未受到道德哲學家們的慎重對待。

這樣，對於我們這些當學生的來說，問題就在於：由這種實際狀況出發會導向何處呢？如果摩爾錯了，那麼就不存在自在之善；如果他是對的，則善又是無法定義的，而這兩種情況都覺得不值得耗其畢生精力尋求善的解答。因此，我們不得不打定主意，認定摩爾及其批評者都部分地錯了，又部分地正確。自然主義者的正確性表現在堅持了善的探求中的理性，錯則錯在他們犯了自然主義謬誤。摩爾的正確方面表現在堅持了善的獨特性，他的錯誤則表現在認定善是無法定義的。換言之，人們必須將善的獨特性與其可定義性結合起來，而摒棄在善的理解上存在的自然主義特點和不可定義性。

那麼，究竟什麼是自然的善，如何對它進行定義呢？

摩爾的第一部書於 1903 年問世，儘管他在那部書裡聲明，「善」是不可定義的，但他還是在其餘生裡越來越接近於確定這個定義。他在 20 年以後寫下了結論，而在 30 年之後才對之進行闡發 —— 這以後就成為我稱之為規範價值學的東西 —— 其中「兩個不同的命題都是善的真理」。善不是一種自然

屬性，不過，儘管如此，善卻完全依賴於那些具有善之品格的好的事物的自然屬性。人們據此自然屬性可以明白，它在這裡是意味著 —— 很可能是正確的 —— 一種感性性質，亦即我們能夠所見、所聞、所嗅、所觸摸的事物，比如「黃」或「高」。摩爾說，儘管善不是一種感性的東西，但卻完全依賴於被認為是善的事物的感覺性質。我將簡略地來解釋這一點。

如果某人對另外一個人說：「我有一部很好的小汽車。」那麼，關於這部汽車另外這個人能了解些什麼呢？當然，他通常了解很多，他知道，它往往裝備著運轉良好的發動機、加速器和剎車，以及輪胎、車門、座位等等。不過，他絕對不知道汽車本身究竟怎樣，他不會知道汽車是以什麼材料構成的，它是福特的，還是其他品牌的；這部汽車屬於何種類型，是貨車還是轎車；它裝有 2 個門還是 4 個門；是黑色還是白色的輪胎；它究竟有 8 個還是 6 個或 4 個汽缸，他並不知道這輛車本身。不過，正如摩爾所說，「儘管如此」，他對於汽車的各部分還是知道得相當多，但他對於汽車的實際自然屬性即感性屬性則一無所知；如果某人告訴他，「我有一輛好車，去外頭替我找到它。」他自然絕不可能找到。

因此，善並非一種自然屬性，不過，它卻完全依賴於具備善之特性的事物的性質；那部汽車之所以為好，全取決於那部汽車的感性特徵上；因為，如果當你加速時汽車卻反而剎車，或者當你剎車時汽車卻加速，如果它沒有門，沒有發動機，沒有輪胎，那麼，這肯定不是一部好車。

由此可以看出摩爾的結論：善不是一種自然屬性，但卻完全依存於那些據說是善的事物的自然屬性。他說，只要我知道善以何種方式「依存」著，我便會知道善是什麼，就這點而言，規範價值學確定了和精確定義了這種「依存」的含義，其結果便構成了科學價值論的原理或基本定義。

價值科學的原理

摩爾所得出的上述結論對於他來說，是一個終生的難題。他最喜歡的一種說法就是，「究竟什麼是善——難道這就意味著，善不是一種自然屬性，然而卻依存於善的事物之自然特性麼？」這一難題的結論如下所述：善不是客體的屬性，而只是概念的屬性。

當一個人意識到某物「是好的」的時候，他並非一定了解此處涉及的事物；不過他必定知道該事物概念的某些情況，而這種事物則為這種概念的特例。引用以上汽車例子來說，他不必非得知道所涉及的那部特定汽車，然而他必須了解「汽車」這一概念的某些情況，在這裡，那輛特定的汽車只是這一概念的特例之一。他必須了解一輛汽車意味著什麼，但卻不必知道這部汽車的具體情況。因而，「好」這個詞還不適用於有關那部特定汽車的知識，而只適用於關於「汽車」這一概念的知識。因此，無論何時運用「善」這個詞，都是在從事一項邏輯運算：我們總是將某物概念的屬性與據說是好的特定事物的觀念結合在一起。

比如，當我們聽說一輛好的汽車時，我們總是將我們意識中有關「汽車」這一概念的屬性與此處所涉及的特定汽車的觀念結合起來。對於這部特定的汽車我們也許什麼也不知道，但我們卻賦予它以我們所了解的有關汽車的一般屬性。無論何時，只要我們聽說某物是「好」的，我們就總是在進行這種運算；我們總是將某物的概念屬性與某物自身的觀念結合在一起，這種邏輯運算正是「好」一詞的含義，它透過好的定義而得到表述，亦即透過所有善的事物共有的定義得到表述；而一事物之所以是好的，只是因為它滿足了它的概念定義的要求。這是規範價值學的原理或基本原則，而這也就是我們早些時候所提及的符號的意義。

由此公式又可引出如下定理，一件事不是好的或壞的，僅當它不能滿足其概念的定義。一把椅子如果在實際上和感情上都滿足「椅子」這一概念的

第四章 生存與價值的轉向

定義時，則它是好的，如果「椅子」這一概念的定義是「有一座墊，一個靠背的高於膝蓋的」東西，那麼，任何被稱之為「椅子」，並且是有一座墊、一個靠背，高於膝蓋的東西，就是一把好椅子；然而，一把不及膝蓋高度，或者沒有座墊或靠背的東西就不是一把好椅子，無論它實際上可能是什麼（比如是一條好的凳子）。

對於這一價值學原理——亦即一事物是好的，則它具有定義其概念的屬性——來說，有四個使之成為科學的特點。首先，它開闢了一個新的價值領域，這是透過以形構統，亦即邏輯本身來對這一領域的主要術語——價值——予以定義所實現的。因為，一個概念及其定義與其所指對象之間的關係是邏輯的基本關係。既然邏輯是一種精確而精巧的系統，那麼，這一系統自然可以被用於價值的解釋上去。

這種程式類似於自然科學中的程式，區別只在於，在自然科學中，我們是運用數學而不是邏輯來解釋自然。例如，在光學中，我們根據幾何學將一束光線定義為一條直線，這樣，幾何學體系便可以被用於解釋一束光線在同質媒介物中的軌跡——這種解釋正是我們所說的光學科學。同樣，根據邏輯體系對價值所作的解釋亦正是我們所謂科學的價值學。因此，價值學構成了解釋價值現象的框架，正如同數學構成解釋自然現象的框架一樣。

規範價值學的第二個科學特點在於這一事實，即價值學的上述原理與數學原理是平行的。認為價值屬性只適用於概念而非客體與承認算術屬性——比如「4」——只適用於概念而非客體是完全類似的。這正是弗雷格（Friedrich Frege）的基本見解。後來羅素和懷海德正是根據這一點為數學奠定了邏輯基礎。

與此相關的這一價值學原理的第三個科學特徵是：它的形式性質小，它是由一些變項組成的；不是由特定的價值而是由決定所有可能價值的特定實例的形式所組成的。換言之，它是一種公式。「善」這一術語在這一原理內

只是一個純粹的形式術語，它適用於無論什麼特殊事物。「善」的這種普遍的形式性質在整個哲學史上已經被注意到了。亞里斯多德將其稱之為該術語的同形異義性，經院哲學家則認為這是它的一種超驗性，而近代價值理論家則稱之該術語為「雙關語」。在這裡，規範價值學是將「善」的這種邏輯性質視為一種變項。

規範價值學的第四個科學特徵是最有趣的，因為它表明，這種價值學遵循了伽利略的嚴格方法。正像伽利略不得不為運動的測度找到一種標準一樣，價值學也不得不為價值的測度尋找一種標準。伽利略透過將現象的第二性質忽略不計而獲得了這種運動測度標準，他將注意力集中於第一性質上 —— 亦即經得起測度的性質 —— 比如公分、克、秒上 —— 這樣，被測度的性質就不再是與物體第二性質糾纏一起的普通感覺現象，而是由第一性質組成的構成物。在價值測度中，被測度的正是伽利略不得不忽略不計的東西。亦即通常的感性客體。但與其說是將這種客體當作具有第二性質的東西，倒不如說是將這種「具有」本身視作測度其價值的東西。因而，對價值測度來說，必須將第二性質用作第一性質，問題是要找到測度第二性質的標準就如同這些基本的標準，例如長度，重量等等 —— 都一概從屬於第一性質一樣。換句話說，那種包含了第二性質於自身之內的東西究竟是什麼？就如未包含著公分一樣。答案是：一個概念的定義。正是這一概念可以成為價值測度的標準：一件事物之所以有價值，就因為它在一定程度上滿足了概念定義的要求 —— 這是由摩爾的看法所推出的同樣結果。簡言之，價值衡量就是對於概念屬性的測度。

價值科學建立於上述原理之上，它表現為三個階段，首先是該原理本身，它有多種含義；其次是由這一原理所引申出的各種價值範疇或維度；第三則是邏輯與價值演算，它們出自於價值各種不同方面的結合。讓我們分別對這三個階段作簡短的解釋。

第四章　生存與價值的轉向

這項原理的含義

　　首先是這項原理自身的含義問題，它所暗含著的某些含義解釋了 2,000 多年來始終困擾著價值理論的眾多問題。我將指出 7 個方面，這就是事實與價值之間的連繫、價值的絕對性與相對性、價值的理性與非理性、價值的客觀性與主觀性、價值的規範性與描述性、樂觀性與悲觀性以及世界的善與惡。

　　事實與價值之間的關係是指數學參照系與規範價值學參照系之間的關係。事實是數學範疇得以應用於其中的精神內容，而價值則是價值學規範能應用的精神內容。因此，當艾諾拉‧蓋（Enola Gay）這架攜帶原子彈的轟炸機高速飛向廣島時，它的速度、風速、引擎旋轉等等都是事實；而當飛機在該城市出現時，飛行員在航行日誌上的紀錄——「上帝，我們做了些什麼？」——則是價值，可以根據規範價值學的精確術語對其予以分析——確實，可以根據一種公式對其加以分析，而且，如果你願意聽的話，它讀作（就是）I，這個符號表示一種很高的價值。不過，它只是無數經過系統闡述的可能公式和有待於在這一新科學中加以發展的公式之一。

　　價值的絕對性或相對性是一個十分古老的問題，但它的結論卻是簡單明瞭的。問題在於，是否存在一種絕對的價值規範，或者說，是否存在一種普遍的標準，據此可以確定其餘每一種價值。眾所周知，答案是肯定的：衡量每一種事物的普遍價值規範就是這些事物自身的概念或名稱。規範等於名稱。

　　無論何時我需對一事物的價值作判斷時，我都要將該事物名稱的意義與該事物本身的種種屬性予以比較，正如我能評價事物一樣，我亦能評價價值。「價值」這一概念正如我們方才所說，是依據規範價值學來定義的，這就是看一事物滿足其概念意義的程度。因而，對價值的評價要視對價值概念的滿足情況而定；而價值學作為定義這一概念的學說，便成為價值的絕對標準，它建立於人類精神自身的邏輯基礎上。

　　關於價值是理性的還是非理性的，由上一點論述可知，價值是理性的東西。只要一個人了解事物，他便可以對其做出評價。換言之，只要他知道事物的名稱及其屬性，他便可以作評價。這一看法的真實性由以下事實逐步得到證實。當我們試圖精確評價某些事物時，我們總是求助於專家，而專家與我們的區別就在於，他對這些事物的了解比我們更好。

　　價值是客觀的還是主觀的？答案很簡單，上述價值原理是客觀的，它適用於無論什麼理性存在物；不過，價值原理的應用卻是主觀的。很可能，一個人視為善的，在另一個人眼中可能是惡的，而後者稱之為善的東西，前者又可能謂之為惡。不過，這只是價值論的應用問題，而不是價值論本身的矛盾。

　　數學的情況亦是如此。假如你與一個朋友結伴上街，你發現有兩個人迎面走來，而你的朋友由於處於昏醉狀態而認為是 4 個人，那麼，他並不是使數學無效，而只是錯誤地運用了數學。他的失誤出自視覺，而不是出自加法，「2 + 2 = 4」無論對他或對你而言都是真的。在價值學那裡也存在類似的情況：任何人都可以自認為一事物的屬性是否滿足了該事物的概念而將其稱為「好」或「壞」的，但是否果真如此，是一個應用問題，而不是價值學的問題。

　　因此，價值學與數學或物理學一樣是規範的。任何人都可以隨意違反數學法則，說「2 + 2 = 5」；或者否認重力法則，從窗戶上走出去；同樣，一個人也可以隨意嘗試違背價值學的法則，將好的稱之為壞的。不過，在這三種情況下都會受到這些法則自行作用的束縛：計算錯誤的人將會破產，違反重力法則的會摔斷其脖子，而無視價值規則的人則會在實際生活中撞得頭破血流。因此，價值判斷的規範性是價值法則具有效準性的結果，並且，除非這些法則得到確認，否則，價值理論家對於價值規範性和價值命令等等的強調都會因此缺少基礎。

第四章　生存與價值的轉向

悲觀主義與樂觀主義之間的區別亦明確替其自身做出了解釋。屬於一個概念的任何事物都會因為它滿足了該概念而被視為好的，然而，就它作為另一概念屬內的事物來說，往往又會因其不能滿足另一概念而被視為壞的。因此，正如斯賓諾莎曾經發現的那樣，一堆好的廢墟可以是一間壞的房屋，而一間好的房屋亦可以是一堆壞的廢墟。一部好的破舊汽車可以是一部壞的汽車，而一部好的汽車亦可是一部壞的破舊汽車；一把好的椅子可以是一條壞的凳子，而一條好的凳子亦可以是一把壞的椅子，如此等等。

樂觀主義的詭計就在於，它總是試圖發現這樣一些概念，根據這些概念，事物看上去似乎總是好的，而悲觀主義則恰恰相反。它總是力圖找到另外一些概念，據此看來，事物似乎總是壞的。此種悲觀主義總是因思想誤入歧途而備受折磨，而且就像哲學家們所說的那樣，「有點不健全」，他與這個世界的旋律總是格格不入，而這個世界正如我們所目睹的那樣，是好的。

由價值學原理做出的另一推斷是這樣，如果一事物具備它所屬概念的所有屬性，則它就是好的。世界這個專有概念必定包含存在著的、曾經存在著的、或者將要存在著的一切自然屬性，它就是具備所有這些屬性並總能滿足其概念的存在，所以，它是善的。當然，世界的此種善並非倫理意義上的善，而是價值學的善。儘管這世界是善的，在世界內存在著的事物卻或許和確實必定是或善或惡的。正如我們方才所說，任何被視為好的屬於特定概念的事物，從它屬於另外概念的角度看來，亦可以是壞的，因而，惡便是概念的變換，或者說是那些自身為善之物的不和諧性。

這樣看來，世界只有依價值學來衡量才是善的，但它卻包含著無限多樣的種種善惡事物，它之所以可能是最好的世界，便因為它包容了最大限度的價值學上的多樣性，亦即能給予滿足或不能滿足的最大限度的概念。這樣，我們便達到了萊布尼茲形而上學意義上的價值學見解，我們對規範價值學的第一層次，即價值原理，已經談得太多了。

價值的不同方面

價值學的第二個層次涉及價值的不同方面，它們是從衡量價值的不同標準的結合中引申出來的，就如同物理學尺度出自於物理學標準的結合一樣。正如存在三種物理學衡量尺度 —— 公分、克、秒一樣，有三種衡量價值的標準 —— 不過，這三種衡量價值的標準表現為三種概念，亦即分析的、綜合的和單獨的概念。第一種是由經驗實體抽象而來，第二種則是思維的產物，第三種屬於專有名詞。毋須詳細分析便足以說明，每一種概念的滿足都提供了一種不同的價值：綜合概念的滿足提供了系統的或精神的價值，分析概念的滿足往往提供了外在的或分類的價值，而單獨概念的滿足則給予內在的或單獨的價值。這些價值尺度在我們的評價過程中始終是相互作用的，在通常情況下，估價總是由系統價值發展到外在的以至於達到內在價值。

以戀愛為例。當我們處於兒童時期時，我們便知道有許多女孩，不過，正如我們所說的，她們對我們並不重要，她們的意義是系統的，僅僅具有模樣和形狀上的區別。當我們跨入青春期時，便開始將其作為某類女孩之成員外在地予以評價，我們喜歡體驗她們所具有的類的品格。而當我們變得成熟時，便會發生只有價值學才能予以解釋的難以置信的和非理性的事件：我們忘卻了世間所有女孩們以至整個世界，而這是因為我們只衷情於一個女孩，這是一種內在的評價。我們與這位獨一無二的女孩結婚 —— 在過了一些年月之後，這一過程會顛倒過來。我們開始透過與其他婦女的外在比較來估價她，系統地將她視為我們的家庭主婦，並且經受煩惱 —— 不同參照系的轉換！ —— 當晚餐未及時準備或者她總是從牙膏管的上端擠牙膏，而不是從牙膏管的下端往外擠牙膏時。當她的哭泣使我們心軟時，我們又會重新將她視為世間的獨一無二的女人 —— 可見，生活就是由一種評價不斷轉向另一種評價的過程。

世間的一切事物皆可以從這三個方面予以評價 —— 一顆鈕釦、中華航空

第四章　生存與價值的轉向

公司、我本人或上帝。一顆鈕釦在一家工廠裡得到系統的評價，就其作為襯衫的一部分的功能來說，它得到了外在的評價，而一個鈕釦癖者則是內在地對其予以評價。中華航空公司是由民航局進行系統評價的，乘客則對之做出外在的評價，我們希望，它能夠由凱普特·里根貝格及他的飛行員進行內在的評價。

如果我裝扮成為我所中意的那種人形象，那我便是在系統地評價自己，就我的社會角色來說，我受到的是外在的評價，而作為我實際的人格，我受到的則是內在的評價。

在神學中上帝得到了系統的評價，在比較宗教中，它受到了外在的評價，而在宗教的神祕體驗中，它所受到的則是內在的評價，如此等等。

價值學的第三個層次是邏輯和價值計算。它是作為上述不同價值方面的連結及其邏輯分析而出現的，它使得我們能夠從價值學角度詳細分析任何情境或原文，如同艾諾拉·蓋號的飛行員所用的公式一樣。

對不同價值方面所作的邏輯分析表明，這三種概念的意義或內涵都各自擁有其特定數量的項，一個系統內涵的項數是有限的；此種有限性或限定性使該系統概念成為系統的內涵。一個外在內涵所包括的項數具有潛在的無窮性，但卻是可數的，因為這些項皆由抽象所產生，它們表示著至少兩個事物間的共同屬性，正是由於抽象所致，以及所具有的共同性。這些屬性本身才必定是抽象的，其相應的意義才是可推論的；不過，沒有理由說明，為什麼從理論上講，它們或許不能包含盡可能多數目的項，甚至全部語言。因而，「世界」也許可被視為一種外延，它的內涵便由所有可能日常語言所包含的一切可能項的整體所構成。進而言之，這種內涵的含義或項的數目就是那可數的無窮性，或者 X。

內在內涵所包括的項數卻與此不同。內在內涵蘊含著對於全部表象的經驗，換言之，被內在地經驗著的每一對象都表現著完整的世界。從語言學角

度講，這意味著，每一個指示著如此對象的項都暗示著世界意義，或認為這種項是一系列的隱喻；一個隱喻就是一個理論上也許蘊涵了語言中任何它項的項：我們或許會談到一條可愛的狗亦可談到一位可詛咒的美女。倘若在所有可能的日常語言中所包含的意義的量具有一種可數的無限性或 X，那麼，在所有可能的隱喻語言中所包含的所有可能意義的量便是 $X_0 X_0 = X_1$，或者說，是一種不可數的無限性。因而，一個隱喻作為一種隱喻語言的一部分，便構成包含了該語言內所有其他意義的意義連續系統。

對於價值範疇所作的邏輯分析表明，每一種價值範疇 —— 系統的、外在的或內在的價值範疇 —— 皆分別屬於一種特定的語言，亦即專門的、日常的和隱喻的語言，而且，每種意義或語言的含義都分享著一定數量的語言。因此，一個系統概念擁有特定數量的語言 n，一個外在概念是特定數量概念 X_0，一個內在概念所擁有的特定量則為 X_1，既然價值便是這些相應涵義的滿足，因此，系統的、外在的和內在的價值的不同特徵便可以分別由這些相應的量來予以表示。

再者，既然價值可以被定義為對於含義的滿足，則一含義得到滿足的程度愈大，那麼，價值也就愈高。一個系統價值就是對於幾項含義的滿足，一個外在價值則是對於至多是 X 項含義的滿足，最後，一個內在價值是對於 X_1 項含義之滿足。因此，透過對於意義結構的分析，價值邏輯得以把超窮數的計算應用於價值理論中，並且表明了這種計算與價值哲學家就內在和外在價值的看法之間所存在的異質同形性。

除了上述對於內涵所作的分子論的分析之外，價值邏輯還對價值概念做出了原子論的分析，檢查了價值術語之間，價值關係之間，以及價值命題之間的關係。基本的價值術語是「好」、「公平」、「壞」、「不好」，它們之間具有明確的邏輯關係。價值關係是「更好」、「更壞」；「有利於」、「不利於」；「更有利於」、「更不利於」；「……是好的」、「……是壞的」、「……

更好」、「……更壞」，以及「應當」。後者屬於一種意義或內涵的滿足和不滿足之間的關係。

　　一種屬於 C 類但不滿足 C 的內涵的事物應當滿足該內涵，那也就是成為一種好的 C，這是「應當」的積極含義。一種屬於 C 類並且滿足 C 的事物不應當不滿足它，亦即不應當成為一種壞的 C，這是「應當」的消極含義。因而，壞的東西應當成為好的，而好的東西則不應當成為壞的。這樣，「應當」便可以根據「好」和「壞」來予以定義。這最終就等於說「這樣做……更好」。

價值的計算

　　價值計算是由三種價值方面 —— 或樣式 —— S（系統的），E 和 I 及其相應的價值標準 n、X、X_1 結合而產生的，這三個價值方面的結合既可以是組合，也可以是變換。不同價值標準的組合就是由另一種價值樣式對一種樣式進行積極的評價，相反，變換則意味著做出一種消極的估價。「積極」和「消極」這兩個術語是由「應當」這一術語來定義的。

　　一物的積極價值就在於被評價事物應當所是的那種東西，由此推之，消極的價值則是它不應當所是的東西。正像我們所看到的，一物總是應當成為好的而不應當成為壞的；它應當滿足而絕不可不滿足它的概念的意義；換言之，它應當總是成為盡可能大的價值。同樣，當所涉及的某「物」具有一種價值時，則最有價值的價值，亦就是最充分地滿足該概念「價值」的價值，就是內在的價值，因此，任何價值都應當成為內在的價值。內在價值是一種價值的積極價值，也就是該價值應當是的價值，任何與內在價值背道而馳的都是消極的，而任何趨向於它的都是積極的。

　　由這 3 種價值範疇可以引出 9 種組合和 9 種變換，那就是說，這 3 種價值樣式的積極和消極排列總共是 18 種，因此，根據另一種系統價值對一種系統價值的評價就形成一種價值組合，它提高了價值並趨向於內在價值。同

樣，根據一種外在價值或內在價值對一種系統價值所作的評價也是如此；或者根據另外的外在、內在和系統價值對一種外在價值的評價也會達到同樣的結果。換句話說，價值組合就是價值的加強，它將價值提高到更大的乘方，而價值變換則相應表示著價值的削弱，或者說，是消極的加強，它將價值提高到一個負的乘方。

因此，對於一個系統價值的系統估價導致一種價值組合，它由兩種系統價值所組成，其中一種系統價值透過另外一種得以加強，或者說，是將一種系統價值提高為另一種系統價值的乘方，它類似於算術運算中的 a^a；故我們可以將其寫成「S^S」。這表示著諸如有關數學邏輯或者法理學的一種系統學說的書寫形式，正因為這種緣故，它也代表著價值理論的書寫形式。同樣，如果一種外在價值根據另外一種外在價值予以評價，便構成兩種外在價值的組合 E^E。

舉例說，巧克力與奶油混合。另一方面，如果把巧克力與木屑混合起來，其結果就是透過另一種外在價值削弱了一種外在價值，或者導致一種價值變換 E^{-E} 或 $\overline{E^E}$。

這種價值組合與價值變換可以被系統化和符號化，正如我們已看到的那樣，一個系統──系統的組合的符號是「S^S」，而對於一個外在的變換的符號即 E^{-E} 或 $\overline{E^E}$ 來說，正如我們所寫的，它是為了使價值的減值或下跌一目了然，這表現在下列事實中，組合和變換是表示反比例的價值量；其中一個與另一個的倒數成比例。這意味著，組合之積與其對應的變換之積彼此相約，那就是說，可以約去它們各自的價值因素，其結果則是我們可稱之為事實的無價值情境，它的符號是 I，因而，事實的價值恰恰就是價值與無價值之間的關係，事實是指數為 0 的價值。

每種組合或變換的價值，或者說它們在價值論上的等級，是從構成它們的每一價值的價值中產生的，它們分別由系統、外在或內在意義或內涵的性質中演繹出來。既然系統價值──亦即一對象之概念之系統意義或內涵的

第四章　生存與價值的轉向

滿足——具有價值學上的價值 n，並且是對於內涵之種種特性最低限度的滿足，而外在價值具有價值 X_0 內在價值具有價值 X_1，那麼，由這些價值所構成的組合及變換必然也可以得到精確的估價。

對一種系統價值的外在估價就得到一種內在價值，透過這種方式，那些最初只包括 S、E、I 這 3 種價值方面的價值等級，如今便可以擴展為三者的結合之一；然而，前者是原子式等級，而後者則是分子式等級。

顯而易見，這種價值結合必然也能被再度結合，因此，必定會產生第二級、第三級乃至第四級的價值組合及變換。舉例說，第二級的組合是（SS）E，它可以是一篇價值學論文中的經驗價值的東西或者價格；一種第二級的變換則是（IS）I，它是內在價值之系統的內在貶值，例如，人類生活中的原子彈爆炸——艾諾拉·蓋號飛行員的公式。

正如第一次價值連結有其精確的價值學價值一樣，第二級、第三級和第四級等等的連結也具有同樣的性質。因此，如果第二級價值連結（EE）I 的價值就等於第一級價值連結 I 的價值。厭惡對於外在估價作外在估價就等於厭惡內在估價。

第二級價值連結經由將指數 S，-S，E，-E，I，-I 加入每一種第一級連結之中而產生，既然有 18 種最初連結，而其中每一種都能得到 6 個指數，我們便得到 $6^{18} = 108$ 種第二級價值連結。同樣，這裡的每一種結合都可以得到這 6 個指數，我們由此便得到 $6^{108} = 648$ 種第三級結合，如此等等。總而言之，一個幾層次上的可能價值結合的數量是 36^n，那就是說，在第一層次上，是 $36^1 = 18$ 種結合，在第二層次上，是 $36^2 = 108$，在第三層次上是 $36^3 = 64^8$ 種結合，如此等等。所有層次上的所有價值形式的總和是 $3（6^1 + 6^2 + 6^3 + \cdots\cdots 6n）$。因此，由第一層次到第三層次結合的總值，是 $3（6 + 36 + 216）= 774$ 種形式，由第一層次到第五層次的形式總和是 27,990，而由第一層次至第六層次的總數，則是 1,007,766 種形式。

　　所有可能價值結合的總體構成了價值計算或者價值學計算，借助最近的機器人，一種價值形式表就會像對數表或其他數學表一樣，能在較短時間內計算出來。這就給價值學家一種機會，把這種計算應用於所有可能情境中，去創造一種典型的情境，並且由此編制一個涉及文學情節、思想的形而上學可能性、法律案例、道德衝突和結論在內的目錄表。當然，是以簡明扼要的、真正的價值科學的方式表現出來。從這些不多的議論中可以清楚看到，即便是最複雜的價值學爭論和情境，也能夠透過這一計算方法予以分析。

價值科學的應用

　　規範價值學在評價情境和爭論中的應用屬於價值學家的藝術——一種像每一種形式系統之應用一樣，有其自身規則的藝術。規範價值學業已被用於許多不同情境的分析中，諸如詩和夢的批判分析、審美創作、商業組織。例如對一家保險公司計畫的評估，這種評估涉及到分析「生命」的價值，涉及到分析應當「賣出」保險的個人的社會等級的價值等等，一直到分析個人生命的價值。

　　價值的不同尺度在不同人類活動領域中的應用產生了不同的社會科學和精神科學，因此，內在價值在個人問題上的應用產生了倫理學，一個具有良好道德的人是能滿足其自身的獨特定義的人，正如我們所說的，他是「真誠的」、「真正的」、「忠實的」，「擁有整體性」、「自尊」等等的人，他就是他，是其所是的人，而並非所裝扮的人，也不是他所不是的那種人，是一個自我實現的人。不應把道德上的好與價值論上的好混為一談。

　　如果一個殺人犯謀殺有方，就可以說他是價值論上好的，但卻不可能是道德上好的；因為他自身的定義遭受著一種自我矛盾：人們不可能透過壓抑自我來滿足自我（概念）。這種價值論的好與道德上的好之間的混亂 2,000 年以來曾經是價值論的致命之點。內在價值運用於物的結果是產生了美學，

第四章　生存與價值的轉向

運用於精神產生了形而上學；外在價值運用於個人的結果是產生了社會學，運用於物則產生了經濟學，運用於精神則產生了知識論，系統價值運用於個人產生了法律，運用於物則產生技術，運用於精神產生了邏輯，如此等等。很多留傳下來的書籍都包含了以上所提到的每一種應用。

價值科學的定義和結構是形式的，因而不是受限制的；相反，它能創造出新的視野，就像數學過去和現在對於了解自然界所做的貢獻一樣。這門新的科學已經取得了有意義的實際成就，並且正在改變那些已經學會利用它的人們的生活，無論是就集體或是就個人水準而言，都有一系列的成就。

價值論往往在民主意識形態中注入牢不可破的堅定性，它非常明確地表明了人類個體的無限的和獨特的價值。我發現，世界各國的價值理論都正朝著我向你們描述的規範價值學的方向發展。因此，我前面概要敘述的東西——儘管是以最簡單的術語——表達了一種世界範圍內的認知可能性，它是未來道德人文科學的輪廓。

自然，在評價的科學與評價本身之間存在著區別，評價的科學並不是評價，就像閱讀 TNT 的公式不會爆炸一樣。評價也不是評價的科學，一位物理學家從樓上摔下來並不是對於引力法則的分析。然而，兩者是互有連繫的。因此，底下一句話並不像多數人所設想的那樣正確，那就是，一種價值科學會貶低價值經驗。

作為拒斥這種科學之基礎的有三個方面，首先是道德敏感的人們對那種招來原子彈的理性深感疑慮，以及由此發生的遁入非理性的做法。其次是在感覺與評價之間的通常的混淆。評價與音樂一樣，既與感覺相連繫，又不能歸之於感覺，這是由規則所建構的感覺，亦即遵循著確定法則的感覺。音樂的法則是指和聲學理論所規定的法則，而價值法則則是由價值理論予以規定的，所以，價值感不是任意的。

引用偉大的德國價值學家尼古拉·哈特曼的話說：「價值感不是自由的；

一旦它把握住價值的意義。它就不可能有不同的感受。它不能將善視為邪惡，或者將欺騙和虛偽視為忠貞，可能會有價值盲，但這是完全不同的另一回事；在這種情形下，它可能根本不能對價值觀念做出反應，並且無法理解它們 —— 就像一個不懂音樂或色盲的人那樣。」支持提出價值知識破壞了價值經驗這種異議的第三個理由，是人類精神的這樣一種樸素傾向，它認為具體問題必須由具體觀念來解決，然而實際上提出最具體結論的往往正是抽象觀念。懷海德在他的《科學與近代世界》（*Science and the Modern World*）中寫道：「沒有什麼比這一事實更加引人注目的了，那就是，當數學逐漸退入前所未有的更極端的抽象思想領域中時，它同時又因其對於具體事實分析的相應價值重新回到塵世中。」

具體的真正實質就在於最抽象的形式中。對於價值來說也是一樣，它的實質就存在於最抽象的思想中，亦即價值論的符號中，倘若你僅僅涉足於具體價值現象中，你就絕不可能觸及價值的實質。

因此，真正的價值知識存在於價值科學中，由此將會引出一個評價的領域，就像技術領域產生於物理科學一樣。而且，就像自然科學已經改變了世界一樣，道德科學一旦得到發展並為人們充分接受，它就會改變世界。沒有什麼曾帶來技術時代的力量會與牛頓和愛因斯坦這些人的明晰思想有所不同，這些人給世界帶來的唯一差別就在於，他們給了我們知識，而其餘一切都是由其自身繼續展開的。

因此，這門新科學將給世界帶來的所有區別就是，它提供我們以道德知識，而別的一切將由此展開。這樣一個時代將會到來，那時，如今折磨著我們的問題和衝突將會像中世紀的痛苦和洞穴的棍棒一樣被人遺忘，會有別的問題產生，但將不同於我們今日所面臨的問題，就像精神分析不同於巫婆的巫術一樣。它們將更為成熟，更為精緻，更為深奧。一句話，更加富有人性。

創造性無私之愛的力量

道德改造是我們時代的首要任務

建立哈佛創造性利他主義研究中心以及該中心的產物 —— 這個研究協會的主要理論 —— 一直是基於這樣的考慮，那就是，對於人以及人造世界的道德改造，是提到今日歷史日程上最重要的課題。如果沒有這種根據利他主義目標而實行的道德改造，那麼，就不能阻止新的世界大戰和別的災難，也不可能在人類世界上建立起新的、更好的和更傑出的社會制度。而如果不曾在人和人類世界中極大地推進我們稱之為創造性無私之愛的發展，則所有時髦的阻止戰爭和建立新制度的靈丹妙藥都不能實現其目的。

舉例說，有一種時髦的藥方是所謂根據美國式民主在各國重建政治，儘管這一信念十分通俗流行，但卻是十分可疑的。假定說，人們明天能夠使各國在政治上根據美國人的民主目標重建。然而，這種重建既不能阻止也不能減少新的世界大戰或中國流血革命的機會。為什麼？因為對於自西元前 600 年直到今天的所有大戰的研究顯示，民主制並不比獨裁政治更不好戰、更少訴諸武力和更加有秩序。這個結論的確令人不愉快，然而，它卻是真實的。

另外一個為人們津津樂道、避免戰爭和流血鬥爭的藥方，是更多的教育和興建更多的學校。同樣可以假定，明天人們可以使所有男男女女在 16 歲時就奇蹟般地成為哲學博士甚至是超哲學博士。不過，教育這一奇蹟般的增加既不能減少內戰也不能減少國際間戰爭的機會。為什麼？因為教育的流行模式與科學技術的增加並不能控制或者甚至減少戰爭和流血革命。

從 10 世紀及至今天，學校的數量，從幼兒園直到大學、識字的百分比、科學發現以至於技術發明的數量，一直在持續不斷地增加，在過去的 20 個世紀裡尤為突出。然而，儘管有這種在教育、科學和技術進步方面的巨大變化，戰爭的曲線（或者以戰爭發生的頻率，或者以軍隊的規模，或者以每百

萬人口因戰爭而傷亡的人數來計算）在這些世紀中始終沒有下降。如果說在這期間往往有些起伏不平的話，總趨勢也還是在上升，對於革命和叛亂的發生頻率來說，也是同樣。我們正生活於一個科學和工藝技術最發達、教育最普及的世紀裡，可是這一世紀卻是有文字記載的 25 個世紀中流血最多的世紀。

對於別的診治世界戰爭的流行處方來說，也是一樣。這一類的萬用良方，有所謂在全球建立資本主義的經濟組織，甚至所謂宗教因素也不能改變情況 —— 如果我們用宗教來表示信念、教義和宗教禮儀的話。

我們在這裡僅僅指出證明這一陳述的眾多證據中的一個，亦即我們對受人愛戴的美英福音傳教士 73 位宗教皈依者所作的研究來證明這一點。需要澄清的是，由於這 73 個人宗教信念上的轉變，其精神和行為也更接近於布道教義中的崇高訓誡，但是否因此也就使得他們的精神，尤其是他們的外部行為轉向利他主義的傾向呢？結論並不是令人滿意的。在 73 個人中，只有 1 個人表現出個性和外部行為上的實質性變化，大約有一半皈依者只是稍稍改變了他們的言語反應；他們不再使用褻瀆的語言，而更為頻繁地吟誦著「我主耶穌基督」等等，但他們的外部行為卻絲毫沒有改變；而剩下的一半皈依者甚至連言語習慣也未曾改變。

我相信，這一類證據清楚地說明，倘若不依據利他主義對人的動機予以某些根本性的改造，便不可能阻止未來的災難，而且也不可能建立起一個更加和諧、更富有創造性的社會文化秩序。

愛的巨大潛力

人的道德改造之所以具有壓倒一切重要性的第二個理由是，最近的研究已經表明，由於我們暫時稱之為「無私的創造性之愛」具有改造人和人類世界的巨大潛力，因此，它絕不僅僅是具有至高價值的真、善、美三位一體中

第四章　生存與價值的轉向

的一種，它還是這三種力的最崇高的形式之一。距今最近的幾十年分別是以眾多學科為標誌的——它們是生物學、社會學、心理學、人類學等等。

與此同時，向一個中心點明顯聚集的現象得到了發展，所有這些學科都愈來愈關注愛這種神祕力量的重要作用。近幾十年急速發展的科學發現傾向於進一步證實下述古老的發現；上帝是愛而愛也就是上帝。19 世紀的生物學強調生存鬥爭的作用，而我們時代的生物學則越來越強調——無論是就種系進化或單純的種的生存，還是就健康維持生命力和長壽來說，相互幫助、合作或友誼，所有這些字面上不同的術語都標誌著同一創造性無私之愛的不同方面。

今天的生物學告訴我們，這一因素至少一直在扮演與生存鬥爭因素一樣的重要作用。隨著時間的流逝，愛的作用和力量在不斷加強著。在其他方面，當代生物學家明確指出。對於多細胞生物和單細胞生物的生存和繁殖來說，父母和後代之間的合作是絕對必需的，對於人類這樣的種系來說尤其如此，人類的新生兒仍然處於難以自立的狀態下，為了生存就需要許多年的照料和愛撫。

生物學、心理學、人類學和社會學提供愈來愈豐富的資料證明無私之愛具有充沛而崇高的活力。有幾個例子可以充分證明這一見解。比如，對自殺的研究顯示，所謂自我中心的自殺（變態行為）主要是由孤獨和一個人心理上的隔膜所引起的，特別容易由一個人的社會連繫突如其來的分裂而引起。因而，避免自殺最有效的辦法就是以對於其他人無私的創造性之愛來超越這種隔膜。大量的研究，其中包括哈佛研究中心的工作均已表明，愛是一種能夠增進生命延續性的因素。

我們曾經以大約 4,500 名基督教徒為研究對象，從中或多或少可以得到一些可信的資料。這些人生活在從我們這個紀元的最初世紀開始，直到現今的不同階段中。我們主要研究了這些人生命的延續情況。這些聖徒中有 98% 以上生活於 19 世紀之前，在接近我們這個時代的階段上，「聖徒的生產」急

遽地減少了，結果發現，在從一開始直到 18 世紀的漫長時期中，平均的壽命比現今美國人的平均壽命低得多。這些聖徒中的許多人有意識地折磨自己的肉體，使自己喪失滿足其基本需求的方法，這中間大約有 37% 的聖徒在成熟之前就成為殉難者。儘管有這些不利的條件，但這些聖徒的平均壽命卻至少與現代美國人一樣長。這是什麼緣故呢？既然大多數聖徒曾經是具有無私愛心的非凡使徒，愛的因素很可能就是他們長壽的最重要原因了。

相當數量的心理學、精神病學、社會學和教育學研究已經證明，對於新生嬰兒的生存和健康成長來說，最低限度的愛是絕對必需的。在這類研究中，可以以 A・斯庇茲博士的研究為例。

他報導並拍攝了一家育嬰中心 34 個棄兒的死亡情況。在育嬰室裡，這些嬰兒除了不能得到母愛之外能獲得其他所有需求品和照料。然而大約經過 3 個月與父母的分離以後，這些嬰兒的食慾開始減退，不能睡眠，皮膚出現皺褶，啜泣並哆嗦不止。再經過 2 個月以後，這些嬰兒看上去就像是白痴。27 個棄兒在其生命的第一個年頭就夭折了，7 個死於第二年。不過，他們的變化是如此之大，以至於在這以後可以把他們劃入白痴一類。

愛的治療作用及整合力往往透過許多別的形式表現著自身，愛的感化 —— 無論就愛還是被愛來說 —— 都是嬰兒在道德和精神上成為健全人的最重要條件。多數社會學研究都表明，大部分青少年犯罪者都來自於童年時期缺少必要的最低限度愛撫的兒童。缺乏「愛的維他命」也是導致許多精神錯亂的原因。

另一方面，在我們這個精神病人和青少年犯罪層出不窮的時代，在某些公誼會教徒甚至美國的華人社會中，卻只有極低數量的青少年犯罪，精神病患者和吸毒癖。造成這種情況的主要原因是，這些人群中不僅十分崇尚彼此間的親愛，而且將這種精神貫穿於他們的日常生活中，這些人聯合成了一種真正的兄弟會。

第四章　生存與價值的轉向

精神病學研究也愈益強調愛的治療作用。K‧E‧柯普爾、F‧E‧菲德勒（Fred E. Fiedler）、C‧羅傑斯、V‧E‧法蘭克、H‧J‧艾森克（Hans Jürgen Eysenck）、G‧W‧奧爾波特（Gordon Willard Allport）、R‧阿薩高利、E‧斯塔斯以及別的精神病學者和心理學家的研究證明，治療精神錯亂的主要因素，與其說是那些由不同精神病學派所運用的專門技術，倒不如說是在病人和治療者之間建立起一種相互信任、友好、同情和移情關係，並且給病人造成一種擺脫了內在的和人類相互間各種衝突的「社會氣候」。

哈佛創造性利他主義研究中心和其他學者的研究揭示了愛的力量的另外一些表現，儘管我們對於愛的神祕而崇高的能量只具有極貧乏的知識。然而，對於愛的大量集中研究已經證明，愛具有使人恢復新生、治療、改進和創造的功能。

例如，我們透過實驗發現，在哈佛和拉德克李維 5 對學生中間的每對成員之間以往的敵對關係，在實驗後都能變得友好相處（在 3 個月的時期內，透過由每對中的一個參與者向另一對中的一個參與者表示「善意行為」的方式），這很好地證明了，愛在平息人類的仇恨和消除他們之間骨肉相殘方面具有積極的力量。

同樣，我們在哈佛和拉德克李維兩校學生中對於友好態度和敵意態度的反應所作的實驗研究和臨床診斷，以及對波士頓精神病院病人的治療都清楚地證明了這樣一個古老的箴言：「愛生愛，恨招恨。」對於友好（或者尋釁）態度所作的約莫 65％ 至 80％ 的反應，相應的都是善意（或敵意）的。

同樣，對於大約 500 個哈佛和拉德克李維大學學生中每一個人怎樣和為什麼將某個人感受和視為他或她的「最好朋友」，並將另外個人當作「最壞仇人」所作的詳細分析揭示了如下觀點：在所有「最好朋友」的場合下，友誼都是由某個人的某種友好行動開始的，這個人必定繼續保持這種友好的表示，直到成為「最好的朋友」。而在所有「最壞仇人」的場合中，招致仇恨

的起因總是某人的侵犯行為，而漸漸地就成為「最壞的仇人」。

我希望，這些由實驗所證實的真理會深深植入美國和（前）蘇聯政治家們的心靈深處，他們似乎一直在企圖透過相互仇視和謾罵的過時方法，透過相互侵略和有害行動，透過冷戰和熱戰來取得持久和平，他們相信「恨生愛，愛招恨」和「冷戰熱戰產生和平」這一類的政策。毫無疑問，他們的政策並未帶來和平，儘管耗費了成百上千萬美元，儘管有成千上萬的無辜生靈死於非命，儘管有無法計量的能量、時間、健康、安全和千百萬人的幸福卻在這些荒謬政策的執行過程中白白耗盡。

愛的建設性功效也十分明顯地表現於不同社會的生活史中，以及人類各民族和國際生活中，創造性的愛不僅延長了個人的壽命，而且也延長了社會和組織的壽命，相反，凡是靠仇視、征服和壓迫而建立起來的社會組織，如亞歷山大大帝、凱撒、成吉思汗、帖木兒、拿破崙、或希特勒，無一例外都是短命的——幾年，幾十年、很少有超過幾世紀的，它們往往在其創建者們死去之前就崩潰了。

相應的，那些無私之愛在其中只扮演著無足輕重角色的，不同社會組織的平均壽命也較為短暫，因此，那些規模較小的企業的平均壽命，如美國的藥品、雜貨、金屬商店一般只存在 4 年時間；而那些大型企業公司（在英國、瑞士和美國證券交易所中註冊的），也只有 27 年，甚至在這些國家中壽命最長的也很少超過 200 年以上。壽命最長的現存組織都是些影響巨大的倫理宗教組織、道教、儒教、印度教、佛教、基督教、伊斯蘭教，如此等等，它們已經延續了 1,000 年以至 2,000 或 3,000 年的時間，而這些組織都是以無私之愛進行利他主義教育為動機的，並為之奉獻組織者生命的。

阿育王（印度）的例子提供一個證明愛在平息戰爭和其他流血形式的人類爭鬥方面所具有的威力。由於深為勝戰以後的災難性結果所震驚，阿育王在其後半生裡接受了佛教的影響，激進地用和平、友好和建設性改革的政策

取代了好戰政策；他建設公路、孤兒院、學校、博物館、寺廟、種植草木、挖井蓄水；消除不公正現象，緩解民眾痛苦，用一切可能的方式幫助他自己的臣民和相鄰國家。

透過這種友好政策，阿育王贏得了大約 72 年的和平時間。與這種情況相反，希臘、羅馬和其餘 9 個歐洲主要國家從西元前 600 年開始直到目前的歷史中，平均幾乎每 2 年就發生一次戰爭；而且，在希臘、羅馬和西方世界大約 25 個世紀的時間內，這種延續 72 年的和平總共才出現過 2 次。阿育王對於維持和平的體會是極有指導意義的：它提示人們，友好互助政策能夠成功地贏得一個更為持久的和平，而仇恨、破壞性的競爭和戰爭則做不到這一點。

最後，愛的巨大力量是由最傑出的愛的傳播者們對於人們和人類歷史的偉大而深遠的影響而得到展現。如果我們詢問何種個人在人類歷史上最有影響，答案必定是這樣些個人：比如老子，孔子、摩西、釋伽牟尼、耶穌、聖保羅、聖雄甘地以及其他偉大的宗教奠基者、永恆道德原則的發現者、崇高的、無私之愛的活生生的展現者。

與那些短命的、主要發揮著破壞性影響的獨裁君主、武力征服者、革命專制者、財富的統治者和其他歷史人物相比，這些偉大的精神和愛的使徒在人類數千年的歷史長河中曾給予無數人的生活、心靈和肉體以實質性的影響；而且還繼續給當代人的生活以實質性影響：他們既不擁有軍隊和武器，也沒有物質實力、財富，以及任何足以影響各民族歷史命運的世俗方法。為了獲得其力量，他們也不曾訴諸於仇恨、妒忌、貪婪和別的人類欲望，甚至於他們作為物質有機體的肉體也不屬於最強壯之列。然而，正是依靠與少數追隨者們的共同奮鬥，他們改造了千萬男男女女的道德情操，賦予文化和社會制度以新的形式，並且制約著歷史的進程。

所有這些都是僅僅透過他們崇高的、純潔的和充沛的愛的力量實現的，亦即透過其無私的精神和超人智慧所實現的。

概括一下無私之愛的主要力量，我們可以說，無私的創造性之愛能夠阻止個人和組織之間的侵犯性鬥爭，能夠將個人和組織之間的敵對關係改造成友好關係；只有愛才能夠贏得愛，而恨則只能招致仇視（根據 70% 至 85% 的案例研究）；愛能夠在實際上影響國際間關係，平息國際間的衝突。

此外，無私的和智慧的愛還是一種源源不斷的生命力，它對於物質的、精神的和道德上的健康都是十分必要的；無私的人比自私的人活得更長久，被剝奪了愛的兒童易於產生道德、社會和精神上的種種缺陷；愛是醫治犯罪、變態和自殺傾向的解毒藥；愛是人類啟蒙和道德完善的崇高教育力量，愛具有重要的認知和審美功能；愛是自由和所有道德和宗教價值的靈魂；對於一個持久的、富有創造性和協調發展的社會及其進步來說，最低限度的愛是絕對必要的。

最後，在人類歷史這個多災多難的時刻，在整個人類世界中，「愛的能量的不斷生產、積聚和傳播」對於阻止新的戰爭，緩和在個人和組織間不斷增加的競爭，乃是一個必要的條件。

杜思妥耶夫斯基曾寫下這樣一段預言性的話：「目睹著人的罪孽，人們往往懷疑，一個人究竟應當報之以強力，還是施之以謙遜的愛。要打定主意，永遠以謙遜的愛與之戰鬥。這種愛是最有感染力的、最可怖的、最有力的、世界上任何其他力量都難以攻克的。」

人類生存的客觀有效價值

價值的根源就在於人類生存諸條件之中，因此，正是依靠有關這些條件，亦即關於「人類處境」的知識，我們才得以建立起具有客觀有效性的種種價值。顯然，這種客觀有效性僅當與人的生存相關時才會存在，在人之外則決無所謂價值。

第四章　生存與價值的轉向

人與人類生存條件

　　人的本性是什麼？人類生存獨有的條件是什麼？以及根源於這些條件的種種需求又是什麼呢？

　　人很早便從與自然界的原始統一性中脫離出來，正是這種原始的統一構成了動物生存的特性。由於人在這種分離的同時稟賦了理性和想像，所以他能夠意識到自身的孤獨和無助、無力和無知，以及他來到這個世界和悄然離去的偶然性。他以前是借助本能制約的連繫與夥伴們保持連繫的，如果他不能找到取代這種連結他與夥伴們連繫的新的連繫方式，那麼，他就連一分鐘也不能正視這一生存狀態。甚至在他所有心理需求都能滿足的情況下，他也不得不經歷這種囚徒似的生活，以便能恢復其健全的理智。

　　實際上，不健全的個人也就是完全不能與任何人建立起連繫的人，由此才使得他自身為這種隔離的孤漠所束縛，甚至在他尚未被鎖於鐵窗之中時亦是如此。與別的有生命的存在物相聯合以及與之相連繫的必然性，是一種強制性的需求，人的健全理性就來自於這一需求的滿足。這種需求存在於那些構成親密的人與人之間的連繫，以及就愛這個詞的最寬泛的含義來說的所有熱情等等一切現象的背後。

　　尋求和達到這種聯合的途徑有幾種方式。人可以試圖透過歸順於某人、某一團體、某種機構而與世界相連繫。透過這種方式，他使自己成為某些大於他的事物或組織的一部分，因而超越了他單獨生存的孤立狀態，並由此體會到他與他所臣服的那種力量之間的同一性。克服孤立狀態的另外可能性則恰恰相反：人能夠透過支配這個世界，透過使其他人淪落為他自身的隸屬，因而借統治來超越他單個的存在而與世界建立起連繫。

　　隸屬和支配的共同因素是連繫的共生性。在這兩種情況下，人都失去了他們的完整性和自由；他們彼此依賴和彼此利用而生活，這既在一方面滿足了他們渴求親密無間的願望，但是在另一方面，卻由於缺乏內在力量和需要

自由及獨立的自信而遭受著不幸。更為嚴峻的是，他不得不經常承受著伴隨共生關係而來的那些有意識或無意識的敵意的威脅。

這種服從欲（受虐狂）和支配欲（施虐狂）的實現絕不會帶來滿足，它們具有一種自行作用的力本能，由於沒有什麼服從和支配（或者佔有和名聲）能足以提供同一感和聯合感，因此，這種欲望的實現只能招致一次又一次的重複嘗試，而這些欲望的最終結果則是失敗。除此之外不會有兩樣，儘管這些欲求的目標在於尋求一種聯合感，其結果卻反倒破壞了這種整體感。由任何一種欲求所驅使的個人實際上越來越依賴於他人；與力圖拓展其個體存在的初衷相反，他不得不仰仗他所服從或支配的人們而生活。

要滿足人希求與世界相統一同時又保持其整體感和個性這一需求，只有透過一種欲求，這就是愛。愛是在維持自立和一個人自身整體性的前提下，與外在自我的某人和某物的聯合。它是一種分享和交流的體驗，並且唯有它才提供一個人內在活力充分展示的可能性。愛的經驗遺棄了種種虛妄的需求，顯然，既然這種積極分享和愛的實踐使我能超越我單個的存在，既然它同時能使我感受到我作為愛的行為的積極力量和承受者的地位，那麼，我也就無需膨脹我關於他人和我自身的想像。

在這裡，要緊的是愛的特性而不是對象。愛就存在於人與我們同類的團結中，存在於男女情愛中，存在於母親對子女的母愛中，甚至存在於作為人類存在物的自愛中；它還存在於聯合的神祕體驗中。在施愛的行為裡，我感受到與所有人的連繫，然而，我本人卻是一個獨特的、自立的、有限制的、會死的人的存在。

確實，愛正是在自立與聯合之間的兩極之外才得以產生和再生。與尋求連繫的人類天性緊密相關，人類處境的另一面，是人作為一種動物的處境，以及超越這種受動的動物狀態之需求。人不由自主地被拋入這個世界上，就此而言，他與野獸、植物甚至無機物並無差別。不過，由於他稟賦著理性和

想像力，他絕不會滿足於動物般的被動角色，也絕不會滿足於這種類似任意拋擲的骰子一般的角色，他無時無刻不為一種超越此種動物性地位，超越其生存的偶然性和受動性，以及成為一種「創造者」的願望所驅使。

人能夠創造生命，這的確是人與所有有生命的存在物所共具的非凡品格，然而這卻是以下述區別為前提的，只有人才能意識到生命的被創造和作為創造者的身分。人能夠創造生命，或者毋寧說，女人能夠透過嬰兒的生產以及耐心照料以便使他長到足以能照料他自身而創造生命。人 —— 男人和女人 —— 可以經由播種、製造物質對象、創造藝術活動和觀念，以及彼此相愛而創造一切。在這種創造活動中，人便超越了他作為純粹的動物式的存在，他使自身由一種生存的偶然性和受動性之中被提高到一個有目的和自由的王國，在人這種尋求超越的需求中，展現出一種愛的根基，如同展現著藝術、宗教和物質生產的根基一樣。

生命的創造以活動和關懷為前提，它是以對自身創造物的愛慾為前提的。假如一個人失去其創造力，假如他不能愛其所愛，那麼他又是如何解決超越自我這個問題的呢？對於這種希圖超越的需求有著另外一種答案：如果我不能創造生命，我卻可以破壞它，對生命的破壞同樣可以使我超越生命本身，因為生命是一種奇蹟般的、無以名狀的東西。在破壞性行為中，人得以置身於生命之上，他超越了他作為動物的自身。因而，對於人來說，由於他被迫去超越他自身，所以，最終的選擇就是去創造或者去毀滅，去愛或去恨。

我們在人類歷史上所看到的巨大的毀滅性力量，以及我們在當今時代所親眼目睹的可怕事實，全都根源於人的本性，正像創造的衝動亦根源於它一樣。說人能夠發展其最初的愛和理性的潛力並非意味著對人抱有善的樸素信念。破壞性是與之相連的潛在可能性，它的根源就在於人的存在中，並且如同任何欲望一樣，具有同等的強度和力量，然而創造卻是唯一可能的選擇。

創造和毀滅，愛和恨並不是彼此獨立存在的兩種本能，它們構成尋求超越同一需求的兩種答案。當從事創造的願望難以滿足時，破壞的願望便會由此產生。不過成就需要的滿足會帶來幸福，而由破壞所招致的痛苦 —— 在大多數情況下，則是破壞者本身咎由自取。

同樣由人的生存處境所產生的第三種需求，也是人的尋根需求。人作為人的誕生意味著他離開自然界寓所後突現的肇始，意味著連結他與自然界之間的紐帶被割斷。然而，這種分裂是令人生畏的。假如人失去其自然的根基，他能夠奔赴何處並成為何物呢？他將被迫孤獨地自持，沒有寓所，失去根基；他會不堪忍受此種孤立和無助的處境，他會因此而患精神病。只有當他找到新的人類基礎，並且唯其如此，他才能重新感到他在這個世界上是自由自在的，並因此而脫離自然根基。然而，試圖由人那裡尋找如此一種不願割斷自然紐帶的深深渴望，亦即一種為了與自然界、母親、血和大地相分離而戰鬥的深深渴望，豈不是痴人說夢嗎？

最基本的自然紐帶是兒童與母親之間的紐帶。嬰兒在母親的子宮中開始其生命的歷程。與大多數動物的情況相比較，他不得不在那裡度過更長的時間；即便在他出世後，嬰兒也仍然處於生理上無助的境地，為此他不得不完全依賴於母親，這種無能為力和完全依賴於母親維持生命的時間比之於任何動物甚至還要長些。

在生命的最初幾年中，在母親與嬰兒之間不曾有充分的分離，他所有生理需求的滿足，以及他尋找愛和情感的生命需求的滿足，都仰仗於她；她不僅僅使他作為生命而誕生，而且還得繼續賦予他以生命。她的關懷並不取決於幼兒賦予她的東西，也不取決於幼兒未來不得不履行的任何義務，這是無條件的。她之所以照料他，就因為這個幼小的生命是她的孩子。

在這些決定性的最初年份中，幼兒從母親那裡感受到生命的源泉，感受到一種周密的、保護性的、滋養豐富的力量。母親就是食物，她是愛，她是

溫馨芬芳的，她就是大地。為她所愛就意味著成為活生生的生命，它深深植根於自然的根基之中，如同在家裡一樣。

正像出生意味著脫離子宮周密的保護一樣，生長也意味著離開母親的保護範圍。但是，甚至在成熟的成年人那裡，對這種曾經有過的處境的渴望也從未完全停止過，儘管在成人和兒童之間確實存在巨大的差別。

成年人擁有自立的方法，他擁有關心自己，為自己負責、為旁人負責的方法，而兒童卻還不能做到所有這一切，不過，考慮一下不斷增加的生命的困窘狀態，我們知識所固有的不完全性質，以及成人生活的偶然性和我們所犯的無法避免的錯誤吧！這樣就會看到，成年人的處境絕不像人們通常所斷言的那樣，與兒童的處境根本不同。每個成年人都需要幫助，需要溫暖和保護，他們在許多方面不同於兒童的需求，但在許多方面卻又與兒童的需求相類似。

我們從普通成年人那裡發現，他們有尋求安全和他曾由與母親的連繫所獲得的生命的源泉這樣一種深深的渴望，我們難道會為此而詫異嗎？難道沒有理由設想，除非他能找到別種生命源泉，否則就絕不會放棄這種強烈的期待嗎？

在精神病理學中，我們為這種拒絕脫離母親庇蔭的現象找到了例證。在大多數極端形式中，我們發現，病人渴望回到子宮中去，一個為這種期望所纏繞的人往往為思覺失調症提供了說明他的感受和行為就像是躁動於母腹中的胎兒，他甚至於不能承受一個幼小兒童的最基本功能。在很多較嚴重的神經功能症病人中，我們會發現同樣的渴求。然而作為一種被壓抑的願望，僅僅表現為夢境、症狀及神經過敏性行為，這種種反常均源出於滯留於母腹子宮中的深層渴望與傾向於過常規生活這種成人個性角色之間的衝突。

在眾多的夢境中，這種渴望往往由以下種種徵兆表現出來：病人常常處在一個黑洞裡，在由他一個人操縱的潛艇中，潛入深水中，如此等等。在這種病人的行為中，我們發現其往往表現為對生的恐懼和對死的深深迷戀（死，是以一種幻覺形式回到子宮和母腹中去的行動）。

　　還有一些較為輕微的戀母情結形式，可以說，它表現為一個人意欲回到他自己曾經出生的地方。然而，令他生畏的則是採取出生後的下一步行動，亦即懼怕母親給他斷奶。那些被縛著於這一出生階段上的人，一般都懷有祈望得到母愛、餵奶、有一個母親般形象加以保護的深深渴望；這種人扮演的角色永遠是奴隸。一旦失去了籠罩於他們身上的母性保護，他們就會生出一種恐懼和不安全感。

　　反之，一旦受到慈愛的母性或母性替代物的照料，他們又會顯出樂觀和積極的心態，這兩種截然不同的表現既可能是現實的，也可能只是表現為幻覺。

　　生活是一個持續降生的過程，我們多數人生命中的悲劇就在於我們死於我們充分的降生之前。但是，出生並不僅僅意味著擺脫了子宮孕育和照管等，它同時也意味著自由地從事積極的創造。正如同一旦臍帶割斷兒童必須呼吸一樣，人在其持續降生的每一時刻都不得不主動而富於創造性地活動。

　　就人的充分降生意義而言，他會由此發現一種新的根基，那便是他與世界的創造性關係，以及繼之而來的與所有人和所有自然物之間密不可分的體驗。正由於人是受動地植根於自然和子宮之中，才得以再度降生。不過這一次卻是以積極而又富於創造性地與一切生命物相處的姿態呈現於世。

　　人需要擁有同一感。人可以被定義為能說「我」的動物，亦即能意識到他自身為獨立實體的動物。而動物則由於身處自然界之中並且不能超越於自然界，因而並無同一感的需求。人則由於被從自然界那裡拋開，稟賦著理性和想像力，需求形成關於他自身的概念，需要去說並且去感受:「我就是我。」由於他不是被養活，而是獨立地生活著，由於他已經失去了與自然界之間的原初統一性，由於他不得不自己作決定，所以他意識到他自身與鄰居是不同的個人，他必須將自身感受為他所有行動的主體。如同他需要連繫，需要生命的根基和超越一樣，這種對同一感的需求對他來說是如此生命攸關和緊

第四章　生存與價值的轉向

迫，以至於只要人不能尋求到一種滿足此種需求的方式，就很難維持其精神上的健全。

　　人的同一感是從其超越「原始紐帶」的過程中發展起來的，正是這種紐帶維繫著他與母親和自然界的連繫。嬰兒由於只能感受到自身與母親的不可分性，因而不能稱謂「我」，也不能獲得任何同一感的需求。僅當他能將外部世界設想為獨立的和不同於他自身的時候，他才意識到自身為獨特存在物的處境，他所學會運用的最後一個詞便是關於他自身的「我」。

　　在人類種族繁衍中，人意識到自身為獨立自我的程度，取決於從氏族狀態發展出來的程度，也取決於個性化發展的程度。原始氏族成員或許能將其同一感表述為「我就是我們」這一公式；然而，他還不能將自身設定為與他的氏族相分離而存在的單獨「個體」。

　　在中世紀社會，個體被等同於他在封建等級制度下的社會地位。農奴並非偶然地才成其為農奴這樣一種人，而封建主也並非偶然地才成其為封建主這種人。他就是一個農奴或者一個封建主，他對這種不可轉移的處境感受本身恰恰就構成其同一感的主要之點。當封建制度崩潰之時，這種同一感便會隨之發生動搖，而一個尖銳的問題「我是誰」便會由此生起。或者更確切地說：「我怎麼知道我就是我呢？」這是由笛卡爾以其特有的哲學方式所提出的問題，他對此種尋求同一性的回答是：「我懷疑 —— 故而我思；我思 —— 故我在。」這一答案將所有重點皆置於把「我」的經驗視為我思活動之主體之上，因而未能意識到「我」正在感受和創造性活動的過程中。

　　西方文化是沿著為充分的個性經驗創造基礎的方向發展著的，它為個人提供了政治上和經濟上的自由，而且，這種文化中的教育方式是引導他為自身而思，使他得以從來自權威的壓力下解放出來。正因為這一緣故，一個人才得以在他是自身力量的積極主體的中心意義上感受著「我」，並且就依此種方式經驗著自身。不過，即便如此，也僅只少數人獲得了關於「我」的新的感受。

　　對於大多數人而言，個人主義不過是虛有其表的外觀，在其背後，卻潛藏著個體同一感的喪失。

　　為了尋求真實的個體同一感的替身，曾有過各種追求和發現，民族、宗教、階級和職業均被視為同一感的替代物。「我是美國人」，「我是新教徒」，「我是商人」，所有這些都是幫助一個人在原始的氏族同一性消失以後，在獲利一種真實的個體同一感之前，感受著自身同一性的一般方式。

　　在現代社會中，這些彼此間互有差別的同一性通常都獲得了同時並存的價值。在較為寬泛的意義上，它們只是標誌著身分的同一，在那些古老的封建殘餘與現代社會並存的社會中，它們顯得更為有效，例如歐洲國家便是這樣。而在美國，由於封建遺物極少存在，以及社會變動性是如此之大，以至於這些標明身分的同一性很自然地較少發生作用，而這種同一感則越來越趨向於一致的經驗。

　　因為我不是有差別的，因為我就像旁人一樣多並且被他們視為「可靠的夥伴」，故而我能將自身感受為「我」。正如皮藍德羅（Luigi Pirandello）在一齣劇的標題中所標明的那樣 —— 我是 —— 「就如你所願的那樣」。在這裡，取代前個人主義的氏族同一性的是一種新的眾人同一性，從這種彼此間的同一性眼光看來，此種同一感就建立在一種無疑為公眾所共有的感受之上。儘管人們往往並不承認統一性和一致性的這種性質，儘管為個性的夢幻所掩蓋，但這些都不能改變這一事實。

　　並不像人們通常所理解的那樣，同一性的意義問題僅僅是一個哲學問題，或者只是涉及我們的精神和思想的問題。造成感受同一性需求的根源就在於人類生存條件本身，它構成了大多數強烈追求的源泉。既然我在失去「我」的感受之後難以維持我的健全，我便被迫採取任何行動來獲得此種感受，那種潛藏於追逐地位和一致性的熾熱欲望的背後，正是這種需求。

　　在某些時候，對這種需求的渴望程度甚至於比生理上的生存需求更為強

第四章　生存與價值的轉向

烈。沒有什麼比下述事實更為明顯的了：人們往往願意冒生命危險，放棄他們的愛，失去他們的自由，犧牲他們的思想，而這一切，卻都是為了這一目的，那就是使自己成為大眾和統一整體之中的成員。換言之，也就是為了獲得一種同一感，儘管這是一種虛幻的東西。

理性與在世的定向

人具有理性和想像力這一事實不僅導致感受其自身同一性的必然性，而且也導致他理智地為自己在世界上定向的必然性。可以將此種需求與生理定向過程相比較，後者在生命的最初幾年裡發展起來，並且僅當兒童學會自己行走、觸摸和抓握實物、意識到其為何物才告完成。不過，獲得行走及言語能力只不過是這一定向過程的初始階段，他不得不借助其自身的理解力弄清其意義，將其置於某種他能理解的情境中，由此他才能根據其思想來與這些現象打交道。他的理性愈發展，這種定向系統便愈加完備，亦愈接近於實在本身。然而，甚至連人的這種定向框架也完全是虛幻的，它只是滿足了他對於那些有意義事物的需求。

不論是信奉一種圖騰動物、一種雨神，還是信奉種族的至上權威和尊嚴，都能使他這種定向需求得到滿足。很顯然，他所描繪的世界圖景依賴於他自身理性和知識的發展，儘管從生物學上講，人類種族的大腦容量數千年以來始終很少改變。然而，只是在經過了長期進化過程以後，人才達到客觀性，亦即獲得了如實地觀察世界和其他人的能力，而不至於為願望和恐懼所歪曲。人愈是發展這種客觀性，他就會愈加緊密地接近實在，他愈是變得成熟，他就愈能創造出一個他感到自由自在的人類世界。

理性是人借助思維來把握世界的能力，而理智則是人借助思維的幫助來控制世界的能力。理性是人達到真理的工具，理智則是人更為成功地處置世界的工具；前者屬於人的本性，而後者則同時屬於人的動物性。

　　理性是必須在實踐中才能加以發展的能力，它是不可分割的。我這樣說意味著尋求客觀性的能力不僅涉及有關自然的知識，而且亦涉及人的知識、社會的知識以及關於自我的知識。假如一個人抱著對生命的某個因素的虛妄偏見而生活著，那麼，他的理性能力便是受限制的或有害的。因此，理性的應用是受所有別的因素制約著的，理性在這方面就如同愛一樣，正如同愛是涉及所有對象，並與禁固於單一對象不相容一樣，理性也是人必須領會人所面對的世界全部整體的一種能力。

　　對定向框架的需求存在兩種形式。第一種也是更為基本的需求是建立起某些定向組織，無論它是真的或虛幻的，除非人擁有這種滿足主觀願望的定向組織，否則，他便不能健全地生活。第二個層次的需求是借理性觸及實在，亦即與客觀地把握世界相關。但是，既然在這後一種情況下對人來說，生命攸關的是他的幸福與安寧，而不是他的健全，因此，發展其理性的必要性遠不如發展某些定向組織那樣迫切。

　　如果我們研究一下理性化的作用，那麼，這一點就會很清楚。無論一種行動是如何不合理和不道德，人總有一種試圖使之理性化的無法抑制的衝動。換言之，就是試圖對自己或別人證明，他的所有行動都是由理智、常識，或者至少是道德習慣所決定的。儘管他在非理性行為方面所遇到的障礙很小，不過，賦予他的行為以不合理動機的外觀，對於他來說，幾乎是不可能的。

情感與在世的定向

　　如果人只是與其肉體相脫離的理智，那麼，他的目的便只能從一種無所不包的思維繫統中獲得。但是，既然他是稟賦著肉體和精神雙重存在的實體，故他不僅在思維中，亦在其全部生活過程中，在他的情感及行動中對其生存的雙重性做出反應。因此，定向系統的任何令人滿意形式都不僅包括理智因素，也包括那些透過人與特定客體之關係得以展現出來的情感及感性因素。

第四章　生存與價值的轉向

　　由人要求定向系統之需求所產生的種種答案與其所涉及的對象本身不僅在內容上，而且在形式上也顯著不同。我們知道，存在著泛靈論和圖騰制這樣的原始體系，在這些認知體系看來，自然客體和人的祖先對人尋求意義的需求提供了答案。還有無神論的體系，例如佛教，它通常被稱之為宗教，儘管就其最初形式而言並無神的概念；還有純粹的哲學體系，例如斯多噶學派；最後還有神教宗教體系，它借神的名義對人追求意義的要求做出了回答。

　　然而，不管上述體系的內容本身如何，它們都適應了人的下述需求，亦即不僅建立起某些思維體系，而且確立賦予他的生存及其在世界地位以意義的對象本身。只有對不同宗教形式予以分析才能表明何種答案對於人尋求意義及對象來說是更好或更壞的結論。另一方面，「更好」或「更壞」又總是根據人的本性和發展的觀點加以確定的。

選擇與實行

　　在討論種種由人的生存條件所產生的不同需求時，我曾試圖提出，它們不得不以某種方式予以滿足，以便避免人在精神上的不健全。但是，每一需求滿足的方式都是各不相同的，這些方式上的差別也就是它們對於人的發展的適應性上的差別。連繫的需求可以經由服從或支配給予滿足。不過，只有在愛之中，才真正展現出能夠滿足人的需求，亦即自我的獨立性與完整性的需求。

　　超越的需求既可由創造亦可由破壞加以滿足，但是，只有創造才孕育著歡愉而破壞則總是給自身及他人帶來不幸。尋根的需求可以由返回到自然和母親那裡得到滿足，同時，它也可以透過不斷前進，實現新的聯合和整體的充分發展來予以滿足。同樣，在這裡，只有在後一情況才能維持個性和整體性。一種定向結果可能是合理的，也可能是不合理的，但只有合理的結構才能充當全部個性的生長發展之基礎。

最後，同一感既能建立在與自然界和氏族的原始連繫中，建立在對團體的適應性上，另一方面，它也能夠建立在人完全而富於創造性的發展之上，同樣，只有在後一場合下人才能達到其愉樂感及力量感。

種種答案之間的差別是精神健康與精神不健康之間的差別，是痛苦和歡愉、停滯和生長、生和死、善和惡之間的差別。所有可稱之為善的答案均與生命的本性相一致，這種本性就在於它是持續不斷地生長與發展。反之，所有可被稱之為惡的答案都是與生命本性相衝突的，它們助長了停滯，最終是推進了死。

確實，一旦人降生於世，生活就會向他提出，關於人類生存的問題。他必須在其生命的每一時刻就此做出回答。他必須這樣做，不單單是他的精神，也不單單是他的肉體，而是完整的他，這個真實的個人，他的腳、他的雙手、他的眼睛、他的胃、他的精神、他的感覺、他的真實的一切，而不是想像的或抽象的個人。對於生存問題的答案只能是有限的，我們可以從最原始到最精緻的宗教歷史中找到這種答案，我們亦可以從各式各樣的人那裡，從最健全的人到最深層的神經功能症那裡找到它的相應答案。

我認為，與人類生存現實相符合的生命答案在於精神上健康。但是，通常由精神健康所表明的東西卻是消極的人而不是積極的；它意味著無病狀態，而不是健康的存在。實際上，在精神病學和心理學中，關於何種因素構成健康只存在著為數極少的討論。

我樂意於將健康視為創造、自覺和反應。獨立和完全積極的能力使得一個人得以與這個世界共存，與存在共存，而不是與擁有共存，就在生命活動中體驗著歡愉，並且將創造性的生活視為生命的唯一意義。健康不是一個人精神世界之中一個假設，它展現在他全身心的活動中，展現在他行走、談話，以及力量發揮的方式之中。

毫無疑問，任何試圖實現其目的的人都必須與現代文化的許多基本傾向

作鬥爭，我只想很簡略地指出兩點：首先，我要談談有關理智與情感之間相分裂的觀念。這一觀念從笛卡爾時代起一直流行到佛洛伊德時代，在這一發展過程中（當然，其中也有個別例外），一直存在這樣的假定，那就是，只有理智才是合理的，而情感則在本質上就是不合理的。

關於情感與理智相分裂的這一教條並不符合人類生存現實，並且對人類成長來說也是有害的。除非我們克服了這種分裂的觀念，賦予人以其本來的統一，認知到情感與理智、肉體與精神之間的這種分裂只不過是我們本身思想的產物，並且不符合人的現實。否則，我們就既不能充分地理解人，也不能獲得健康的目的。

妨礙達到健康的另外障礙深深植根於現代社會精神之中，它表現為人的最高價值的喪失這一事實。19 世紀告訴我們：上帝是死的；20 世紀則會說：人是死的。方法已經轉變為目的，物的生產和消費成為生命的目的，成為支配生活的力量，我們在一方面生產了像人一樣行動的物，卻在另一方面生產出像物一樣活動的人。

人使自身轉化為物，崇拜他自己的產品；他從自身異化出去，並且業已退化到偶像崇拜的境地，儘管他這樣做常常是假借上帝的名義。愛默生（Ralph Emerson）早就意識到這一點，「物居於馬鞍上駕馭著人類」。現在我們許多人都重新意識到這一點。健康的獲得只有在滿足需求條件時才是可能的。那就是，我們是否能重新回到馬鞍上去。

創設適合生存的價值觀念

康德把世界分為純粹理性王國和實踐理性王國，此種劃分奠定了我們時代價值問題的基本形式。這種劃分把認知領域和評價領域分割開來，這種區分反對從「是什麼」導出「應當是什麼」。價值觀念的科學在語義上是一個

矛盾。現代社會中發展起來的科學運用邏輯觀察事實，無論邏輯還是實際觀察都不能對目的與價值做出判斷，尤其是終極目的更無法判斷。此類科學只能研究解決與事實有關的價值問題，只能透過對各種文化中的價值觀的分析而指出價值是相對的，是受制於文化的。

這種狀況給我們的文明造成極大的困難。在我們的文明中，科學被看成是最終的裁判者，似乎只有科學支持下的價值才值得人類為之而努力，但是，科學卻不能為我們提供理想的生活。這就為非理性主義力量打開了通路，這也是那些震撼人類的群眾運動之所以具有破壞性的一個重要的原因。

科學主義與理性主義的鼓吹者們是同樣謬誤的，由於科學主義從其世界觀中排除了與存在的重要因素，並排斥價值維度，因而造成一個力量真空，非理性主義便乘虛而入。科學主義誤解了人類存在的基本結構，價值在存在模式中有自己的地位。如果否認這個模式，價值在宇宙畫面上便被消除了。

可以從人類經驗中發現存在的結構，一切為人所經驗的事物都要用辯證法的三段式術語來表達，辯證法包括三個階段；一個基本矛盾、兩極的對立、對立終極的統一。基本對立或基本源於主體的客體、「自我」和世界的二分。我們所經驗的一切都分為兩部分：經驗著主體和被經驗著的客體。這種劃分不限於思想，而且涉及人類所有的記憶、想像、情感、意志和活動。矛盾雙方的對立意味著兩者相互依存，離開一方他方即不復存在。自我與世界相互決定著，主體與客體相互獨立開便不能也確實不存在了。

這種對立是連結矛盾與兩極最終統一體的仲介，兩者僅僅在某些方面不同，而本質上是一個東西。古代道教用一個圓圈中相互纏繞的黑白兩半作為徽記，這個徽記非常形象地展現了辯證法的三段式。

人的存在被割裂的基本原因是人的意識，人可以超越任何給定的情境，因為他可以意識到這種情境：人「存在著」。同時，他也意識到了自身的存在。這就造成了有意識的主體與他所意識到的客觀情境之間的割裂。

第四章　生存與價值的轉向

借助意識而實現的超越正是人的自由的基礎；借助人的意識對某種情境的超越，人才能從這種情境的必然性的一定局限中得到自由。這就為人們提供了各種可能的選擇。於是，人得以衝破「定在」的牢籠而馳騁於「潛在」的王國，於是，出現了選擇的可能性，出現了根據價值做出決定的必要性。人們借助意識而實現超越的全過程即構成人的自由。這一過程包括把握潛在的可能性，包括基於價值之上的選擇活動。

因此，價值是自由的伴生物。價值的基礎是什麼？價值的內容由什麼來決定？從具體的和現實的角度講，歷史條件、社會和文化決定著價值的內容。價值觀念的終極基礎卻植根於存在的終極基礎之中。價值具有本體論起源。甚至那些拒斥形而上學觀點的人也並不否認，全部文化都從代表著存在基礎的上帝、自然、宇宙等基本概念或象徵那裡導出其終極價值。一旦忽視了存在基礎和價值之間的連繫，價值便開始瓦解。

終極價值的一般內容源於基本存在的三段式：矛盾、對抗和對立統一。這種對立統一是終極價值的核心。從本體論看來，存在的基礎是使一切矛盾得以統一與諧調的維度。這是可以使矛盾得以化解的、包容一切的本體。這是普遍推理的結構的更深刻的一面 ——「創造的源泉、無限和無條件的存在力量」，不能用語言對它進行描述、界定並命名，只能對它採用象徵性的表述，也許只能在很少的頂峰體驗中才能把握它。抓住「意識的一閃念，智慧就會噴湧而出一瀉千里」。對於那些在這個名字面前不加避諱的人來說，它就是一切。

然而，我們可以置統一的「基礎的現實性」問題於不顧，完全透過存在分析而達到相同的結論。從人的各種深刻的追求中，我們都不難發現這種克服、消除、否認自己生存境遇中割裂的努力。意識引起的這種割裂使人疏離自身、疏離自然並桎梏了自由，它是人類焦慮和苦難的最終根源。對於這種割裂的痛苦和對統一的期望，人們可能用對於原始統一的記憶來解釋，也可

以用關於超現實的高層次統一的朦朧意識來解釋。不管怎樣，這種割裂和苦難的確存在，克服這種割裂的希冀也的確存在。

對立雙方的統一和基本存在中割裂的諧調是人類追求的目標，也構成了其終極價值的基本內容。然而，通向目標的途徑有兩條，我稱之為正向統一與逆向統一。這兩種途徑源於所有生物的兩種基本傾向：一方面是存在指向消亡和向先前較為簡單狀態復歸的衰退趨勢，另一方面是個性化趨勢。

人的存在的割裂具有本體論性質，它是超時間本體論結構的一部分，這種本體論結構無開始、無終結、無增加、無歷史。然而，人對這種存在割裂的自我意識取決於種系發育和個體發育水準。種系與個體的發展是相互連繫的，因為個體重演了人類的發展過程。

伴隨進化，人類才逐漸意識到這種存在的割裂。人類最初處於一種自我與世界、個體與群體、意識與無意識的原始統一狀態，關於事情的體驗是單一的。種系發展的這個階段，以前文化為代表。這種文化的主要特徵是其怪異和神祕的「思維」，是其關於自然和關於群體的神祕的參與態度，是集體無意識的支配。個體發展的這個階段以胎兒期和嬰兒期為代表。此時，個體還沒有意識到他與外部世界和他人的分離，所有的精神心理活動受無意識的支配。在那個階段上，那種具有自我意識的自我只是作為潛在性而「存在」。

這種狀態被人們體驗為和看作是一種極樂。向這種狀態的復歸趨勢被佛洛伊德稱之為「死亡驅動」。不幸的是，這一術語不僅指那種指向死亡的驅動，也指那種向過去、向簡單、向低張力生活狀態復歸的生物慣性。

這種普遍趨勢仍然存在於人類為恢復原始的極樂和統一的努力之中，在那裡沒有割裂，自然會招致反抗。這種反抗導致了倒退和逆向統一。指向逆向統一的「死亡驅動」盛開為人類行為的強大力量，它代表著一種消除割裂的可能的途徑，它也是避免諸如性、放縱、酗酒等沉醉狂迷行為的方法之一。甚至在最積極、最高尚的人類的努力中，這種「墮入深淵」的因素亦是

第四章　生存與價值的轉向

一個必要的部分。在我們討論了「正向統一」之後，這一點就會更為明晰。

「正向統一」是與「個性化」相連繫的。個性化的起源問題是古老的存在和形成的關係問題。無論形而上學的答案是什麼，宇宙和人類發展中的分離、分化和個性化的趨勢卻是事實。個性化的過程展現為兩種原則的鬥爭，個性化過程就是一個從原始的前意識統一中不斷地解脫的過程。這個過程伴隨著不斷的分化和理性的加強。在意識領域中，這個過程蘊涵著增加著的自我權利和自由決策。這一過程包含著集體強制價值被個人選擇價值所取代。按照佛洛伊德的說法：「超我被自我理想所取代。」

正向統一在不反對個性化的條件下極力促成存在的矛盾兩極的諧調。逆向統一取消個性化，正向統一堅持個性化。看起來這是矛盾的，因為統一意味著克服分離，個性化恰恰是分離。其實不然，這正是一種辯證關係：正向統一是一種出現在個體作為獨立總體從原始的無意識統一狀態中分離之後的綜合體。這與烏托邦模式相仿：最初，一種統一的極樂狀態；其後，一種墮落與犯罪的對立狀態；最後，經過協調達到比原始統一更高層次上的綜合。正向統一是「肯定」了個性化的統一。

統一，尤其是正向統一，是人類的奮鬥目標。因此，它們決定了終極價值的內容。在西方文化傳統中，往往把終極價值稱之為真、美和愛。要實現這種終極價值就要達到主觀與客觀的統一。真知來自於知之者和被知者的統一。這意味著一個從知識客體中分離出來的獨立的知識核心，它具有使自身與認知對象相連繫而又不破壞自身獨立性的能力。這種正向統一非但不否認個性化，反而能夠推動人的心靈趨近真理的心智和愛欲。

同樣，自然和藝術的創造與再造實踐也包含著觀念中的美和客體中的統一，它們融合為一體。不僅在對真，而且在對美的理解中都含有非常相近的實在結構：主體和客體、兩者的分離、兩者最終的統一。

在相愛關係中也明顯地存在著同樣的情形。人與人的疏遠包含著相互的

分離。就其最寬泛的意義上講，愛就是否定疏遠。所有的溫存、充滿柔情蜜意的人際關係都是為了克服孤獨，彌合「我」與他人的分離，透過愛使他人變成「你」。

同樣，這種統一之所以可能，因為兩者具有共同的要素。「我」和「你」都同屬於人，「你」是另一個人的存在的「我」，透過愛，「你」就被視作「我」而不是一個客體，透過移情和理解我可以與你相認同。這與對真理的美的把握是一樣的。主體與客體的分離，兩者具有共同的要素，兩者是統一的。這種狀況在性愛上尤為明顯，而它表現於所有的相愛關係中。沒有對相愛者個性化的肯定對完善的追求的性愛是逆向統一而不是正統一。從最高意義上講，愛是一種保持和接受「你」的個性化的正向統一。

價值體系可以分成「壓抑性的體系」和「整合性的體系」。壓抑性的體系儘管透過壓抑矛盾的一方面達到了表面上的統一，實質上不過是追求統一努力的一種失敗。在這個體系中，人類存在的某些方面遭到否定、譴責和壓抑，對好與壞做出刻板的截然劃分。於是，人的一般行為受到明確的普遍而又抽象的否定和壓抑，而其相反行為卻受到讚響。

在喀爾文主義（Calvinism）、清教徒主義及其世俗後繼者的影響下，這種態度在西方文明中盛行起來。它表現了那些深層心理學家們稱之為壓抑的全部特徵。受壓抑的東西並沒有消失，而是隱入潛意識之中，並在潛意識中為實現而努力奮鬥。自我的潛意識的壓抑力竭力阻止被壓抑的衝動從潛意識上升到意識表層上來，但卻無濟於事。壓抑的企望遲早會導致受壓抑者以精神疾病和癲狂症的形式得以爆發。所有這些對於現代思維和價值的發展仍然是適用的。對非理性因素和痴迷因素的壓抑導致了 20 世紀的極權主義和戰爭。這種結果表明了壓抑的價值態度的慘敗。

作為存在與現實一個方面的壓抑觀念，在那些並未認知到人類存在的矛盾特徵的實證主義、自然主義和進步主義的現代思潮中亦有所反映。這些思

第四章　生存與價值的轉向

想流派就其否定人的現實存在的悲劇性的不完美和其潛在的理想本性之間的衝突而言，也是壓抑的，其結果是對所謂歷史力量的讚美和對進步的膚淺的信奉：人類文化、歷史、社會不過是本質的實現。顯在的不完美只是暫時的失調，隨著社會進步將會消失。隨著科學知識的增加，經濟的改革和研究經費的增多等，理想世界與現實世界之間的分裂將會被永遠消除。

由於不承認人的不可避免的失落、渺茫和瘋狂，這種世界觀導致了一種壓抑的價值體系的形成。在認知和價值體系中，這種自然力均受到壓制。由於沒有面對這個「故人」，也就也沒擊敗它。正像所有的價值體系一樣，壓抑的價值體系的來源之一是人對對立面的統一這一基本目標的追求，這是可以理解的。他們企圖壓抑矛盾的一方面消除割裂，哪怕這種方式是片面的和無效的。

「整合性的價值體系」是基於矛盾、對抗、最終統一這一本體論的三段式上的。整合性的價值體系不僅包括矛盾的雙方，而且力爭在綜合體中達到統一。正向統一與逆向統一都含有整合的特點。然而，由於逆向統一否定個性化，因此從某種程度上說，它屬於壓抑性的價值體系，即使逆向的統一也是對立的統一，它包含著必須進行調和的矛盾的存在。

價值系統的四種類型 —— 壓抑性的、整合性的、正向統一和逆向統一都不是不相容的，甚至在任何一個具體的價值體系中都可找到它們的共同特點，可以根據這些系統形成統一的層次和強度來對其進行評論。在這一尺度上，最低級的是壓抑性的價值系統；逆向統一次之，它消除了矛盾，卻否定了個性化；最高級的是能導致正向統一的整合性的價值系統。

作價值的存在分析能夠全部得出有關我們當前情境的結論嗎？我認為這是可能的。我們的大多數精神的、心理的和社會的問題都能溯源到這種整合與統一的欠缺。埃里希·弗洛姆（Erich Fromm）曾經批判過在我們的經濟中完全異化了的人。異化可以定義為人完全委身於外在力量，或委身於一種片面性的追求，或委身於自己的一部分，異化意味著沒有整合與統一。在技術

和商業的衝擊下，我們的全部精力都放在那些能夠直接改變和控制外部世界的行為上，放在商品的生產和消費上，放在金錢、財富和權力上，而人的內心生活卻被忽視了。

在商業、技術和科學領域中，我們已經開始接受了權宜和功利主義和原則。這種原則的特色是：目的與方法的嚴格的分離；假設目的已經給定，假設經濟原則（以最小投入獲得最大效果）應成為最高的行為準則。這種片面的態度排斥道德，排斥非功利主義探索理性前提的努力。在我們人與人之間的相互關係中也能夠發現同樣片面的態度和觀念的割裂。這就是我們不能去愛的根源。

競爭的欲望超越了市場的範圍。人與人之間產生一種敵視態度，這種態度已滲透於各種社會和人的關係之中。再者，這種狀況甚至使我們不能去追求完善的統一，不能實行利他主義，不能實現真正的愛。由於我們不能看到使存在統一的可能性，所以我們不會與他人聯合。

這種情形與我們的經濟有密切關係，亦反映在經濟人的形像當中。「經濟人」是異化了的人的典型。他的行為限於意識的和明智的行為。所有自發的、情感的和非功利主義的行為都受到了壓抑。儘管經濟學理論高唱經濟自由的讚歌，但它所想像的人卻喪失了真正的自由。這種經濟人保持著清醒的意識和完善的知識，據此做出唯一的、確定的行為。這種行為不過是以金錢衡量的物質財富所得的最大化。

人已經被經濟學貶低為一個最佳化的電腦。人被看成僅僅關心金錢並被貶低為金錢的主宰。這就造成了在那些不宜用此尺度衡量生活方面缺憾。友誼、愛、寬裕、創造性行為、審美的和宗教的體驗都不能根據經濟原則來衡量。目的尚未給定，在方法和目的之間不存在可以作為行動指南的可比的關係。既不能用時間、勞動力、物質財富和金錢的消費來評價神的造化，也不能用它來評價藝術創造的偉大。透過經濟學對現代世界的巨大衝擊，經濟原

第四章　生存與價值的轉向

則已經淹沒了其他一切生活原則。其結果把人的行為從其全部潛能和多種維度降低到一個狹小的範圍，這就是異化。

　　儘管人不能完全擺脫矛盾，這種觀點也是正確的。本體論上的疏遠不同於社會經濟主文化條件所造成的異化。存在的矛盾是不可避免的，但社會、經濟、文化將會使矛盾或者淡化或者激化。我們的時代已達到這樣一種激化狀態，以至一個徹底的精神上、智力上和道德上的革命已經刻不容緩了。

　　從某種程度上來說，統一、綜合和評析也是我們的某些經濟問題的答案。在具有很高的生產能力的富裕經濟中，問題不是工作者的效率和生產率。為建設高物質社會所奮鬥的那種原則驅使我們不斷地追求更高的國民生產值，追求更大更多的商品和發明創造。由於我們的物質欲望是無效的，因此，我們那種經濟原則的統治必須打破，我們的經濟終會像聖經中的塔那樣最終坍塌。

　　為了平衡經濟，我們必須用閒暇來補充勞作，用對精神和智力的追求來補充物質需求的滿足。增加著的技術效率和自動化將要求一種不僅僅基於勞動和工作的收入分配基礎，將要求價值的重新取向；智力的、藝術的和精神的創造將比物質產品的生產和發明獲得更高的報酬。在市場上將不再僅僅根據一個人做了些什麼，而且根據這個人是什麼而付酬。這不僅是一種道德要求，在自動化時，它就將成為一種經濟的需求。所有這些都蘊涵著統一與整合：商業精神將需求一種靜思無為、溫文爾雅的生活方式來進行調節。

　　要達到這種目的，我們必須放棄我們對分析理性的篤信，這種分析理性過分強調部分的差異。這種理性使所有存在的矛盾永久化，過於強調人的存在的割裂。這種篤信甚至使我們看不到終極的統一。我們已經達到了存在三段式的第一段，即矛盾的階段。由於我們過分重視智力，因而使理性脫離了情感，我們忽視了理性的深層維度、理性的底蘊。這種重視與忽視阻礙著我們超越事物間和個體間特定的具體差異和追求最終的統一。由於它使人的內

部和外部衝突永不消失，給我們眉頭壓上了不堪忍受的沉重負擔。

這就好像我們宣布自己竟然處於患了不可救藥的思覺失調症的狀態中，它拆毀了溝通人與世界、人與人、人與自身的全部橋梁。只有重新打開通向深層、通向在基底的大門，我們才能努力達到自身的新的統一，達到與他人的新的統一，達到與永恆者的統一。

人本主義的生存價值方法

價值的人本主義方法在自然主義和本體論之間建立了一種連繫。人本主義者與自然主義者的共同信念是，相信可以從生活、自然和人的存在中以某種方式導出價值。但在對人的境況的觀點上，他們與自然主義者之間存在某種差異，由於在他們在於人的存在的構想中包含著超驗的因素，故他們的觀點與本體論相似。自然主義者與人本主義者之間最主要的差異在於後者在人自身之中發現了一種統一的原則。

圍繞著心理健康和自我實現的價值觀念可能會有助於澄清自然主義與人本主義傾向之間的異同。自我實現作為我的論點的核心，我堅定地站在那些主張科學的倫理是可能的人們一邊。從一開始，我就從「軀體智慧」和趨於體內平衡的生理傾向出發來導出價值原則。

在這一方面，我不贊同認為不可能從生物價值導出道德價值的貝塔朗菲和多布然斯基的觀點，也不贊成僅僅用生物價值來論證道德價值而不是從中導出道德價值的奧爾波特和馬格瑙的觀點。在我提出「軀體智慧」的概念之後，不僅在人類，而且在小雞之中，亦存在著好的選擇者和壞的選擇者時，就陷入了一種邏輯的困境。如果這種軀體智慧尚不能將小雞引導到一種好的生活，那麼人的存在將如何呢？

自我實現是一種有機體系統自我表現和發揮功能的傾向。透過自我實現

過程，人達到和諧、完整、自由的主觀感受，人可以滿意地發揮作用，這將等同於心理健康。自我實現等於完整性、心理健康、個體性、自覺性、創造性、創造力，它是人的終極目的。自我實現靠天生的成長傾向來推動。在人的存在中，有「指向人格的統一、指向於充分的自我表現、指向於充分的個性化和同一性、指向創造、指向美好、指向求知求真而不是渾渾噩噩」的衝動。所有這些自我實現的形式都意味著「良好的價值……寧靜、善良、勇氣……真誠、愛、無私和德性」。

　　顯然，在自我實現和心理健康概念中包含著價值因素。什麼是好的功能發揮？什麼是創造性和創造力？為什麼善良、愛、無私這些通常被認為是有價值的東西是自我實現的結果，而為什麼將攻擊性、破壞、敵意、統治、自私自利這些非常明顯的行為排除在自我實現之外？諸如反社會的創造力和創造性、犯罪、剝削、戰爭等，是否屬於自我實現的一部分呢？我們需要一種更高邏輯層次的標準來區分自我實現的積極的和消極的部分。

　　我堅持認為自己的自我實現的目標是從對那些自我實現著的人的科學觀察中導出的。「我不是說他應該選擇這個或那個，而只是說在允許選擇的情況下，我們可以觀察到健康的人選擇了這個或那個」。人怎樣選擇自己的健康？不論是自覺地或無意識地、明顯地或隱含地，他的選擇後面必然存在著某種關於健康的規範的標準，就像區分好的選擇者或壞的選擇者需要某種標準一樣。

　　在區分健康的、自我實現的人和神經質的、病弱的人的時候，總是需要一種關於健康的規範性的標準。概括起來講，不論是精神健康或心理健康的概念，抑或自我實現概念本身，看起來都不是價值的適當的科學基礎，因為這些概念是基於那些不能從科學觀察事實中導出的隱含的價值判斷之上的。

　　在人本主義理論中包含了一些不能靠自然主義的純粹邏輯和事實的方法來把握的因素。人本主義者借助內省、直覺和移情而勾勒的是一幅完整的人

的形象，而不像自然主義所描繪的是一種殘缺的形象。

這可以從弗洛姆對人的境遇的分析中看出。他將之描述為一種扭曲和割裂的狀況。「人很早就從與自然的原始統一性中脫離出來……由於人在這種分離的同時稟賦了理性和想像，他得以意識到自身的孤獨和無助。」他需要和夥伴之間的連繫，需要愛和統一。他有「一種超越此種動物性地位……」成為一種『創造者』的願望」。「人可以被定義為能說『我』的動物，亦即能意識到他自身為獨立實體的動物」，「人需要擁有同一感」，「人具有理性和想像力這一事實……導致他理智地為自己在世界上定向的必然性」。

人部分地被看成是自然的，部分地被看成是超自然的。儘管人部分地屬於被規定的、有限的自然領域，但他可以透過他的記憶、他的想像、他的意識、他的自知以及推理來超越這一被規定的、有限的自然。

從某一角度講，人本主義者與自然主義者具有相同的前提：價值可以由現實來證明。他們的差別在於各自對現實的定義不同。自然主義者只接受人以外的現實，即使接受某種人的現實，也僅僅接受那些與自然現實同型的、那些有限的、被規定的、屬於必然領域的現實。人本主義則將那些不屬於有限、想像、幻想、意識、自知、推理、可以超越特定的、被規定的、有限的情境的人的能力等等。

身為自然科學家的自然主義者們不習慣於面對人的存在的全部「事實」。他們習慣於處理那些不帶有意識、自知和推理的現象。因此，他們在某種程度上傾向於否認這些方面的人的存在。

人是一個不同於非人自然實體的統一體。所有的有機體都是一個統一整體，但人是一個具有自我意識和具有超越他的環境和超越他自身的能力的統一整體。作為一個個體的人，他同時既包含於特定環境又超越著這種環境。在一個人之中存在著兩極之間的對立統一，事實上和邏輯上不同的維度在人自身實體中獲得統一。

第四章　生存與價值的轉向

　　所有企圖在事實和價值之間建立的人所共同追求的對立性的統一,在一個人的中心化的、自我意識到的自我中得以實現。在人身上,事實和價值是一回事。將價值連繫於整體的人,抑或將價值連繫於人的存在的某個方面,兩者之間存在差異。如果將價值植根於人的整體性,那麼,基於事實和價值不同維度之上的爭論就不存在。

　　在一個完整的人身上,即使他承受著內心的價值衝突,價值和事實也是統一的。這種衝突和這種矛盾是我們稱之為人的這一實體的一部分。榮格曾經說明人格怎樣經常用自身的一種傾向來平衡另一處傾向:一個潛意識中非常衝動的人可能會以一種極富理智、極富邏輯的哲學和行為模式來平衡自己人格中的這一方面。

　　人自身就是一個可以使事實和價值這樣一些矛盾得到統一的統一體。

　　弗洛姆所強調的全部人類需求都意味著愛和統一。人需要與自己的夥伴之間有新的連繫,這種連繫只能靠愛來建立。這就是說,只能是在不損害個人自我的完整性的同時,與自我以外的事物達到統一。儘管對生命的破壞也是一種超越的形式,但創造和超越的需求只能透過積極的創造來滿足,而不能以消極的破壞的方式來滿足。

　　尋根的需求亦要由愛和工作來滿足,而不能靠由對生活的激起的對母親子宮的倒退性渴望來滿足。同一感方面的需求只能靠包含著對自身的愛和與自身統一的個性化來積極地滿足,而既不能靠對同夥、群體、階級、社會的被動認同來滿足,亦不能靠自動地服從來滿足。智力方面的需求要透過一個客觀的、現實的參照框架來滿足,在這個框架中包含著整體的現實,包含著一個可以為自身的存在帶來意義和為自己在世界中確立位置的奮鬥目標,它意味著自我與世界復歸統一。這樣,透過對人所處環境及這種環境中產生的需求的分析,在人本主義者的價值系統中就形成了他們的終極價值:以不損害個性化為前提的愛、創造和參與。

科學心理學：

動機與行為 × 認知與創造 × 生存與價值，透過與馬斯洛對話，探索人類存在的本質與意義

作　　者：[美] 馬斯洛（Abraham Harold Maslow）

翻　　譯：垢文濤、馬良誠

發 行 人：黃振庭

出 版 者：崧燁文化事業有限公司

發 行 者：崧燁文化事業有限公司

E-mail：sonbookservice@gmail.com

粉 絲 頁：https://www.facebook.com/sonbookss/

網　　址：https://sonbook.net/

地　　址：台北市中正區重慶南路一段六十一號八樓 815 室

Rm. 815, 8F., No.61, Sec. 1, Chongqing S. Rd., Zhongzheng Dist., Taipei City 100, Taiwan

電　　話：(02)2370-3310

傳　　真：(02)2388-1990

印　　刷：京峯彩色印刷有限公司（京峰數位）

律師顧問：廣華律師事務所 張珮琦律師

定　　價：480 元

發行日期：2022 年 11 月第一版

◎本書以 POD 印製

國家圖書館出版品預行編目資料

科學心理學：動機與行為 × 認知與創造 × 生存與價值，透過與馬斯洛對話，探索人類存在的本質與意義 / [美] 馬斯洛（Abraham Harold Maslow）著，垢文濤、馬良誠 譯 . -- 第一版 . -- 臺北市：崧燁文化事業有限公司 , 2022.11

面；　公分

POD 版

譯自：The psychology of science

ISBN 978-626-332-842-6(平裝)

1.CST: 馬斯洛 (Maslow, Abraham H.) 2.CST: 學術思想 3.CST: 人本心理學

170.18　111016738

電子書購買

臉書